算数学習における子どもの自律性の進展とその要因に関する研究

——RPDCAサイクルを活かした算数の学び——

太 田 誠 著

風 間 書 房

目　　次

第Ⅰ章　問題の所在 ………………………………………………… 1
　第1節　子どもの算数の学びに対する日本の現状と背景……………… 1
　第2節　自律的な学びを促す先行研究………………………………… 6

第Ⅱ章　研究の目的及び方法……………………………………… 15
　第1節　研究の目的……………………………………………………… 15
　第2節　研究の方法と本研究の全体的な流れ………………………… 16

第Ⅲ章　子どもの問いを視点に据えた授業実践………………… 19
　第1節　授業の実際……………………………………………………… 19
　　事例①　5年「単位量あたりの大きさ」………………………… 19
　　事例②　5年「同じものに目をつけて」………………………… 30
　　事例③　5年「四角形の角」……………………………………… 42
　　事例④　5年「人文字」…………………………………………… 53
　第2節　考察……………………………………………………………… 66

第Ⅳ章　太田算数の授業構造の現状分析と考察………………… 71
　第1節　「学習のめあて」を子どもとつくる ……………………… 71
　第2節　事あるごとに学びをつなげる「振り返り」の場を設ける……… 79
　第3節　「独自学習」で主体的に解を切り拓く体験を重ねる …………… 92
　第4節　「子どもの司会」で自治的，能動的な風土を促す …………… 101
　第5節　答えに至るまでの根拠を言葉で説明できるようにする……… 117

ii

第Ⅴ章　めあてと振り返りを軸にした RPDCA の算数授業モデル····123
　第 1 節　学習としてのマネジメントサイクル·····························123
　第 2 節　P（学習のめあて）のレベル設定 ·····························125
　第 3 節　C（振り返り）のレベル設定·································127

第Ⅵ章　マネジメントサイクルを視点に据えた授業実践···············131
　第 1 節　授業の実際···131
　　事例⑤　5 年「分数」12時間分 ·································131
　第 2 節　P（学習のめあて）と C（振り返り）の様相 ·····················234
　第 3 節　P（学習のめあて）の精緻化 ····································242
　第 4 節　C（振り返り）の精緻化·····································255
　第 5 節　R（独自学習）と P（学習のめあて）の関係性 ·····················265

第Ⅶ章　研究協力者による授業実践·································277
　第 1 節　研究協力の進め方···277
　第 2 節　授業の実際···278
　　事例⑥　5 年 A 学級「分数」11時間分 ·································278
　　事例⑦　5 年 B 学級「比べ方を考えよう」7 時間分 ·····················290
　　事例⑧　6 年 C 学級「場合の数」5 時間分 ·························304
　　事例⑨　6 年 D 学級「比例をくわしくしらべよう」9 時間分···············321
　第 3 節　考察···343

第Ⅷ章　研究の総括 ···351
　第 1 節　RPDCA の枠組みの最終形··351
　第 2 節　実践への示唆···354
　第 3 節　今後の課題···355

目　次　iii

参考・引用文献………………………………………………………357

研究業績………………………………………………………………361

謝辞……………………………………………………………………365

第 I 章　問題の所在

第 1 節　子どもの算数の学びに対する日本の現状と背景

　日本の学校現場では，授業研究があたりまえのように行われている。1つ
の研究授業が行われる際には，その授業づくりについて何度も事前検討を重
ね，授業後には事後検討会が行われる。その研鑽の積み重ねが教師の授業力
を高め，日本の教育レベルを上げてきたとも言える。算数・数学に関する授
業研究は特に盛んで，小学校では算数を研究課題に掲げている学校も多い。

　その日本の算数・数学の授業研究のよさが見直されるきっかけになった1
つには，IEA（国際到達度評価学会）による Video Study の調査（TIMSS，第3
回国際数学・理科教育調査，1995）がある。その調査結果から，James W. Sti-
gler 等（1999）はドイツの授業を「高等手順の展開」，アメリカの授業を「用
語学習と手順練習」，日本の授業を「仕組まれた問題解決」と形容した。そ
して，これら3ヶ国の総体的な実態として，日本が最も先進的で優れた授業
であると評価された。日本より欧米諸国の方が主体的な思考や活動を重視し
ているのではないかと憶測されていたことが，授業ビデオという事実の検証
から覆されたと言ってもいい。

　確かに日本の算数・数学の授業において，筆者も今までに何百という数の
研究授業を参観してきたが，解法に至る手順を教え込むことを主とした授業
は皆無であった。即ち，問題解決型の授業形式が，日本の算数・数学の授業
研究に文化として根付いているのである。

　また，James W. Stigler 等は日本の算数数学の授業の典型的なパターンを，
次のような5ステップに整理している。

①前時の振り返り

②本時問題の提示

③児童生徒の個別（グループ）による取り組み

④解決法の練り上げ

⑤要点の強調とまとめ

　日本における全ての教師がこの５ステップで授業をしているわけではないが，典型的な型として納得できる整理ではある。近年，他国でも日本のこの型を見本にした授業研究が広まってきている。しかし，なかなか子どもが主体的に問題解決に携わっているとは言えない現状があるようで，その大きな問題点は，５ステップが１つ１つ分断されていることに起因する。日本の型を真似たところで，子どもの側に課題意識がないために，結局教師に指示された活動をその都度行っているにすぎないからである。このことは，実は日本の授業における問題点でもある。Video Study の調査から，日本の授業が「仕組まれた問題解決」と形容されたように，欧米諸国に比べれば思考活動を重視しているように見えるが，実際は教師の思考の枠内に収まっていることが多い。結局，教師には５ステップのストーリーが見えていて，その１つ１つのステップに意義を感じているのであるが，子どもの側にはそのストーリーが見えていないために，教師に指示された活動をその都度行っていることが多いからである。

　元来，小学校へ入学してくる子どもたちは，誰もが「学校が楽しみ」「いっぱい勉強したい」「算数をがんばるぞ」と目を輝かせている。そんな子どもたちが，月日を追うごとに「あまり勉強はしたくない」「算数は嫌い」と変容していく傾向がある。そして，中学年，高学年と学年が上がれば上がるほど，進んで学ぼうとしない子どもたちの姿が顕著になっていく。そのことを裏付ける調査が，日本数学教育学会の意識調査委員会主導で行われた。その「児童の算数に対する意識調査」によると，表１のように「算数が大事」と思う割合や「できるようになりたい」と思う割合は学年が上がるごとに増

えているが,「算数が好き」と思う割合は学年が上がるごとに右肩下がりで減っている。子どもたちは算数が大事でありできるようになりたいと次第に自覚していくのであるが,それとは相反して算数が好きではなくなっているのである。同様に,ベネッセ教育総合研究所主導で行った「算数が好きか」という調査（図1）でも,2007年,2013年とも学年が上がるにつれて右肩下がりであるという結果が出ている。先の調査とは対象者が違うために割合のデータに開きはあるが,何れも4年生,5年生,6年生という高学年に向けて「算数嫌い」が加速する傾向は変わっていない。その後中学生になれば,

表1　児童の算数に対する意識調査（日本数学教育学会算数・数学意識調査委員会）

学年	算数が大事	できるようになりたい	算数が好き
1	45%	45%	55%
2	57%	49%	53%
3	57%	52%	50%
4	61%	46%	49%
5	63%	45%	40%
6	64%　増	55%　増	35%　減

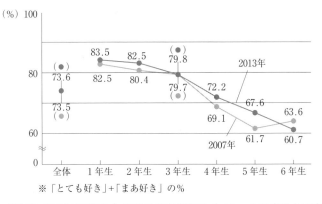

図1　児童の「算数が好きか」に対する意識調査（ベネッセ教育総合研究所）

一旦学習に対するモチベーションは持ち直す傾向にあるようだが，やはり「進んで学びたい」と思っている子どもたちの率は下がっていき，最終的には，進学のためや単位を取るために勉強をしているというのが現状である。実際，学校現場でもそうした実態に嘆きの声を挙げている教師は大変多い。教師側が目を見張るような準備物や課題を用意した時は，子どもたちも楽しそうに前向きに授業に取り組むが，そうではない大多数の授業では，仕方なく取り組んでいる子どもたちが多いと言う。筆者自身も小学校の高学年（5，6年生）を担当した経験が10回あるが，年度当初に学習に対する子どものたちの声を聞くと，「算数は苦手」「算数はあまり好きじゃない」「勉強そのものが好きじゃない」という悲観的な声がいつも多かった。そのような状況で預かった子どもたちの意識を，1年間でどう変えていくのかは教師の腕次第とも言えるが，こうした負のトレンドと常に対峙せざる負えなかった。

　このような構図は，長年なかなか変わらない。本来は，小学校1年生でしっかり学ぶとたし算やひき算ができるようになり，身のまわりのものが自信をもって数えられるようになる。そして，2年生になればかけ算を学び，一気に数の世界が拡張される。当然，3年生，4年生，…と学年が上がれば上がるほど，学びの世界が広がって，「こんなこともできるようになるのか」「算数ってすごいね」「学ぶことって楽しいな」と誰もが思ってくれてもおかしくないはずなのである。もちろん，楽しい学びばかりで進んでいくわけではないが，それでも「大変だけど，もっともっと算数を学びたいな」という子どもたちの姿にできないものだろうか。

　小学校では，毎日5時間も6時間も授業がある。そして，その中で算数の授業はほぼ毎日のようにある。学校生活の中で，授業の占める時間や存在感は圧倒的なのである。それだけに，この授業時間を楽しみにできるかどうかは大きな問題となる。例えば，バスケットボールが大好きな子どもがいたとする。すると，この子どもは体育の授業でバスケットボールが行われるとなれば，きっと体育の授業が待ち遠しくてしかたがないだろう。その体育の授

業がある日は，少しぐらいお腹が痛くても，少しぐらい微熱があっても，必ずやはりきって登校してくるに違いない。そこには，「体育の授業でバスケットボールを大いに楽しみたい」というその子の心が生きているからだ。同じようなことは，算数の授業でも実現できるはずである。できれば，全ての授業でそうなればと願う。そのためには，教師のしたい授業から子どもたちのしたい授業へ，授業の質的変換をする必要があると考える。トピック的に，ある単元だけ，ある教材のときだけ楽しませてもらったという子どもの姿ではなく，算数の授業が年間に175時間あれば，その多くを子どもたち自身が自ら学べてよかったと思えるような授業にしたい。そうした学びを続けていければ，子どもたちが中学や高校，大学，社会人になっても，自分の目標に向かって，「学ぶことは大変かもしれないけど楽しいよね」と思える生き方をしていけるのではないだろうかと考えている。

　一方で，日本数学教育学会の意識調査委員会が行った教師に対する『算数についての教師の意識』という調査によると，「算数の授業は好きか」という項目で，好きが51%，少し好きが27%で，合わせて約8割（78%）の教師が算数はほぼ好きだという結果を得ている。算数の授業に対する教師の意識は比較的良好であるのに対して，子どもの意識は学年が上がるごとに算数嫌いへと加速している。その現象から危惧することは，教師は算数の授業に対して「今日の算数の授業ではこんなことを教えたい」という主体性を大いに発揮しているが，子どもたちはその教師の主体性に押されてしまい，逆に子どもたち自身の主体性が削がれていないかということである。

　このことは，授業中での教師と子どもの発話回数にも表れているのではないだろうか。デザイン研究による算数科の授業改善を試みた橋本（2012）の研究によると，ある模擬授業の発話分析では，図2の授業GやI（何れも小学校5年生）のように教師の発話回数が約70%を占めていたという結果が出ている。因みにTIMSSの調査は中学校2年生（事例231の平均値）であるので単純比較はできないが，小学校の高学年から中学校にかけての算数・数学

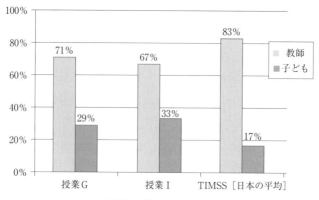

図2　教師と子どもの発話回数の割合

の授業の実態は，70〜80％の割合で教師が導く授業が行われていることは確かである。実際，研究授業が行われる際に手書きで授業の発話記録が起こされることがあるが，その様相は子どもより教師の発言する言葉数の方が圧倒的に多いのが現状である。教師が算数の授業に対して好意的に張り切って取り組むのは本来喜ばしいことであるが，それが子どもたちの学びの場を奪うようでは逆効果である。また，子どもたちの学力や成績が高い集団ほど，子どもたちの発言の比率が高くなる傾向にあるという調査結果（秋田等，2004）もある。教師よりも子どもたちが発言する機会の多い授業づくりを目指したいものである。よって，学ぶ側から授業を考える質的変換は喫緊の課題だと受け止めている。

第2節　自律的な学びを促す先行研究

　小学校で学年が上がるにつれて，子どもたちの算数嫌いの増加や学びに対する意欲の低下が危惧されている現状を踏まえ，学習の主体者である子どもの側に立って，根本的に学びの自律性を促すような視点で先行研究にあたっ

てみた。その結果，本研究の基盤となり得る先行研究にいくつも邂逅することができた。ここでは，次のような4つのカテゴリーに分けて，それぞれの思想や実践の意図を汲み取りながら，その上でどんな取り組みが可能かを探っていくことにする。

---

a 　子どもの問いに関する先行研究
b 　学習のめあてに関する先行研究
c 　学習の振り返りに関する先行研究
d 　学習の連続性に関する先行研究

---

a 　子どもの問いに関する先行研究

⑴ボルノーの教育思想と「問い」

　岡本（2013）の研究の中で，連続的形式を押し進めることへの弊害が述べられている。通常の算数・数学の授業は，教材の選定から授業の組み立てが整然と合理的，効率的な流れの中で展開されていて，その過程の中で，混乱や迷いを生じさせるような発問があっても，それは基本的に教師が意図的，人為的に設定したものであり，教師が想定した指導の連続的形式の中に包含されてしまうという弊害である。即ち，多くの授業は授業者である教師が全ての権限を握っていて，これこそが学習指導要領の空洞化に大いに関係してくると考えられる。教師の思惑にはない突発的に出てくる子どもの「問い」が，教師が保ちたい「秩序」を乱すものだと捉えられているとすれば，「算数の授業を児童の活動を中心とした主体的なものとする」という学習指導要領の目標には到底辿りつけない。

　岡本はさらに，ボルノーの次のような思想から「問い」の位置づけを示している。

　　　　実存哲学が初めて鋭い眼で見抜いたことは，この障害は不愉快な偶発時以上のものであり，むしろこれは深く人間存在の本質に根ざしていて，ここにまったく

新しいこれまで見逃していた人間存在の本質的な意味をもち，そこから同時に，それに対応した非連続の教育の諸形式の必然性が生まれるのである。

このようなボルノーの思想を受けて岡本は，授業展開に非連続現象を起こさせるような「問い」は授業の障害ではなく，むしろ積極的にその価値を評価すべきものであり，そこには人間存在の本質に根ざしているものがある，という解釈をしている。

筆者は，この岡本の解釈に大いに賛同する立場であるが，非連続な現象を起こす子どもの「問い」を教師が認めたとしても，実際の授業場面ではなかなか子どもの「問い」が育っていかないという現実がある。子どもの「問い」が授業の中で許され，さらに尊重されるまでに根付いていったとき，このボルノーの思想は活かされるはずである。よって，そうした風土を如何に根付かせ，授業の中で日常的な学びに変えていけるかが，大きな課題となってくる。

⑵子どもたちの素朴な「問い」

科学的な概念を扱う際に「素朴概念」という用語がよく用いられているが，田中（2005）の著書の中で，次のように「素朴概念」が解釈されていた。

> 子どもが日常経験にもとづいて築き上げた「自分なり」の概念を「素朴概念（naive concept）」とよぶことがあります。（中略）子どもの素朴概念は，科学的概念からすると誤概念となりますが，自分の日常経験から理論化されたものだけに，たいへん強固なものです。授業で科学的概念を身につけたかに見えても，それは次第に忘れ去られ，結局，素朴概念が復帰してしまうということはよくあります。

この解釈は，筆者が考える子どもによる「問い」にとても近いものである。また，先述の岡本（2013）は，主観的で素朴な「問い」であっても，子どもの「問い」の中には，一般性の高い数学的な価値観や思考様式にかかわり，数学としての本質的な学習課題として追究の対象となり得るものが内在して

いることがあると述べている。即ち，子どもたちの素朴な「問い」には，算数・数学の本質を追究する原石がいくつも転がっていると言えるのではないだろうか。そこで，子どもがそれまでの日常経験や既習事項にもとづいて築き上げた「自分なり」の概念から生まれてくる素朴な疑問を，子どもの「問い」として活かしていきたいと考える。

⑶子どもの「問い」がある授業

奈良女子大学附属小学校の算数科において，同校の日和佐（2011）が算数学習における子どもによる「問い」のよさを，具体的場面で次のように述べている。

> 4年生の「長方形の面積の公式」をつくる場面で，「3 × 4 ＝12　12cm²」と発表者が黒板に書き，「おたずねはありませんか？」と言うと，「式に単位をつけてください。」と言われ，発表者は「3 cm×4 cm＝12cm²　12cm²」のように cm をつけた。おたずねをした人もフロアーのみんなも納得したように肯定し，算数係も「他のおたずねはありませんか？」と次の話題に移ろうとした。教師は，「待ってください。単位は，cm でいいのですか？」と進行を止めた。教科書に書かれている文章に目をつけるように指示した。子どもたちは，解釈を試み，挙手が次第に増えてきた。「長方形や正方形の面積は，たてと横の長さがそれぞれ何 cm あるかを測り，その数をかけあわせて求めることができます。単位は cm² にします。」と書かれていることから，1 cm² がたてに3個，横に4列であるから，単位は cm ではないことが確認された。この「おたずね」が出されなかったら，曖昧なまま公式を理解してしまうことになりかねない。

多くの授業は，子どもたちからの「問い」を期待するというより，教師の思惑で子どもたちに投げかけ，その決まったレールの上で学習が進められていく。しかしながら，子どもからの「問い」を出して交流し合う風土があると，この場面のように「式に単位としての cm をつけた方がいいのではないか」という率直な思いが全体交流の場面で出てくる。そして，結果的にはそのことは間違いなのであるが，その「問い」を通して公式の真相を探ること

ができたのである。

　また，この事例で注目すべきは，「子どもによる問い」を基本としながらも，状況に応じて「教師による問い」が活かされているところである。この保険的な役割を果たす「教師による問い」があることで，子どもたちにとっては素朴な「問い」を出しやすい風土に繋がっているように感じた。

　よって，本研究では，これらの先行研究の上積みとして，事前に準備している教師の「発問」とは区別した非連続な現象を起こし得る「問い」を重視していく。教師と子どもたちが共に創り上げていく授業の中で生まれてくる「問い」を教師が率先して行うことで，素朴な「問い」が許される風土をつくり，本質の理解を進展させるような子どもの「問い」が日常的に生まれてくるかどうかを探っていきたいと考えた。また，小学校の高学年に絞って複数年に亘って質的な事例研究を行うことで，より一般化に近づけるのではないかという考えも視野に入れていく。

b　学習のめあてに関する先行研究

　「学習のめあて」に関する実践的な先行研究では，1970年代に星野が学習のめあてに迫る構造をとらえさせる算数指導を提案している。星野（1975）は，学習内容やねらいに迫る最も基本的な性質を構造としてとらえていて，そのことを教師が教えるのではなく子どもたちが創り出す学習を主眼に置いている。

　1980年代には，学習のめあてを育てる算数科指導（本田，1985）で，学習の主体者である子ども自身がめあてを追究することにスポットをあてている。子どもたちの学びの意欲を育てたい，算数を学ぶことを好きになってもらいたいという意図が窺われる。ところが，これらのめあて作りは，教師側が大きく関与して子どもたちを導いている。ここからさらに一歩深め，このようなめあてが子どもの側から生まれてくるようになれば，授業の質は大きく様変わりすると考える。また，児童がはっきりとしためあてと見通しを持つこ

とが意欲的な学びに繋がること（小木，1988）や，めあてに向かって楽しく学ぶようになるための算数指導の工夫（島田，1989）等が実践的に報告されている。何れも学習のめあてを重要視していて，そこに向かって意欲的に取り組む子どもの姿を目指している実践が続く。

近年では，絶対評価を行うための物差しとなるルーブリックの概念が，数学教育の場でもプロセス能力の育成（西村他，2011）として研究されるようになってきた。ルーブリックは，指導者側にとって大きな拠り所となるが，子どもにもわかりやすい表現に変えることで，子どもの側にとっても大きな拠り所になり得ると考える。

筆者は，そこからさらに子どもたち自身が自律的な学びに向かっていけるよう，さらなる学習に向かって子どもたち一人一人が自分で学習のめあてをつくり，どのように発展させていくのかを探っていきたいと考えている。尚，本研究では，学習の見通しを広義の立場で捉え，その中でも学びを進める上での指針とすべきゴールを「学習のめあて」とした。

c　学習の振り返りに関する先行研究

「学習の振り返り」に関する実践的な先行研究では，生田が振り返り活動の意義として，先人の研究から次のような5点（生田，2002）にまとめている。

①学習内容を再認識し，その深い理解をもたらす。

②学習内容を統合し，それらの再構成をもたらす。

③学習内容に関する自己評価をもたらす。

④学習内容に関する教訓帰納をもたらす。

⑤学習につながりをもたらす。

これらを踏まえて，生田は小単元終了ごとに「振り返り授業」を取り入れる実践を行い，「振り返り授業」が学習内容を再認識し深く理解する場となるだけでなく，子どもたちに安心と自信をもたらすものになり得ると報告している。

また，その後も，振り返りを繰り返す学習の大切さ（掛布，2006），小節ごとに振り返りを取り入れたノート作り（和家，2008），振り返りの場を生かした学習活動（佐藤，2008）等，「振り返り」を有効な手段として実践研究が行われてきた。

ただしここでは，「振り返り」は本時のまとめの機能を果たすのみならず，次時へ向けた目標や意欲喚起の場でもあると考えたい。従って，筆者は「振り返り」が次時の「学習のめあて」に繋がっていくような連動性を探っていきたいと考えている。

d　学習の連続性に関する先行研究

子どもが自ら「問い」をもつこと，子どもが自分の「学習のめあて」をもつこと，そして，子どもが学びに対する価値付けを「学習の振り返り」で行えるようになることが，子どもの自律的な学びを促す上で有効であろうと見据えている。しかしながら，それらが単発の一過性のものでは，真にその子どもの学びに対する自律性が育ったとは言い難い。そこで，それらが連続性を伴うような先行研究にあたってみた。

企業等では，PDCA のマネジメントサイクルを経営改善によく活かしていると聞くが，学校現場でも，管理職が中心となって行う学校改善策として試させるようになってきた。そうした風潮の中で，本田（1986）による 6 つの学習段階を機能させようとした具体的な授業場面での取り組みは，一人の教師が行えるマネジメントサイクルと言える。また，教師が意図的に仕組むマネジメントサイクルとして，片貝（2007）が PDCA の考え方を用いて学校教育活動全般から迫る学力向上に取り組んでいる。その取り組みから，連続性を持って子どもと目標を共有することや家庭を巻き込むことが，学力向上の成果に繋がることを明らかにしている。その後，中野（2010）は個の活動，グループの活動，クラス全体の活動，振り返り活動という 4 つの場面を手順化し，授業に直接落とし込んだマネジメントサイクルを提案している。また，

算数数学の分野とは離れるが，鶴田（2012）がネット依存に関する指導において，8時間の枠組みを例として RPDCA サイクルの活動を用いた授業実践に取り組んでいる。そこでは，多くの子どもが自分自身で様々なことを意識しながらネットを利用するようになったと認識していることが確認されている。そこで筆者としても，PDCA のマネジメントサイクルに R（Research）を付け加え，算数の学びに重点をおいて，子どもの側に立った新たなマネジメントサイクルが機能しないものかと考えた。

第Ⅱ章　研究の目的及び方法

第1節　研究の目的

　子どもたちは算数を大事だと思うしできるようになりたいと思っている。しかし，小学校の低学年から中学年，高学年に向けて，算数を好きだと思う気持ちが右肩下がりで低下している。そこには，教師側の「教えたい」「できるようにさせたい」という強い気持ちが，逆に子どもたちの純粋な「学びたい」「学ぶことが楽しい」という気持ちを削いでしまっている危惧を孕んでいる。

　勿論，「子どもたちのやる気をなくしてやりたい」等と思っている教師は皆無であろう。それだけに，たくさんの時間をかけて教材研究をし，膨大な教具の準備をして，子どもたちをその気にさせようと真摯に取り組まれている先生方には敬意を表する。しかし本研究では，教師側がよい準備をしたときやよい教材に出会ったときのみに子どもたちがやる気を見せるような実践研究ではなく，学習指導要領に準拠した教科書レベルの学習内容を対象にした日々の授業において，子どもたちの自律的な学びを促す実践研究を行っていくことを主とする。そして，どんなマネジメントサイクルを構築していけば，子どもたちが算数を学ぶ意義を感じるようになり，延いては算数を学ぶことが好きだと思えるようになるかを明らかにしていく。また，そのサイクルに子どもたちを乗せるだけでなく，その際に教師側がどんな留意点をもつべきかを，同時に整理していく。そして，今回の実践研究を筆者の中だけに留めず，子どもの自律的な学びを促したいと考える教師のもとであれば，同様に子どもの学びに対する自律性の進展が図れることを，繰り返し検証して

いく。尚，ここで言う「算数学習における子どもの自律性」とは，「算数の学ぶべき目標設定を自分で立てることができ，その目標に向かって皆と学び合い，さらに次なる目標設定に向かうこと」と考えた。

　加えて，本研究は教育実践学を構築する立場に立って，理論が単なる机上の空論に終わることがないよう，実際の子どもの学びの事実に照らして検証や考察を行い，理論と実践を何度も行き来しながら，再び一般の学校現場に役に立つ形で立ち戻ることができる学問研究にすることを，大局的ではあるが重要な目的として位置付けている。

第2節　研究の方法と本研究の全体的な流れ

a　研究の方法

　全体を通して，子どもと共に行う授業実践を，大きく分けて3つのカテゴリーで行っていき，その授業の実際に即した実証的研究を柱とする。

　1つ目のカテゴリーは，授業の質的変換を狙った子どもの「問い」を軸に見ていく。授業の中では非連続な現象となる子どもの「問い」がどのように生まれていくのか，また，どのような「問い」が実際に出てくるのか，そして，どのような有効性があるのかを検証していく。尚，授業者は筆者が行い，子どもは連続した年次の2つの学級で5年生を対象とする。4時間分の授業ビデオから詳細に発話記録を起こし，分析を行っていく。そして，この分析を踏まえて，子どもの側に立ったRPDCAサイクルの算数授業モデルを構想する。

　2つ目のカテゴリーは，RPDCAのマネジメントサイクルに沿って，1つの単元全体を通して授業実践をしていく。その際，特にP（学習のめあて）とC（振り返り）に重点を当て，その様相を調査しながら分析していくことで，枠組みの精緻化を図っていく。また，PとCだけでなく，RとPの関係

性，CA から RP への関係性等，どのような点に留意していけばその有効性が高まるのかを検証していく。尚，授業者は筆者が行い，子どもは年度を変えた5年生を対象とする。5年生算数の典型的な単元である「分数」12時間分の授業ビデオから詳細に発話記録を起こし，また，子どもたちの授業ノートも全て記録し，分析を行っていく。そして，この分析を踏まえて，子どもの側に立った RPDCA サイクルの流れや留意点を研究協力者と共有していく。

3つ目のカテゴリーは，RPDCA のマネジメントサイクルに沿って，4名（5年生で2名，6年生で2名）の研究協力者が，それぞれ1つの単元全体を通して授業実践をしていく。2つ目のカテゴリーと同様に，P（めあて）とC（振り返り）に重点を当て，その様相を調査しながら分析していくことを主とするが，それに加えて，1つ目のカテゴリーで扱った子どもの「問い」が授業内で生まれてくるのかについても検証していく。

尚，それぞれのカテゴリーで扱う授業記録には，子どもの発話語彙数の割合を継続して示していく。そして，全てのカテゴリーの授業実践を総括して，算数授業における RPDCA の枠組みの最終形を整え，子どもの自律的な学びを願う授業実践者への示唆と成り得るように一般化を図る。

b 本研究の全体的な流れ

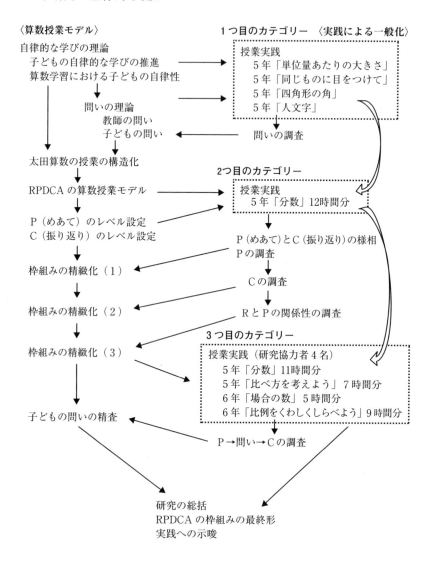

第Ⅲ章　子どもの問いを視点に据えた授業実践

第1節　授業の実際

　「算数が好きだ」という割合が減少している小学校高学年を対象に，実際の算数の授業場面で子どもたちがどのような「問い」をし，その「問い」がどのような影響を及ぼしていたのかを考察していく。

　具体的には，連続した年度で1つの学年（5年生）に絞り，それぞれの1学期と2学期の事例を通して，子どもの「問い」が算数の授業の本質の理解を進展させているのかを探っていく。

　①単位量あたりの大きさ（2010年7月）……………………2010年度の5年生

　②同じものに目をつけて（2010年11月）………………2010年度の5年生

　③四角形の角（2011年6月）………………………………2011年度の5年生

　④人文字（2011年10月）………………………………………2011年度の5年生

事例①　5年「単位量あたりの大きさ」

⑴授業の概要

　「平均」の単元を学んだ後に行う「単位量あたりの大きさ」の導入問題を扱った。子ども会の旅行先の宿での部屋割りを取り上げて，部屋の広さと人数をもとに混みぐあいを比べる場面設定（表2）である。

　その中で，A室とB室は畳の数が同じで，B室とC室は子どもの数が同じなので比べやすいが，A室とC室は畳

表2　混みぐあいを比べる場面設定

部屋わり

	A室	B室	C室
たたみの数	10まい	10まい	8まい
子どもの数	6人	5人	5人

の数も子どもの数も違うので比べにくい，という視点を子どもたちから引き出し，考える場面を絞り込んだ。また，大きめの厚紙を畳の代わりとし，A室（厚紙10枚）を男子の部屋，C室（厚紙8枚）を女子の部屋と見立てて，実際にその部屋に入ってみる算数的活動も取り入れた。解決法としては，畳の数か子どもの数を最小公倍数で揃えて比較するという方法がわかりやすいが，平均を学んだ後でもあるので，畳1枚あたりの子どもの人数，あるいは子ども1人あたりの畳の数で考える「1あたり」のよさを狙って展開していった。

(2)授業記録による全容

司会者の指示・発言：M1，M2，……

子どもの発言（つぶやき）：C1，C2，……

教師の指示・発言（つぶやき）：T1，T2，……

	司会者の指示・子どもの発言（つぶやき）	教師の指示・発言（つぶやき）
M1	今から算数の学習を始めます。今日のめあてが言える人はいませんか。今日は補助教材の29頁から30頁です。めあてが言える人はいませんか。	
C1	比べ方の方法についてみんなで話し合おうです。他にありませんか。	
C2	どうしたら比べ方がわかるか，みんなで考えようです。他にありませんか。	
C3	こみぐあいの比べ方をみんなでみつけようです。他にありませんか。	
C4	比べ方をみんなで話し合おうです。他にありませんか。	
C5	比べ方についてみんなで意見を出し合って問題を解いていこうです。他にありませんか。無いようなので，先生お願いします。	

第Ⅲ章　子どもの問いを視点に据えた授業実践　21

T 1		そうだね。みんなよく学習のめあてがつかめていると思います。今言ってくれたように「こみぐあいのくらべ方を考えよう」にしようか。それをみんなで考えていきましょう。 では，今日の問題の確認ですが，子ども会で旅行に行きました，という設定だね。どの部屋が一番混んでいるのかな？A室，B室，C室とあるけれど，この中で比べやすい部屋ってわかりますか。○○さん。
C 6	A室とB室が比べやすいと思います。理由はA室とB室の畳の数が同じなので比べやすいからです。どうですか。他にありませんか。	
T 2		（A室とB室は畳が同じ。）
C 7	さっきは畳の数が同じだと言ったので，次は子どもの人数が同じB室とC室も比べやすいと思います。どうですか。他に意見のある人はいませんか。太田先生お願いします。	
T 3		なるほど。○○さんは畳の数が同じだからA室とB室は比べやすい。それから，○○君は子どもの数が同じだからB室とC室が比べやすい，ということだね。じゃあ，逆に比べにくい部屋はどれですか。
C 8	A室とC室は比べにくいと思います。理由は，A室とC室はたたみの数も子どもの数も差があるからです。どうですか。太田先生お願いします。	
T 4		○○君の理由は丁寧でわかりやすい

		ね。畳の数も子どもの数も違うから比べにくい。ということは，このA室とC室だよ。これをどうやって比べるかが，今日の一番の問題だね。
		では，実際に畳の上に乗ってもらおうと思いまして，こんな画用紙を準備しました。実際の1畳はこんなに小さくないけど，これを1畳とします。
		（※画用紙を広げながら）A室は畳10枚だね。ここに畳10畳の部屋を作ります。算数係さん，ちょっと来てくれる。C室は8枚。10畳と8畳の小部屋ができました。乗ってもらおうか。では，男子に畳10畳の部屋に入ってもらおうかな。では限定6名。
M2	（※係が6人を指名）	
T5		では，女の子に8畳の部屋に入ってもらおうか。5人限定。
M3	（※係が5人を指名）	
T6		では，移動してください。
	（※指名された子たちが実際にその畳の上に乗る）	
T7		どっちが広そうかな。
C9	女子の方が狭い。理由は，女子は5人で人数は少ないけど，畳の数が8枚で，A室は10枚で，C室より2枚多くあるから，6人でもA室はちょっと余裕があるけど，8枚だと4枚4枚だけど，5人乗ると少しちょっと余裕がないという感じだからです。どうですか。	
T7		では，ちょっと聞いてみます。見た感じでいいので，男の子の方が広そうだ

第Ⅲ章　子どもの問いを視点に据えた授業実践　23

		なと思う人？ （※多数が挙手をする） 女の子の部屋の方が広そうだなと思う人？ （※ほとんどいない） ということはこっちだね。○○さん。
C10 C11	1人1畳と考えていくと… A室，C室で1人1畳と考えてみると，C室は一人1枚と考えると3畳残って，A室は後4畳余っているので，A室の方が広いと思います。どうですか。	
T8	 （※独自学習）	では，一度自分で考えを整理してみましょう。
M4	では，班で意見を出し合ってください。 （※グループ交流）	
M5 C12 C13 C14	班で話し合ったことなど，自分の意見を言える人はいませんか。 まず混みぐあいを調べるとしたら，1畳に何人いるかということを調べればいいのだから，（※板書しながら）5÷8で0.625になり，小数になるけどだいたいの混みぐあいだから，0.625とわかると思います。どうですか。 Aは6÷10で0.6になり，1畳あたり0.6人になると思います。どうですか。他に意見の言える人はいませんか。○○さん。 今の考えを式にして考えると，10−6	

	＝4，8－5＝3で，4－3＝1で，Aの方が1畳多いので，C室の方が混んでいると思います。	
T 9		この10－6で何をしたの？
C 15	畳の数引く子どもの数で，その答えが余った畳の数で，C室の8－5がこれも畳の数引く子どもの数で，3が余った畳の数で，余った数の4と3を引いたら，A室の方が1枚多いから，C室の方が狭い。	
T 10		あ，そういうことか。畳の数がAの方がたくさん余っているからか。
C 16	（※図を板書しながら）これがA室，10畳あって，子どもが6人だから，1，2，3，4，5，6。A室は4枚畳が余る。C室は8畳で，子どもが5人だから，1，2，3，4，5で，ここが3枚余る。こういう図からも，どちらにゆとりがあるかがわかると思います。どうですか。	
C 17	僕の考え方は○○さんとは逆で，（※板書しながら）1人あたり何畳になるかを求めます。8÷5は1.6で，10÷6で1.66…で，答えが少ない方が空いて，多い方が混んでいるので，C室の方が空いていると思います。どうですか。	
T 11		1.66って何？もう一度言ってくれる？何の数字？
C 18	これは，畳の数÷人数だから，	
T 12		それで，1.66って何が出てきたの？
C 19	これで，1人あたりの広さが出てきた。	

T 13		あ，1人あたりな。1人あたりの広さが出てきたわけか。確かに一人当たりだったら，広い方がいいね。1人あたり3畳ぐらいほしいところだよね。
C 20	少し外れるけど，これはAとCなので，Bもやってみます。Bは畳の数が10畳で人数が5人なのでちょうど1人あたり2枚分の面積がとれるので，このことからAとBではAが，BとCではCが，AとCではAが混んでいると思います。どうですか。他に意見が言える人はいませんか。	
C 21	だいぶ前の話だけど，○○さんが，余ったのが4畳引く3畳で1だと言っていたけど，AとCではそもそも人数が違うから，余った4畳は6人で分けて，こちらの余った3畳は5人で分けていて1人あたりの面積は違うから，4－3はおかしいのではないですか。それについて，何か意見の言える人はいませんか。	
T 14		今の○○君の言っていた意味はわかる？○○君は同じ4枚余るにしても，そしてこっちは3枚余るにしても，それを後で分け合う人数が違うから，ちょっとこれを比べるのはおかしいのではないかという話だよね。これについてどうでしょう。
C 22	○○さんの式は，この人数がいっしょだったらいけると思います。他に意見の言える人はいませんか。	
C 23	今，人数が同じだと言ったので，人数	

26

	が同じBとCを比べるときには使えると思います。他に意見の言える人はいませんか。	
C24	求めるものは違うのだけど，これは1人あたりの平均を求めているので，次は畳1枚あたりに何人乗っているか，平均？畳1枚あたりは6÷10で0.6。5÷8で0.625，これは1枚あたりにのっている人数が少ない方が空いているということなので，AとCではAの方が空いていると思います。どうですか。	（割る数と割られる数が全く逆だね）
T15		1畳あたりにたくさん人がいたら混んでいる感じがするからね。だから，少ない方が広い，ゆとりがある。
C25	他にありませんか。無いようなので，先生お願いします。	
T16		ということは，この〇〇さんの考えは先程，〇〇さんや〇〇さんが説明してくれた考え方とつながるね。同じだね。それをもう一度整理して，1畳あたりということで言ってくれたのだね。では，今日は何通りの方法が出てきた？
	（3通り）	3通りだね。1畳あたりで考える方法。1人あたりで考える方法。それから，1畳の畳に1人ずつ入ってもらって，残った枚数で比べる方法。ところが，この残った畳の枚数で比べる場合は，一見そうかそうかと思うけど，いつでも使えるわけではないという意見が出たね。どうしてだった？

第Ⅲ章　子どもの問いを視点に据えた授業実践　27

C 26	子どもの人数が違うから。	
T 17		そうだね。単純に残った畳の枚数で比べようと思っても，それを例え3枚畳が余っていたとしても，1人とか2人で分けたらゆとりがあるけど，4枚余っていたとしても8人9人で分けたらゆとりがなくなるね。わかる？だから，この考え方もなるほどと思ったけど，いつでも使えるわけではないね。では，この1人あたりとか，1枚あたりという考え方，わかったかな？
T 18		では，30頁の○の2番をやってみようか。1人あたり，1枚あたりという考え方を使って。では，はじめ。
M 6	（※適用問題に取り組む） ○の2番の考え方や答えを書きにきてくれる人はいませんか。 （※2人指名。板書をする。）	
C 27	1人あたりで考えると10÷5で2枚でした。	
T 19		そうすると，A室やC室と比べるとどうですか。広いのか狭いのか。
C 28	広いです。	
C 29	畳1枚あたりの人数だから，B室には子どもが5人いて，畳は10畳あるから，5÷10は0.5で，この0.5は畳1枚あたりの人数だから，混んでいるほど数が大きいので，B室はゆとりがある。	
T 20		この場合は数字が少ない方がいいのだな。畳1枚あたりに何人いるかだから。大丈夫，みんな。この両方ともよくわかったぞという人？（※多数）心

		配な人？（※なし）それでは，もし心配なことがあったら振り返りに書いてください。
M 7	振り返りを書いてください。 （※本時の学習の振り返りをまとめる）	
M 8	では，振り返りを発表してくれる人はいませんか。	
C 30	めあて通りしっかり取り組むことができてよかったです。これからもしっかり独自学習をしていきたいです。他に振り返りを言える人はいませんか。	
C 31	今日は新しい比べ方を考えようという単元だったけど，わからないところもちょっとあったけど，がんばってわかったのでよかったです。	
T 21		わからなかったところはわかった？
C 32	……	
C 33	今日はいろいろな計算を使って比べ方を調べることができました。他に振り返りが言える人はいませんか。無いようなので，先生お願いします。	
T 22		今日はまたいつもと違って，自分の考えを積極的に言える人が増えてきましたね。授業を行うたびに，新たに前に出てきて説明しようとする力がついてきているので，なかなか感心します。今日は，1人当たり，1枚あたりということで比べ方を考えました。次の時間は，日常生活の中で乗る自動車を使って比べ方を考えていきますので，また独自学習を自分で進められるだけ進めておいてください。では，今日の学

M 9	これで，2時間目の算数の学習を終わ ります。	習を終わります。
子どもの発話語彙数6620文字（52%）		教師の発話語彙数6176文字（48%）

⑶子どもによる「問い」の場面　※授業記録より

　4月当初より，「疑問点があったらおたずねしましょう」と呼びかけてき
たが，この授業では子どもたちからの「問い」は出なかった。したがって，
子どもたちの意見がつながっていく中で，他の子どもたちの様子を見ながら
教師として「問い」を投げかけた。

　大きくポイントとなった場面としては，次の3か所が挙げられる。

●C14で，畳1枚に1人の子どもをあてはめるという考えであるが，首を
　傾げている子どもが多く見受けられたため，T9で「10-6」の意味を
　問い直した。

●C17では，「1あたり」に目をつける本時の本質を突く意見であったが，
　わかっているのかいないのかの反応が鈍く，そのまま意見が流されそう
　であったので，T11で「1.66って何？もう一度言ってくれる？何の数
　字？」と問い直しをかけ，1あたりの共有化を図った。

●C21では，C14の畳1枚に1人をという考え方がまだきちんと浸透して
　いないと思い，再度その説明を加えた。ところが，その説明にしっくり
　しない子どもの様子が見受けられたため，T14で「今の○○君の言って
　いた意味はわかる？○○君は同じ4枚余るにしても，そしてこっちは3
　枚余るにしても，それを後で分け合う人数が違うから，ちょっとこれを
　比べるのはおかしいのではないかという話だよね。これについてどうで
　しょう。」と問い直しをかけた。それを受けて，C22，C23，C24が続
　き，子どもたちの納得が図られた。

授業中や授業を終えた後の授業者としての感触は，まずまず良好なもので
あった。子どもたちはよく考え，意見も出し合えていた。しかし，もう一度
授業ビデオを見ながら子どもたちのノートを見直していると，子どもたちの
中にはいくつも疑問が沸き起こっていて「問い」が発生していた。それを，
全体交流の場面で出し合えなかったところが，大きな課題として残った。こ
の授業では，混み具合を差の違いで考えてしまう子どもが多く，1あたりの
見方を子どもから「問い」として引き出せるとよかった。その本質に迫るた
めに，教師による「問い」を投げかけたことによって考え合うことができた
のであるが，自分の疑問点をそのままにしてしまっている子どもも数名いた。

事例② 5年「同じものに目をつけて」

(1)授業の概要

同じものに目をつけて差し引いて
考える問題と，同じものに目をつけ
て置き換えて考える問題を学習する
思考法単元で，その第1時を扱った。
入場券は1枚で共通していて，乗り

> 遊園地の入場券1枚と乗り物券7枚
> を買うと，1200円になりました。
> 入場券1枚と乗り物券5枚では，
> 1000円になるそうです。
> 乗り物券1枚の値段は何円ですか。

物券の枚数の違いで合計の値段が変わっている相殺の考えを中心とした。実
際の授業では，その問題の数量の関係を捉えやすくするために，絵図や線分
図，関係図などの視覚的に捉えやすい図を子どもたちから引き出し，言葉の
説明とともに解法に迫っていった。しかし，早々に子どもたちの思考は，1
つの子どもの「問い」をきっかけに発展的場面へと展開していった。

(2)授業記録による全容

司会者の指示・発言：M1，M2，……

子どもの発言（つぶやき）：C1，C2，……

教師の指示・発言（つぶやき）：T1，T2，……

第Ⅲ章　子どもの問いを視点に据えた授業実践　31

	司会者の指示・子どもの発言（つぶやき）	教師の指示・発言（つぶやき）
M 1	これから5時間目の算数の学習を始めます。今日のめあてが言える人はいませんか。	
C 1	同じものに目をつけて問題をたくさん解こうです。他にありませんか。	
C 2	同じものに目をつけてみんなで入場券の求め方を考えようです。他にありませんか。	
C 3	同じものに目をつけてについてみんなで意見を出し合っていこうです。他にありませんか。	
C 4	今日は同じものに目をつけてという新しい単元なので，しっかりと深めようです。他にありませんか。	
C 5	同じものに目をつけてという課題で，みんなで意見を出し合おうです。他にありませんか。無いようなので，先生お願いします。	
T 1		だいたいみんなの学習の方向性は似ていますね。今日は「同じものに目をつけて」という新しい単元で，課題は，「遊園地の入場券1枚と乗り物券7枚を買うと1200円になりました。入場券1枚と乗り物券5枚では1000円になるそうです。乗り物券1枚の値段は何円ですか。」というテーマ問題です。一緒に考えていきましょう。ということは，算数係さん，どうしましょう？全体のめあては「同じものに目をつけて乗り物の値段を考えよう」ぐらいに

		しようか。
M 2	それでは，□の１番などについて，独自学習をしてください。	
T 2	（※独自学習）	家で独自学習をしている人も，２つ目，３つ目，あるいは図でできないか，言葉の説明でできないか，と考えていきます。
M 3	独自学習をやめてください。３人で意見交流をしてください。（※グループ交流）	
M 4	グループ交流をやめてください。□１番のテーマ問題について，何か意見の言える人はいませんか。	
C 6	（※線分図を板書しながら）１番の問題だけど，入場券はどちらも同じ値段で，それから違うのは乗り物券５枚と７枚なので，…ここの値段が1200円で，ここの値段が1000円で，上のプランと下のプランでは200円の違いがあります。どうですか。	
T 3		線分図を書いてみると，200円の違いがあるよ，ということだね。
C 7	（先程の線分図にかき加えながら）ここに200円の差があって，この乗車券が２つ足りないということは，２つで200円になって，１つで100円になると思います。どうですか。	
C 8	何でそれが200円とわかるのですか。	
C 9	（※板書を指さしながら）今の線分図で言うと，乗り物券７枚の方が1200円で，乗り物券５枚の方が1000円なので，	

第Ⅲ章　子どもの問いを視点に据えた授業実践　33

	1200円引く1000円で，ここの2枚分が200円になると思います。どうですか。他に意見がある人はいませんか。	
C 10	（※板書しながら）今，乗り物券1枚の値段がわかったから，次は入場券の値段を考えて，これは乗り物券5枚と入場券1枚で1000円だから，乗り物券の分を引くと，1000引く500で，入場券1枚は500円ということがわかります。どうですか。他にありますか。	
C 11	（※板書しながら）入場券の値段の出し方で，同じなのだけど，1200－700＝500でもいけると思います。どうですか。他にありますか。	
C 12	先程の○○君が書いていたのは線分図で，私は関係図なのだけど，これが入場券だとすると，これが乗り物券で，（※板書しながら）こうなると思います。	
T 4		関係図で表してくれたのですね。
C 13	ちょっと○○さんの話とは変わるけどおたずねで，（※板書しながら）これが入場券でこれが乗り物券とすると，入場券がもし2枚あって乗り物券が5枚あって1500円になっていて，入場券が1まいで乗り物券が2枚で700円だった場合に，乗り物券と入場券はどうやって出したらいいですか。	
T 5		（※他の子どもたちが戸惑いの様子を見せていたので）○○さん，どうしてこういう場合を考えたのですか。
C 14	1番の問題だと，入場券はどちらも1	

	枚ずつ買っているので，くらべるものが，入場券がそろっていたら余りが出しやすいというか，乗り物券をくらべるだけなので，どちらも違う場合はどうすればいいのかなと思いました。	
T6		なるほど。でも，入場券も乗り物券もちがって，これはやっかいだね。
C15	（※板書しながら）この場合だったら，こっちの入場券をかける2にして2でそろえて，ここをかける2にしたので，乗り物券もかける2にしてここが4になって，ということは答えも2倍して1400円にして，計算すると出てくると思います。どうですか。	
C16	おたずねで，何で2をかけるのですか。	
T7		あ，そうだよね。何で2をかけるのかだよね。勝手にかける2をしたらね。
C17	1と2の最小公倍数，……同じ数になるので，こっちに2をかけるとわかりやすくなるので2をかけるのだと思います。どうですか。	
C18	入場券をかける2にしたら，なぜこっちも2をかけるのですか。	
C19	（※板書を指しながら）200円で入場券だけ2倍してしまうと，ここの値段というか，ここがかける2されなかったら，1200円になるので，これだと不公平になるので全部2倍しているのだと思います。どうですか。	
T8		あれ，ちょっと待って。1200円ってどういうこと？

C 20	まずこれで言うと，1枚だから500円で，それから2個あって，例えば2倍しなかったら，あれ？入場券が1のままだったら500円，こっちが2枚で700円，あれ？ああ，こっちだけ2倍するのだった。	
T 9		ああ，そうか。こっちだけ2倍すると1000円になるよね，500円と500円で。それで，こっちは2倍しなかったら100円，100円で1200円になってしまう，おかしいぞ，ということだな。
C 21	それの解き方というのは，1番と同じで合計の差が100円で，その100円と言うのが乗り物券の枚数の差ということだから，100円が乗り物券1枚の値段と言うことになって，	
T 10		あ，これ2倍した話？2倍すると入場券が2枚，乗り物券が4枚になって，合計は1400円。違いを見るわけだな。
C 22	入場券は100かける2で200円を，700円から引いて500円となります。どうですか。	
T 11		入場券が出る。こっちと答が同じになる。
C 23	なんでこっちだけかける2をして，こはかける2をしないのですか。	
T 12		ああ，下だけ2倍して，何で上は2倍しないかだね。
C 24	それは，ここの入場券の数をそろえるためで，こっちも2倍してしまうとずっと一緒にならないので，こっちだけ2倍するのだと思います。どうですか。	

T 13		そろえるためだったな。
C 25	他のやり方で，さっきの○○君のように線分図を考えて，（線分図をかきながら）上の入場券が2枚と乗り物券が5枚ということになって，こっちは入場券が1枚と乗り物券が2枚で，こういうふうになると思います。それで，ここの部分というのが，何かおかしくなった。乗り物券5枚分？乗り物券で言うと7枚分？	
T 14		とにかく，二重の数直線で表そうと思ったらこうなったのだけど，これから答えを求めようとすると，難しくなっちゃったね。
C 26	さっき，○○さんがなぜ下だけ2倍するのって言って，最初は，これを2倍する前だったら，入場券が2枚で乗り物券が5枚で，下の入場券が1枚で乗り物券が2枚で，これで1500円と700円だったから，差が入場券1個分と，ここが3つ分。これを2倍にすれば，乗り物券が1個分足りないだけになる。なぜ，下だけやるかというと，これがもし入場券が3枚と乗り物券が…ちょうどどれを2倍するとわかりやすくなるから。	
T 15		入場券がそろうからな。
C 27	入場券がそろうから。	
T 16		そうなのだよ。それは一応さっき確認できているのだけど，その後，○○さんが二重数直線を書いてくれたら，あれ？ということになって，これをわか

第Ⅲ章　子どもの問いを視点に据えた授業実践　　37

		りやすくするためにはどうしたらいいのかな，ここを誰か整理してください。
C 28	どちょっとだけ改良するのだけど，ぼくの考えだけ，（※板書しながら）これをAとして，これをBとして，Aの方の入場券が多いから，乗り物券を下とそろえるために，Aの入場券1枚を先に書いて，Bのプランの入場券を，2枚目のスタートのところから合わせていくと乗り物券の数とかもずれなくてすむので。それで，ここの入場券の部分とかも引いていけばわかると思います。どうですか。	
C 29	もし1枚の値段がわかっていなくて，合計の値段がわかっていたら，どういう式になるかと言うと，それは言葉の式で，（AとBの違いのお金）÷（AとBの乗り物券の違い）で1枚の枚数が出ると思います。この場合，100円÷1で乗り物券の値段がわかります。	
C 30	1番のことを式にすると，7－5＝2で乗り物券の差。1200－1000＝200は値段の差。200÷2＝100。答えは100円です。	
T 17		最初のテーマ問題の式を整理してくれたわけだね。
C 31	○○さんの式をまとめると，（1200－1000）÷（7－5）＝100になります。	
M 5	先生お願いします。	
T 18		みんなかなり深めてもらいましたが，この○○さんの線分図がまだ問題として残っていたと思います。最初の状態

| | | で数直線にしてしまうと，○○さんの
ように行き詰ってしまいます。だか
ら，どうしたらいいかと言うと，この
2倍にした状態，入場券を2倍にす
る，乗り物券も2倍にして線分図に表
すといけるのじゃないかな。ちょっと
やってみるよ。乗り物券が2倍になり
ますので，ここまでくる。そして，入
場券が2枚ですのでここまでくる。乗
り物券が1，2，3，4とここまでく
る。そして，下は1400円，2倍したか
ら。上は1500円ですから，その違いは
100円だね。また，上と下の数直線を
くらべると，乗り物券1枚分だけだか
らね。そろえた状態で数直線を使うと
いけますね。いいでしょうか。
さて，今日のポイントは，先程もう出
してくれましたが，それぞれの乗り物
券，入場券のどちらかをそろえて，そ
の違いをみつけていくと，お金は200
円違うよ，乗り物券は2枚分違うよ，
ということがわかるので，乗り物券が
わかり，入場券がわかる，ということ
でした。いいかな。 |
| M6 | ○の2番をやってください。
（※適用問題に取り組む）
（※係がホワイトボード3枚用意，3
人指名）
答え合わせをしてください。 | |
| M7 | 何かおたずねはありませんか。
無いようなので，先生お願いします。 | |

		第Ⅲ章　子どもの問いを視点に据えた授業実践　39
T 19		1人説明してもらおうかな。○○さん。どうしてこういう式にした？
C 32	440円と340円の差は100円になって，その100円は大きい風船1個のお金で，小さい風船を求めるには340−100＝240。　240÷3で80円になります。どうですか。	
T 20		いいね。○○さんや○○さんが使っていたように，入場券と書かないで「入」だけ，乗り物と書かないで「の」だけ，こういうのいいですね，算数では。記号みたいな感じでね。先生も今「大」「小」とだけ書きました。大きい風船が1個違い，値段が100円違いですから，ここから大きい風船が出るね。大きい風船が出たら，小さい風船3個で240円だろうということがわかりますので，3で割ったら80円だね。大丈夫？
M 8	振り返りを書いてください。（※本時の学習の振り返りをまとめる）	
M 9	振り返りを発表してくれる人はいませんか。	
C 33	この単元は同じところに目をつけて考えれば求められることがわかりました。	
C 34	今日は新しい単元だったけど，みんなの意見や考えを聞いて問題が解けたのでよかったです。	
C 35	図や式のやり方が知れてよかったです。	
C 36	今日は初めての単元だったけど，同じ	

	ものに目をつけて計算するとわかりやすいということがわかりました。また，同じものの数とがなくても，かける2などをするとわかりやすいということがわかりました。	
T21		今振り返りで言ってもらったように，同じものは除いてしまう，ひいてしまう，そして残ったものを比べると乗り物券の値段がわかる。そして，乗り物券の値段がわかれば入場券もわかる。それを，こうした図や数直線で表すと，さらによくわかったね。では次回は，次の頁のジェットコースターの問題を考えていきましょう。
子どもの発話語彙数7539文字（54%）		教師の発話語彙数6348文字（46%）

(3)子どもによる「問い」の場面　※授業記録より

　4月当初より積み上げてきた「問いのある授業」が，非常によく垣間見られた。この授業では，全部で5つの子どもによる「問い」が出た。

- ●C6，T3，C7「（先程の線分図にかき加えながら）ここに200円の差があって，この乗車券が2つ足りないということは，2つで200円になって，1つで100円になると思います。どうですか。」の流れを受けて，C8で，なぜ200円とわかるのかを問い直した。この問いは，本時の相殺の考え方を確認することができるので，教師側としては「待っていました」と言える想定内の問いであった。

- ●C13「（※板書しながら）これが入場券でこれが乗り物券とすると，入場券がもし2枚あって乗り物券が5枚あって1500円になっていて，入場券が1枚で乗り物券が2枚で700円だった場合に，乗り物券と入場券はどうやって出したらいいですか。」で入場券の設定と乗り物券の設定を変

えた場合にどうなるのかをたずねた。この「問い」は教師側からすれば想定外の，正に非連続な状況を生み出す「問い」であった。

● C15の計算の説明を受けて，C16でなぜ2をかけるのかをたずねた。

● C17の計算の説明を受けて，C18で入場券だけでなく乗り物券も2倍するのはなぜかをたずねた。

● C13からの流れを受けて，C23でなぜ下の設定（数式）だけ2倍して上の設定（数式）は2倍しないのかをたずねた。

　1つ目の「問い」で，同じものに目をつけて相殺していく考え方を理解し合うことができた。しかし，この授業が大きく動いたのは2つ目の「問い」からであった。乗り物券だけでなく，入場券の枚数も違っていたら，どのように求めていけばいいのかという「問い」である。この「問い」を追究していくと，中学校で学ぶ連立方程式に繋がっていくが，ここでは主に絵図や線分図を使って考え合った。すると，3つ目，4つ目，5つ目の「問い」のように，同じものに目をつけるには同じものがそろっていなければならない，即ち同じものを如何にそろえるかという議論を通して，本時の本質に迫ることができた。このように発展的な「問い」を扱うことで，本時の基本（本質）に立ち戻ることができるという典型的な事例となった。即ち，2つ目の「おたずね」は発展的な内容で本時のめあてとずれていく可能性があったが，その新たな課題に対する3つ目から5つ目の子どもによる素朴な「問い」で学びを繋げることになり，結果的には同じものに目をつけて差し引いて考えればいいのだという授業の本質を突くことができたのである。結果論になるかもしれないが，1つ目だけの「問い」で終わっていれば，実感の伴わない表面的な理解で過ぎ去っていたのではないかと思えて仕方がない。しかしながら，こうした2つ目の「問い」が子どもから生まれてきたり，3つ目，4つ目，5つ目のような素朴な「問い」が認められるような授業はなかなか存在しないのが現状であろう。それだけに，こうした授業づくりへ向かう一般化が本研究のねらいでもある。

事例③ 5年「四角形の角」
(1)授業の概要

　新しい年度になり，再び5年生を担当することになった。前年度同様，4月当初から子どもたちによる「問い」の重要性を説きながら，日々の授業実践を続けていった。この日の授業は，「四角形の角の大きさの和」に

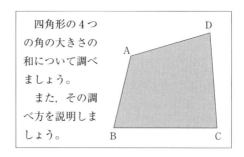

ついて調べていった。大方の子どもたちは360°であろうと初めから予測していたので，「四角形の4つの角の大きさの和はなぜ360°なのか」という証拠や理由を考えることが中心となった。

(2)授業記録による全容

司会者の指示・発言：M1，M2，……

子どもの発言（つぶやき）：C1，C2，……

教師の指示・発言（つぶやき）：T1，T2，……

	司会者の指示・子どもの発言（つぶやき）	教師の指示・発言（つぶやき）
M1	今から算数の学習を始めます。今日の学習のめあてが言える人はいませんか。	
C1	四角形の角について考えようです。	
C2	四角形の角を，三角形の角を元にして考えようです。	
C3	四角形の角の大きさの和を調べようです。	
C4	四角形の角の和の求め方について考え	

第Ⅲ章　子どもの問いを視点に据えた授業実践　43

C 5	ようです。 四角形の角の性質について調べようです。 四角形の全体の角の和が何度かを調べようです。	
C 6	太田先生お願いします。	
T 1		6人の人，いいですね。みんな自分のめあてが持てていて。その中で○○さんが触れていましたが，三角形のことを元にして四角形のことが考えられるかな，というのもポイントだね。 では今日は，係さんが事前に準備してくれていた「四角形の4つの角の和について考えよう」でいこうか。
M 2	では，3分間独自学習をしてください。 （※独自学習）	
M 3	紙がほしい人は取りに来てください。	
M 4	独自学習をやめてください。続いてグループ交流をしてください。 （※グループ交流）	
M 5	意見のある人。	
C 7	おたずねなのだけど，三角形では，ぼくは73頁を見てみたのだけど，これを見てみると，丸がここにあって，これが180°ってわかったのだけど，それがここに集まっているということがわかったのだけど，四角形にしてみると，三角形の場合とは全く違うのだけど，それはどういうことですか。	
T 2		○○君のおたずねのポイントがちょっ

		とわからないのだけど。
C 8	だから，これだったら，前に○○君が言ってくれたように，この1，2，3がここに集まっていると言ってくれたのだけど，…これが180度とわかったのだけど，この場合，四角形の場合は，集まっているところはあるのだけど，角の合計とは違うのだけど，それはなぜですか。	
T 3		なるほど，この四角形？わかった，わかった。ここの角とここの角とここの角がここに集まっていたけど，四角形の場合はここの角やここの角やここの角がどこに集まるの？って言うこと？
C 9	これはもう最初から答えがわかっている人の意見だけど，わかっていなかったらわからないけど，まず三角形が180°って言うことは一直線が180°だから，全部の角を集めたら180°になるけど，四角形の場合はここを見たからわかったけど360°だから，一直線のところに全部集めるのは無理です。	
C10	じゃあ，この場合の角が集まっているところはどこですか。	
T 4		うん，180°とは言っていない。この4つの角がどこかに集まることはないのですか，ということですね。
C11	もし，○○さんが言ってくれたことなのだけど，一直線上に360°が集まるということは，360°というのは，こう1周なので，どう考えてもこっちにもう一つ図形がない限り集まらないので，	

第Ⅲ章　子どもの問いを視点に据えた授業実践　　45

	ここではいくら多く集まったとしても180°までです。	
C12	三角形の場合，ここの図を見ると，上と下で2つ，え〜と，三角形の場合，この一直線と一直線の間に2つ集まっているけど，四角形は1つなので，その分2つ足したいのなら，下にこういう風に例えば足して，こっちにも四角形を足して，こっちにも四角形を足したら，真ん中に集まって，例えばこんなのじゃなくても，今日の問題になっているこういう形でも，ひっくり返したりするとここに集まってくることができます。だから，三角形はこういう風に斜めに集まっているけど，四角形もそういう風にパズルみたいにいろいろやったら集めてくることができます。	
C13	教科書のつばささんの考えで説明するのだけど，四角形の中にEがあるけど，このEはどういうことで必要があるのですか。	（なるほど）
C14	たぶんなのだけど，三角形はこんな形でもどんな形でも，全体の角を足した数は180°になるので，これはたまたま教科書でここに打っているだけで，ここに打っても，ここに打っても，ここにある一つの三角形は全て180°になるので，180°が1，2，3，4個あるということ。	（このEは何なの？ということ？）
T5		どこに打ってもいいということ？ どこに打ってもいいのだけど，一つ点

46

		を打つことによって，三角形がいくつできるって？
C15	4つできて，全て1つの三角形は180°で，180°が4個で720°になる。	
T6		あれ，多すぎちゃうよ。
C16	720°になって，それから，……どこにEを打ったらいいかということは，……まあ，三角形はどれも180°だから……	
T7		720°では多すぎるね。さっき360°だと言っていたのと違うね。
C17	そこにつけたしで，720°のままでは，何にも求めなくていいこの部分が求められているから，ここの部分も合わせられているから，1，2，3，4で，ここの1周が360°だから，720°から360°を引いたら360°になると思います。どうですか。	
C18	ここの720°というのは，こことこことこことここととここを合わせていて，印をつけたところが全部で720°で，真ん中に集まっている360°が余分なので，真ん中の360°を引いたら360°になると思います。	
T8		中の360°が余分だから引いたのだな。
C19	みらいさんの求め方なのだけど，三角形の内角の和は180°ってわかっているから。	
T9		三角形の内角の和が180°であることはわかっているね。
C20	これとこれとこれで合計は180°で，こっちの三角形も合計は180°だから，	

第Ⅲ章　子どもの問いを視点に据えた授業実践　47

	180°×2で，四角形の角の和は360°であることがわかります。	
T10		2つの三角形に分けたということ？
C21	この図形だけでできるのではと思っている人もいるかもしれないから，長方形でもやってみるのだけど，とりあえず四角形を書いて，こちらにも同じように対角線を引くと，このように四角形のところに対角線を引くと三角形が2つできて，こっちが180°，こっちも180°で，四角形が360°だということがわかります。それで，全ての四角形が360°だということがわかります。	
T11		長方形だとはっきりするね。
C22	これは五角形のものを切り取ったものなのだけど，540度になるのだけど，三角形は180°だったけど，四角形は360°で，五角形は540°に僕としてはなったのだけど，そのだんだん何角形とか増えていくのに180°，360°，540°っていうのは，何か共通点があって，180°ずつ増えている。	
T12		たまたまでしょ。○○君は五角形のところまで目をつけて，180°ずつ増えていると言うのだけど。
C23	これは○○君が説明していた五角形です。さっきの○○さんや○○君が話していたやり方で，五角形の場合は，頂点から頂点に線を引いていくと，五角形は三角形が3つに分けられるので，180°の三角形が3つあるので，五角形の場合は180°×3で540°になると思い	（1，2，3，4，5，五角形だな）　（ここから対角線を2本引いたの）

	ます。	（今の図，わかりやすかったね）
C24	五角形は540°で，○○君の180°ずつ増えていくのが，本当にその先も通用するのかということで，ちょっと○○君の考え方と違うのだけど，○○君の考え方といっしょでいくと，（板書しながら）	（本当だよね。その先も通用するかだよね）
	1，2，3，4で，180°×4で720°で，540°＋180°も720°になって，この線を消しても，これとこれで360°，これ1つで360°，360°×2で720°になります。	（三角形に分けていくということ？）
T13		あれ，何角形？
C25	六角形。	
T14		六角形の場合は何だって？
C26	六角形の場合は720°。540に180をたして720°。	
T15		あれ，五角形が720°だよね。これ何？
C27	これは六角形の式。	
T16		これ，六角形の式か。これ，何が違うの？
C28	180°の三角形が何個あるかで，（※五角形の板書をしながら）三角形が3つになる。	
T17		そうかそうか。さっき○○君のとき，3個だったね。こっちは六角形だね。ほんとだ，180°ずつ増えているね。
C29	何で180°ずつ増えるかというと，五角形をかいて，六角形にするためには，後1つ角を増やさないといけないので，こう書くと六角形になるのだけど，三角形が1つできあがっているの	

第Ⅲ章　子どもの問いを視点に据えた授業実践　49

T18	で，ここが180°だから，1つ増やすと180°増えます。	頂点を1つ増やすと三角形が1つ増えるのだ。だから180°ずつ増えていくのだね。
C30	この四角形も180°が2個あるので，四角の中には三角が2つあるので，180×2で，五角形も三角形がその中には，さっき○○君が言ってくれたように1つ角が増えているので，180×3で，六角形も三角形が4になるので180×4ってやって，全て六角形でも七角形でも，まず三角形にしていくと，全て180°が何個かけられるかによって決まります。五角形だったら540°，六角形だったら720°，全て180°ずつ増えていっていることがわかります。	
C31	三角形の時と同じなのだけど，……	
T19		今日のめあては，そもそも四角形だったね。
C32	360°であることを証明するのだけど…（※実物投影機で紙を切って合わせる）	
T20		ここに集まったということ。1周360°だからね。これは確かだね。
C33	発見したことがあるのだけど，…	
T21		何を発見したの？
C34	何を発見したかと言うと，…ここの外角を求めようとしました。それで，ぼくがやってみたのだけど，ここが65°で，ここが70°で，ここの外角を調べると135°になって，ここの65＋70は，	

M6	ここの外角になったということがわかりました。どうですか。では，これで終わりです。太田先生お願いします。	
T22		まだ，いっぱい意見を言いたそうな人がいたけれど，もういいですか。
C35	先生，○○君が言っていた場所というのはここですか。	
T23		そう，○○君が言っていたのは，ここね。ここが135°になるということでした。今日のめあては，「四角形の4つの角の和について考えよう」でした。いっぱい深められたと思います。360°であることはみんな早々とわかっていたのだけど，○○君がやってくれたように実際にカットしてくっつけてくれるという方法もありました。後，線を引いて三角形に分けて考えていきました。そして，五角形，六角形のこともわかったね。かなり納得できたと思いますが，どうだったでしょうか。
T24		それでは，今日の振り返りをノートに書いてもらいましょう。
M7	（※本時の学習の振り返りをまとめる）それでは，振り返りを発表してくれる人はいませんか。できるだけ当たっていない人。	
C36	四角形の4つの角の和がわかってよかったです。	
C37	四角形を三角形に分けると計算しやすいことがわかりました。その三角形に	

	分けていけば，五角形や六角形の角の和もわかってよかったです。
C38	昨日は三角形だったけど，今日は四角形の角の和の求め方がいっぱいわかったのでよかったです。
C39	今日は四角形の角を合わせると360°になることや四角形の角の大きさをどう調べるかがわかったです。
C40	四角形の角の和は，三角形の角の和が180°であるきまりを使うとわかりやすいことがわかりました。後，五角形や六角形を調べていくと，1角ごとに180°増えることも，三角形が180°であるきまりを使うとわかりやすいことがわかりました。
M8	みんなでやったように，三角形はどんな形でも大きさでも180°だから，五角形，六角形も簡単に知ることができました。太田先生，どうですか。
T25	そうだね。今，みんなの振り返りにあったように，三角形を元に五角形，六角形まで作り方がわかったと思います。一応これで一通り図形の合同についてみてきましたので，明日は今までの学習を振り返って，作図の練習をしてみましょう。
M9	これで2時間目の算数の学習を終わります。
子どもの発話語彙数7833文字（57%）	教師の発話語彙数5908文字（43%）

(3)子どもによる「問い」の場面　※授業記録より

　子どもたちから出た具体的な「問い」の文言は，次の３ケ所であった。

●C7：おたずねなのだけど，三角形では，ぼくは73頁を見てみたのだけ
　　　ど，これを見てみると，丸がここにあって，これが180°ってわか
　　　ったのだけど，それがここに集まっているということがわかった
　　　のだけど，四角形にしてみると，三角形の場合とは全く違うのだ
　　　けど，それはどういうことですか。

●C13：教科書のつばささんの考えで説明するのだけど，四角形の中にE
　　　があるけど，このEはどういうことで必要があるのですか。

●C35：先生，○○君が言っていた場所というのはここですか。

　１つ目の「問い」で，三角形の内角の和が180°であったことと関連付ける
ことができた。そして，２つ目，３つ目の「問い」は，教師側では気づきに
くい子ども側の行き詰まりを解きほぐす役割を果たしていた。何れの「問
い」も，最初はその子どもが何を言わんとしているのかがよくわからなかっ
た。実際，ある子どもの素朴な「問い」を他の子どもが解釈できないときも
ある。そうした時は，その「問い」に対して教師が問い直すようにした。特
に１つ目のC7の「問い」は，多くの子どもたちがその「問い」の意味をわ
かっていないようであったので，T2で教師が「問い」に対する「問い」を
返し，C8でわかりやすく伝え直してもらった。それを受けて，すぐさまT
3で子どもの「問い」の共有化を図った。結果，C11，C12で１点に角が集
まることの深化を図ることに繋がった。できるだけ子どもたちの言葉を引き
出して授業を進めていくには，事あるごとに教師が出過ぎない方がいいと考
えるが，折角の子どもの「問い」を他の子どもが理解しかねるときは，周知
できるような配慮を教師がすべきだろうと考える。

事例④　5年「人文字」

(1)授業の概要

　子どもが1mおきに並んで人文字をつくるときの人数を調べる問題（図3）である。一度にア～エの全体の数を調べると混乱するので，例えばア～イだけに限定して考えていくと，間の数 + 1 = 子どもの数 という言葉の式が出てくる。しかし，それぞれの線でこの言葉の式を使うと，(10 + 1) + (6 + 1) + (10 + 1) = 29 となり，実際の答え（27人）とは違ってしまう。そこで，ア～エを1本の直線

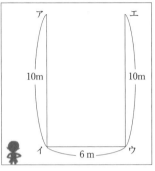

図3　人文字

と考える方法に帰着させたいところである。実際の授業では，子どもの数と間の数の関係に目をつけて，線分図や言葉の式を使いながら，互いの考えをどんどん付け足していく場面が多く，子どもたちの力でほぼ授業のねらいに迫ることができた。しかし，教師も予想し得なかった子どもの「問い」が中盤に飛び出した。

(2)授業記録による全容

司会者の指示・発言：M1，M2，……

子どもの発言（つぶやき）：C1，C2，……

教師の指示・発言（つぶやき）：T1，T2，……

	司会者の指示・子どもの発言（つぶやき）	教師の発問・受け答え（つぶやき）
M1	今から算数の学習を始めます。今日のめあてが言える人はいませんか。	
C1	人文字がどういうものか知ろうです。	
C2	人文字を作ったときの人数を調べよう	

	にしました。	
C 3	実際に人文字を作って考えようです。	
C 4	人文字で考えを表現しようです。	
C 5	人文字を作るには何人の人が並べばいいか考えようです。	
C 6	子どもの数と間の数の関係に目をつけて問題を解こうです。太田先生お願いします。	
T 1		よくみんな学習のめあてがつかめていますね。今日は人文字をつくるときの人数を考えていきましょう。今プロジェクターで今日のテーマ問題を映していますが，こういう UFO という人文字を作りますが，一番左側のUという文字だけを考えていきます。設定としては，縦が10mで横が6 mです。いいでしょうか。それでは係さんお願いします。
M 2	では，3分間独自学習をしてください。（※独自学習）	
M 3	独自学習をやめてください。	（ちょっとグループ交流しようか）
M 4	3分間のグループ交流をしてください。（※グループ交流）	※グループ交流の様子を見回る。
M 5	グループ交流をやめてください。自分の考えを発表してくれる人はいませんか。	
C 7	まずアの問題なのだけど，アからイは10mあって，（※板書しながら）ここに何人子どもがいるかということを考えて，これを1 mずつに分けていって，	

第Ⅲ章　子どもの問いを視点に据えた授業実践　55

	そこに端から端に子どもが並ぶということは，1人目，2人目，3人目，……11人目で，端から端までだと11人いることになります。
C 8	（※板書しながら）ここからここまでの間が10mだとしたら，ここに人が11人いて，ここにも11人いて，ここは6－2で4人になるから。
C 9	（※板書しながら）ここが6mで，ここが10mで，ここも10mで，ここに端っこがあるからプラス1で11にして，ここが7になるのだけど，計算してみると29になって，このままだとここの端っこに2人いることになるので，2引かなければならないので29－2で27人だと思います。
C10	なぜ1人多くなるのかと言うと，（※板書しながら）例えば5mがあったとして，ここに1人ずつ人が並ぶのだけど，5mというのはここを0として，ここを5とすると，1，2，3，4，5となった数なので，これって言うのは実は間の数なので，はじめを1と数えるか数えないかが問題になってきて，端っこから端っこに人が立つ場合は，このスタートの地点も考えるので，実は人だったら1，2，3，4，5，6人になるのだけど，間の数はスタート地点を数えないので，差が1個，これがプラス1になることがわかって，これは他の問題でも使えるのだけど，例えば10，6，10の合計の長さ

	プラス1をすると，この人数が出ることがわかります。	
C11	さっきの○○さんの付けたしですが，ここは2個重なっているので2引くと言ってくれたけど，例えばこの10mの1本だった場合は，あれみたいに11人になって，それでこっちもこの調子でいくと，ここを先に省いたのだけど，まずこの間が5になって，こっちが10になって，ここも10になって，そして25になってから，この2個重なっているところを計算しなくても，ここの2人分を省いていたのでそれは後で足すと27人になります。	（これ今，○○さんの図を使ってくれているのだね）
C12	先程の○○さんの考えに対する○○君の付け足しなのだけど，○○君がこれを全部足してそれに1を足せばできると言ったのでやってみると，これを全部足してあわせたら26mという長さが出て，ここの間が26個できるので，その人数というのは人より間の方が1少ないので，27人になると思います。	
C13	おたずねなのだけど，○○さんが言ってくれたそこの10mの間に11人がいるということはわかったのだけど，Uの片方の10mの場合は11人ということはわかったのだけど，これは10mで11人だけど，人のいるところは1mとして数えるのですか。	（え，どういうこと？）
	だから，ここは全部合わせて10mだからそれで11人です。でも，この1mとかの間に何人か入っているから，人も	（10mで11人）

第Ⅲ章　子どもの問いを視点に据えた授業実践　57

C 14	1 mの中に入っているのですか。 ○○さんが言っていることと違うかもしれないけど，たぶん○○さんが言っていることは，先程ここに図を書いてくれたけど，○○さんは人が（※板書しながら）ここの，さっき○○君が言ってくれたけど，ここに入るのではなくて，ここの間に1人ずつ入っていくのではということを疑問に思っているのではないですか。	
T 2		その間ってこと？
C 15	そうじゃない。	
T 3		この線上にいるのだよね，人が。 その人の分は，あ，その人の幅があるから，それで10mではなくなるということか。 （するどい，ほんとうだ。11人も並んだら）
C 16	これは10mだけども，ちょっと例が変わるのだけど，（※板書しながら）ここで区切ったとすると，これは組体操のようになって，この線の上に1人ずつ乗っていくと，人の幅はその上に乗っていたとしても，線と線の幅は1mとして変わらないので，そのままだと思います。	
C 17	線と線の間じゃなくて，人の中心のところで区切ればいいと思います。	
T 4		（あ，その中心でね） では，そうしようか。人間の幅は考えない。それを考えたらわからないからね。

C 18	○○君がしてくれたのをもうちょっと簡単にするだけだけど，こういう図を書くのもいいのだけど，パッと見たときに指は5本なのに間は4つということで，これと全く同じになっている。それで，これも指の間が26個と考えれば，全体が，指が何本かが出ると思います。	（指が5本なのに間が4つ）（指で例えてみたらわかりやすいと）
C 19	もう忘れたかもしれないけど，4年生の時に植木算というところの単元をやっていて。それと全く一緒で，植木は植える木だから，木の間が木より少なくなるのだから，人か木かというだけで，前に習った植木算のことを使えば簡単にできると思います。	（4年生で植木算という勉強をしたよね）（覚えているのだね，植木算のことを）
C 20	人数を言葉の式とちょっとした数字で表すことができるのだけど，（※板書しながら）間の，間隔の数だけど，アで考えると間隔の数は，1，2，3，4，5，6，7，8，9，10で，10個あるので，この間隔の数は10となって，これに足す1，○○君がさっき言ってくれたように，最初の0の地点を1人と考えて，足す1をすると，これが10mおきに並んでいる人の数になると思います。	（うん，言葉の式ね，いいですね）（1mつくろうとしたときに）
C 21	なぜ1多いかと言うことを考えると，まず1個の間を作ろうとしたときに，（※板書しながら）こう2ついるのですよ。こう何もないところに，2人の人がいるのですよ。それで，そこからまた間を作ろうとすると1人でいいの	（ああ，次の1mはね）

第Ⅲ章　子どもの問いを視点に据えた授業実践　　59

	ですよ。 それで作っていくと，この1人がこの〇〇君の足す1になる，最初に何もなかったところに，最初から間をつくるときに2人なので，他は1人でいいので，この余りの1がいると思います。	（うん，なるほど）
C22	その〇〇君と〇〇君の考えをつなぐと，例えばメジャーとかで，メジャーと言うのは，0地点は0って書いてて，後から1m，2mって書いてあって，〇〇君の言う最初の0は〇〇君の言う0で，それでその0と言うのは，人数で言うともうそこは1になってしまっていて，だから〇〇君の言うように，最初の0という普通メジャーでは数えないところを，人はちゃんといるのだから，1人というように数えなければいけないと思います。どうですか。	
C23	アに戻るのだけど，アでもイでもできることだけど，これで考えると（※板書しながら）この1人にこのパートナーができるとすると，この人にもこのパートナーができて，このパートナーをずっと続けていくと，この線を受け取る人がいなくなっちゃって，パートナーをしっかり作っちゃうと，この人が必要になってくる。なので，この場合はパートナーができた時点で，この3人で3mができた時点で，もう1人この人を増やさないといけない。	（メジャーで考えるとね） （受け取る人？）
T4		最初に1を準備しておくだけではなく

		て，最後の締めくくりのパートナーとして考えてもいいと？
C 24	まあ，これはどこで足してもいい。	（最後の受け取り手だね。そのプラス1は）
C 25	○○さんの書いてくれた式をもうちょっと短くすると，$11 \times 2 + (7 - 2)$になる。	
C 26	○○君の言ってくれた言葉の式の話だけど，間隔の数と書いてあるけど，教科書を見てもらうと，どこにも間隔の数のことは書いてないじゃないですか。だからこの場合，間隔の数，つまり間の数，ここで言うと，イコールこの道，人文字が並ぶ道の長さと置き換えることができる。だから間の数というのは道の長さと同じなので，こう置き換えると，式を見てすぐ，道の長さ＋1をすると，人数が出るとわかります。どうですか。太田先生お願いします。	（この場合は，道の長さだと）
T 5		もういいですか，おたずねないですか。
C 27	○○君の考えだけど，これ7－2，僕の方が長くなるけど，7－2というのは，これを5mにするということなので，これを，この10mに，……	
T 6		○○君，それはおたずねですか。それともつけたしですか。
C 28	違う考え。えーと，7－2じゃなくて，……	
T 7		10，6，10という設定だよ。
C 29	わからなくなってきた。	

第Ⅲ章　子どもの問いを視点に据えた授業実践　61

C 30	○○君と違った意見だけど，ここには言葉の式を書いたのだけど，これは10mの時で，U全体を求める時の言葉の式なのだけど，まず線全体の距離で，これをやってみると，10×2と6を足して26となるのだけど，	
T 8		10＋10＋6ということ？ それはまあ，×2にしても足してもいいことにしようか，計算のやり方だからね。
C 31	これで26になったけど，ここの答えが27だけど，さっき言ってくれたように，片方だけ，まだもう一方を数えていないので，この数えていない人，さっき0のところにも1人立っていると○○君が言ってくれていたので，これもまたプラス1して27というふうにできます。どうですか。	
T 9		○○君の道の長さと一緒だな。
C 32	○○君と○○さんの式が同じように見えるけど，先に7－2をするということは，○○さんが言ってくれたこっちの図だけど，一応ちょっと書き直してみるけど，ここは5になるのだけど本当は，○○さんは最初にこことここに区切って，この間を5人というふうにして，だから先に7－2でここが5人ということを出してから計算していて○○君の場合は，○○さんの場合はこの全体をやってから2引いているので，○○さんと○○さんの考え方は一緒です。	（一緒だね，つながるね，○○さんと○○さんは）

C33	結局はみんなの考えをまとめると，こういうふうに1つずつやっていったら，ここの頂点の部分を2回たしているってことになるので，それが面倒なので，こういうふうにパタンパタンとして一直線にしたら，ここの部分が重なっているということを考えなくてすむので，いちいちこうやるのじゃなくて，こういう線分図，一直線にしたら，僕は一番わかりやすいと思います。どうですか。 太田先生，お願いします。	（パタンパタン，これだね，○○さんのだ）
T10		これはね，先生もね，○○さんはちょっと数間違いをしてしまったけどね，この一直線にすると考えて，みんなの最後のまとめになるよね。一直線にしてしまえば，それの長さにプラス1すればいいね。この場合は人の数が1mごとだから，結局この道の長さと一緒なんだけどね。間の数たす1で人数が出る。こういう言葉の式，ノートに書いておくといいね。大丈夫？ だからこうくねくねまがっていても，こうパタンパタンとして一直線にすればいいね。なぜ1を足さなければいけないかと言うと，最初のスタートで要るからという考え方と，○○君が言ってくれたように最後の受け皿だね，最後の締めくくりというか，その人で1を足す。どっちかで1を足してください。大丈夫？ わかったぞという人？それじゃ，みん

第Ⅲ章　子どもの問いを視点に据えた授業実践　63

		なを信用しないわけじゃないけど，試し問題をしてみるよ。 Uばっかりじゃおもしろくないから，7にしようか。では，1mごとに人が立ったとします。この時全部で何人の人がいるでしょう。 ノートに式と答をかきましょう。1問問題です。2，5，8です。
M6 C34	（※1問問題に取り組む） では，答えが言える人はいませんか。 2＋5＋8＝15で，15＋1＝16で，答えは16mだと思います。 あ，16人だと思います。 どうですか。	（自信ないかな） （16m？） （単位は大事だよ）
T11		はい，16人になった人？ では，もう1問やろうか。 えーとね，2。全部5。 では始め。30秒でできるかな。単位はメートルね。
M7 C35	※2つ目の1問問題に取り組む。 では，答えが言える人？ それは，5mの線が5個あるので，5×5で25になり，それ足すスタート地点の1があるので，25＋1で26人だと思います。どうですか。	
T12		26人で合っていた人？とにかく全体の長さを求めたら，それに1をたしておけばよかったね。
T13		では，一度自分の整理をしましょう。振り返りをしてください。
M8	振り返りをしてください。	

	（※本時の学習の振り返りをまとめる）	（その振り返りに，またおたずねを書いてもいいよ）
M 9	それでは，振り返りを発表してくれる人はいませんか。できるだけ当たっていない人。	
C 36	今回習った人文字は，長さにプラス1をすれば答えになることがわかってよかったです。	
C 37	Uの文字を直線にして考えることや最後に1を足すなど，人文字のいろいろな考えをわかってよかったです。太田先生お願いします。	
T 14		では，他の人の振り返りはまた後で読ませてもらいますが，今日は図を使ったり式を使ったりして，子どもの数と間の数の関係がよくわかったのではないでしょうか。その中でも，この○○さんが真っ直ぐな一直線にしてくれたのが，最初の段階でしてくれましたよね。これが授業全体の中でずっと生きていてとってもよかったと思います。この調子で○○さん，これからもがんばってください。それでは次の時間は，UFOのFとかOとかをやっていきます。Uの時と同じことが使えるのか，もしかしたら違うかもしれません。同じだといいよね，いつも1足しておいたらいいから。さあ，それがどうなっているのか，次の時間に調べたいと思います。
M10	これで3時間目の学習を終わります。	
子どもの発話語彙数9743文字（57%）		教師の発話語彙数7405文字（43%）

第Ⅲ章　子どもの問いを視点に据えた授業実践　65

⑶子どもによる「問い」の場面　※授業記録より

　本時は人文字をつくる際の人数を考えるという所謂思考法単元の１つで，考えることが好きな子どもたちにとっては，いつも以上に前のめりになって，その答えや理由を明らかにしていこうとする姿勢が見られる授業となった。その中で，次のような思いもしない子どもの「問い」が出た。

- ●C 13：おたずねなのだけど，○○さんが言ってくれたそこの10ｍの間に11人がいるということはわかったのだけど，Ｕの片方の10ｍの場合は11人ということはわかったのだけど，これは10ｍで11人だけど，人のいるところは１ｍとして数えるのですか。(え，どういうこと？)だから，ここは全部合わせて10ｍだからそれで11人です。でも，この１ｍとかの間に何人か入っているから，人も１ｍの中に入っているのですか。

　この「問い」の意味が，教師も，そして子どもたちの多くもよくわからない様子であった。その雰囲気を察して，別の子どもが次のような「問い」に対する補足をしてくれた。

- ●C 14：○○さんが言っていることと違うかもしれないけど，たぶん○○さんが言っていることは，先程ここに図を書いてくれたけど，○○さんは人が(※板書しながら)ここの，さっき○○君が言ってくれたけど，ここに入るのではなくて，ここの間に１人ずつ入っていくのではということを疑問に思っているのではないですか。

　このC 14の補足を受けて，教師が次のようにやりとりに入って共有化を図った。

- ●T 2：その間ってこと？
- ●C 15：そうじゃない。
- ●T 3：この線上にいるのだよね，人が。その人の分は，あ，その人の幅があるから，それで10ｍではなくなるということか。(するどい，ほんとうだ。11人も並んだら)

教師が納得すると同時に，子どもたちも「問い」の意味がわかったという
表情になった。結局，人と人の間が1mであって，人には必ず体の厚みがあ
るから，さらに全体の長さは変わってくるはずだというのである。初めは本
時の授業で考えさせたい本質とずれているかもしれないと思われたが，この
後の交流（C16→C17→T4）で，人を1つの点として見なせば線分図として
捉えやすくなるという視点ができ，全てを一直線に直すと「全体の長さ＋1
＝子どもの数」になるという意味がすっきりと子どもたちの中に浸透してい
った。このように，一見授業の本質に関係のないように見える素朴な「問
い」であっても，それに応えていくことで授業の本質に辿り着くことができ
る。授業後，子どもたちのノートを集めて振り返りを読んでいると，「私も
○○さんと同じ疑問（人の体の厚み）を持っていたので，それが解決されて
すっきりしました。」という子どもの記述が見られた。子どもは教師が思い
もしない非連続な現象場面で「問い」を持つ存在であることを大いに実感し
た授業であった。

第2節　考察

　一般的な「発問」は教師側が当初から用意しているものだとすれば，ここ
での教師の「問い」は一般的な「発問」とは一線を画す。ここでの教師によ
る「問い」は，子どもたちの学びの状況に応じて投げかけられたものである。
そして，事例①のように，教師による「問い」の大切さを実感している。教
師から問いかけをして，子どもたちを揺さぶりながら，困っているであろう
ことを確認していく必要があるからである。しかし，教師による「問い」の
みでは，「算数の授業を子どもの活動を中心とした主体的なものとする」域
にはなかなか到達しない。なぜなら，子ども自身がどこで悩んでいるのか，
あるいはどんな拘りをもっているのか，全員の胸の内を知り尽くすことは困
難だからである。わからないことをわからないと言える子どもたちにするた

めには，やはり子ども自身の発信力を育てなければならない。それだからこそ，自分から「問い」を発することに慣れていない子どもたちにとって，教師による「問い」が見本になり，引き継がれていくとよいだろう。

　事例②では，「問いのある授業」を４月から積み上げてきた成果が出て，５つもの子どもによる「問い」が出た。その中で，C 13の「問い」は特に興味深い。同じものに目をつけて相殺の考え方がよくわかったと見るや否や，入場券と乗り物券の枚数の設定を代えて，そのような場合でも解けるのかという「問い」を出したのである。入場券の枚数は１枚のままで乗り物券だけを変えるのなら類題扱いとできるが，入場券の枚数も変えてしまったので，一気に難易度が上がった。このような時，教師としてはこのことが難しすぎると判断して据え置く場合と，この子たちなら探究心を持って解こうとするかもしれないと判断して取り上げる場合がある。この判断は，指導者である教師がすべきであろう。この事例の際は，子どもたちの反応が前向きであったので，そのまま取り上げることにした。その結果，この場面設定を変えた問題を解決していく流れの中で，さらに３つの「問い」が生まれた。その「問い」を皆で解決していくことによって，難易度の高い問題であっても教師が説明を加える必要はほとんどなかった。

　また，事例③として，「四角形の内角の和」を求める課題を扱った際に，四角形の中に１点を取り，各頂点と結ぶことで４つの四角形になり，180°×４－360°＝360°で求められるという説明を聞いていた子どもが，その中にとる１点をどうやって見つけるのかにずっと拘っていた。教師側の感覚で言えば，そんな点の位置はどこでもいいわけで，もっと算数的な考え方に目を向けさせたいとばかり考えてしまっている。しかし，この１点をどうやって見つけるのかはこの子にとって大問題であり，そのことが解消されない限り，どんなによい考え方が発表されても受け付けられないし，先には進めないのである。だからこそ，そうした素朴な「問い」を遠慮なく出せる風土が大切となってくる。ただし，そうした子どもの「問い」は全体交流の場だけに限

定せず，グループワークの場や個別対応の場でもよしとする風土にしていきたい。そうなれば，そのような子どもはさらに新たな「問い」を持つことができるかもしれない。

さらに事例④では，1m間隔に並んで人文字を作っていくという課題を扱った際に，人間の幅はどうやって処理していけばよいのかということにこだわる子どもの「問い」が生まれた。事例③の場合と同様，教師としては想定外のことで，子どもたちによる素朴な「問い」があったからこそ解決に繋がり，そのまま本時の本質に辿り着くことができた場面であった。また，この事例では事前に個々が持っていた「問い」がグループワークで随分と解決されていた。

ここまでの事例研究の成果としては，子どもたちによる「問い」の風土を育てていくことで，授業の中で子どもたちが活動する場面が増えていったことである。「子どもの活動」と言うと，教師が意図的に仕組んで取り組ませる具体的操作活動等が代表的であるが，ここでは，黒板の前に出てきて図や式を行き来しながら説明しようとする「子どもの活動」が特徴的である。そして，子どもによる「問い」の発信という風土を育てる初期の段階では，教師が「問い」の見本を具体的に出したり，「問い」を出した子どもには教師がどんどん誉めていくという支援をしていったことで，「思い切ってたずねてみてよかった」という子どもたちが如実に増えていくのが感じられた。実際，教師が善かれと思って投げかける発問より，子どもたちから発信される「問い」の方が，子どもたちの直面課題に適しているので，「問い」の主役を徐々に教師から子どもたちへと移行していく意識が肝要である。また，事例として今回は4つの授業場面を取り上げたが，普段の授業から年間を通して子どもたちの「問い」を尊重していく姿勢を取り続けることが大前提であり，そうすることで教師側の方が学ばされることが多いことにも気づかされた。

次章では，授業記録の全容から見えること見えないことを併せて，ここまでの筆者の授業の構造がどうなっているのか，大切にしてきたことは何かを，

実践研究という立場から一旦整理していく。その上で，子どもの自律性の進展を促す要因と成り得るものは何かを見定め，一般化に繋がる算数授業モデルを考えていく。

第Ⅳ章　太田算数の授業構造の現状分析と考察

第1節　「学習のめあて」を子どもとつくる

a　本時の学習のめあてを子どもたちに決定させる

　ビルドダウンしていく教科学習の現状を，逆に何とかビルドアップしていけないものかと，随分長い間悩んでいた。そして，この命題を打ち破る最大の分岐点が，授業の質的変換にあると気づくようになった。次々と新しいカリキュラムの内容を教師側から与えられ，何とかついていこうとする子どもの姿から，子ども自身がその内容に学ぶ必要性を感じ，自分のために学んでいくのだという子どもの姿へ変えていくことが，ビルドダウンを防ぎ，逆にビルドアップさせていくポイントとなり得た。

　そのための先鋒役を担うのが「子どもとつくるめあて」である。研究授業の指導助言によく招かれるようになってわかったことであるが，学習のめあてを示さずにどんどんと進んでいき，そのまま終わってしまう授業がとても多かった。この場合，子どもはどこに向かって学んでいけばいいのかがわからないので，教師の発問や指示に従って学んでいくしかなかった。子どもは終始受け身の態勢であった。

　一方，よく授業研究をされている教師は，本時の課題を示した後，それを受けて本時の学習のめあてを提示していく。また，課題を示す前に，本時の学習のめあては「……です」と言って，黒板の左上や真ん中上部に書き示し。この場合は，どこに向かって学んでいけばよいのかが子どもにもわかるので，子どもは先の見通しをもつことができる。しかし，主導権は子どもではなく

教師にある。

　筆者が大きな分岐点になると言っているのは，このもう一歩先である。この本時の学習のめあてを子どもたちに決定させるのである。子どもたちに決定させると言っても，子どもたちに丸投げするわけではない。授業の早い段階で「子どもたちの声を聞く」というイメージをもってもらえればよい。そんな子どもたちの声を受けて，「それでは，こんな感じのめあてでいいですか」と言いながら，教師がめあてをまとめていくのである。子どもたちが育ってくれば，このまとめることさえも子どもたちが行うようになる。万が一，ポイントがずれていれば，それをさらに受けて教師がつけ足せばよい。学習のめあての決定権を子どもたちに譲ることで，授業そのものも子どもたちが主導権をもつようにしていくのである。イメージとしては，

　　　教師→子ども→教師→子ども→教師→子ども→……

ではなく，

　　　子ども→教師→子ども→教師→子ども→教師→……

という構図になる。

　「今日はこんなことを学びます。みんなよく聞いていなさい」という授業から，「今日はこんなことを学びたいのですね。先生も応援しますよ」という授業に生まれ変わる。授業の質が全く違ってくる。ただ，こうした提案をすると，「うちの学校の子どもたちでは無理です」と最初からあきらめてしまう方もみえるが，少しずつ主導権を与え，1年かけて子どもたちを育てるぐらいの心意気があれば，その方向性は見えてくるものである。今まで数々の小学校で飛び込みの模擬授業をしてきたが，そのきっかけが作れなかった学校（学級）は1つもなかった。要は，教師がどの方向へ向かおうとしているのかという問題だけなのである。

b　「学習のめあて」が決定されていく具体的な授業場面

　それでは，1年生が入学して2ヵ月たったときの授業場面で，学習のめあ

第Ⅳ章　太田算数の授業構造の現状分析と考察　73

てのやりとりを紹介する。最初の1ヵ月は，授業の最初に，本時で学ぶ教科書の頁を胸の前で広げながら，「今日はどんな勉強をするのかな？」と問い続けた。そして，2ヵ月目からは，授業の最後と帰りの会の教科連絡で，必ず次時の予告をするようにした。このやりとりは，中学年や高学年でも通用するので，ぜひ参考にしていただきたい。それでは，具体的な場面でみていくことにする。

　—1年生　あわせていくつ　ふえるといくつ—

日直（学習係）：きょうのがくしゅうのめあてがいえる人はいませんか。
秋山：あわせていくつになるかかんがえよう。
村瀬：あわせていくつになるかをかんがえよう。　＊全く同じ
水口：たしざんのおべんきょうをしよう。
伊藤：3＋2のしきになるのをかんがえよう。
宮本：たしざんのしきをはなしあってつくろう。
井川：あわせていくつになるかをかんがえ，しきにもしてみよう。先生どうですか？

　きちんと自らめあてがもてていることを誉めた後，黒板には次のようにめあてをまとめた。

教師：こうえんのえをみて，たしざんのしきをかんがえよう。

残りの子どもたちのノートも，その後確認していくと，それぞれ自分のめあてが書かれていた。自分のめあてがもてている子どもたちには，書き直さず，そのままそのめあてを大事にするように指示をした。

入学してわずか2ヵ月の子どもたちであったが，6人の声を合わせれば，教師が事前にねらっていた学習のめあてにほぼ近づいている。子どもたちの声を聞き，教師が学習のめあてを黒板にまとめるまで約3分。初めから，今日の学習のめあては「……ですよ」と教師側が提示してしまえば，1分で済むかもしれない。しかし，敢えてどの時間でも，子どもたちが「自分のめあてはこうですよ」と話してくれる時間を大切にしている。なぜなら，僅か3分のこの時間のやりとりには，

「あなた（子ども）たちの方から，その気をもって発信してくれないと，授業は始まりませんよ」

という強いメッセージを込めているからである。

因みに，このときの本時の教師側の指導のめあては，

「たし算の適用する場を広げ，たし算についての理解を深める」であった。このことを教師側が認識しているのは当然のことであるが，授業の主体者であるはずの子どもたちが，いつまでたっても認識していないとすれば，とても問題である。

しかし，根本的に，このめあては小学1年生の子どもたちには難しすぎる。だから，子どもたちにも通じる言葉にしなければならない。それが，

教師：こうえんのえをみて，たしざんのしきをかんがえよう。

なのである。これとて，初めから教師が提示していては，価値が半減してしまう。子どもの声を聞いてから提示すれば，子どもたちが自己決定したことにつながる。基本的には，学級の子どもたちそれぞれのめあてを受け入れ，各自が決めためあてを大事にして授業を始めるのである。そうして，回を重ねるごとに子どもたちが心をもち込んで学習に臨めるようになってくれれば，ビルドアップな授業は保障されたようなものである。

c 「学習のめあて」を決める場面で「学習規範のめあて」が出た場合

　年度当初や飛び込み授業でよくみられることであるが，授業の冒頭で，

　　「今日はどんなめあてをもっていますか？」

　　と問いかけると，

　　「先生の話をしっかり聞いて授業を受けたいです」

　　「姿勢よく授業を受けたいです」

　　「余分なおしゃべりをしないようにしたいです」

　　「いっぱい手をあげたいです」

というような学習規範に関するめあてを発表する子どもが何人もいる。学習
内容に関するめあてとは違うが，私はこのようなめあてを大いに尊重したい
と考えている。「余分なおしゃべりをしないようにしたいです」というめあ
てを立てた子がいたら，後で扱う「学習の振り返り」とセットで，その子の
自己評価とともに励ましていく。「余分なおしゃべりをしないようにしたい
です，というめあてはとてもいいですね。これが達成できるとすばらしいで
すね。」という具合に。そして，その学習規範が定着するまで，何度もその
めあてを立てればよい。おしゃべりが完全になくなるわけではないが，数ヵ
月もすると，そういう類のめあてはなくなっていく。

d 指導書のめあてを子どもの言葉にする

　指導書に書いてある「めあて」（指導書では「ねらい」）は，そのままでは子
どもに通じない。そこで，子どもと本時の学習のめあてを決める際には，予
めそれを子どもの言葉にして，準備しておく必要がある。以下はその例であ
る。　※単元名は平成27年度版啓林館『わくわく算数』の教科書による。

・1年生「おおい　ほう　すくない　ほう」の第1時の場合

　指導書のねらい

求大（大きい方を求める）の問題を，図などを通して求めることができる。

↓

子ども向けの学習のめあて

おおいほうの　もとめかたをかんがえよう。

・2年生「1000までの　数」の第5時の場合

指導書のねらい

10を単位にして，そのいくつ分になるかを，10円玉，100円玉を用いた算数的活動を通して考え，数の相対的な大きさをとらえることができる。

↓

子ども向けの学習のめあて

おかねをつかって，10がいくつぶんあるかをかんがえよう。

・2年生「三角形と四角形」の第2時の場合

指導書のねらい

三角形と四角形の弁別と点構成，線構成をする。

↓

子ども向けの学習のめあて

三角形や四角形をみつけたり，つくったりしよう。

・3年生「あまりのあるわり算」の第3時の場合

指導書のねらい

余りは，いつもわる数より小さくなることを理解する。

↓

子ども向けの学習のめあて

あまりの大きさはどうなるのかしらべよう。

第Ⅳ章　太田算数の授業構造の現状分析と考察　77

・3年生「表とグラフ」の第6時の場合

　指導書のねらい

　　一次元の表を組み合わせた二次元の表の見方について理解する。

　　　　　　　　　　　　　↓

　子ども向けの学習のめあて

　　くふうした表の見方を知ろう。

・4年生「大きな数のしくみ」の第5時の場合

　指導書のねらい

　　どんな大きさの整数も0から9までの数字で表すことができることを理解する。どんな数でも10倍すると位が1つ上がり，100倍すると位が2つ上がること，また，10でわると位が1つ下がり，100でわると位が2つ下がることを理解する。

　　　　　　　　　　　　　↓

　子ども向けの学習のめあて

　　大きな数のしくみがどうなっているのか調べよう。

・4年生「垂直・平行と四角形」の第7時の場合

　指導書のねらい

　　平行四辺形の辺や角に着目して，平行四辺形の性質を調べ，理解する。

　　　　　　　　　　　　　↓

　子ども向けの学習のめあて

　　平行四辺形の辺や角について調べよう。

・5年生「合同な図形」の第5時の場合

　指導書のねらい

　　合同な三角形をかくために必要な条件を知り，3つの方法で三角形を作

図する。

↓

子ども向けの学習のめあて

合同な三角形のかき方を考えよう。

・5年生「単位量あたりの大きさ」の第1時の場合

指導書のねらい

混みぐあいを比べることにより，本単元の学習課題をとらえる。単位量あたりに着目する考えを理解することができる。

↓

子ども向けの学習のめあて

どの部屋がいちばんこんでいるのか，そのくらべ方を考えよう。

・6年生「円の面積の公式」の第4時の場合

指導書のねらい

円の面積の求め方を公式にまとめ，その適用ができる。

↓

子ども向けの学習のめあて

円の面積の公式の意味を考えよう。

・6年生「変わり方を調べよう」の第1時の場合

指導書のねらい

変化のようすを表にかき，変化のきまり（一定量ずつ増加する）をみつけて問題を解くことができる。

↓

子ども向けの学習のめあて

表を使って，変わり方のきまりをみつけよう。

> **めあてづくりのポイント**
> ①授業の最後と帰りの会の教科連絡で，必ず次時の予告をする。
> ②授業の始めに，「今日はどんな学習をしたいのか」を問いかけて子どもたちの声を聞く。
> ③教師はあらかじめ教材研究をして，子どもの言葉にした学習のめあてをもっておく。
> ④子どもの声をできるだけ生かして，教師が学習のめあてを黒板にまとめる。
> ⑤個人のめあてや学習規範に関するめあても尊重する。

第2節　事あるごとに学びをつなげる「振り返り」の場を設ける

a　振り返りを習慣化させる

　先のことを見通し，めあてをもって主体的に学んでいける子どもはすばらしい。しかし，何事もやりっ放しはいけない。次への連続性が途切れてしまうからである。連続性が途切れてしまうと，その度に教師が再スタートのきっかけをしなければならない。

　そこで，自律的な学習法を促すために，振り返りが大事になってくる。例えば，その1時間の授業の振り返り，途中途中での振り返り，単元を終えたときの振り返り，1ヵ月ごとの振り返り，半年ごとの振り返り，1年を終えての振り返り，……ケースに応じて，事あるごとに振り返りの場を設けると，自分で立ち止まって見直す習慣が自然とついていく。子ども自身が，自分で自分のことを評価することで，次へとつながるからである。要は，子ども自身が自分の力で歩めるように習慣化させることである。

b　授業の最後に学習のめあてに沿った振り返りを

　そのもととなる毎時の授業では，めあてがもてたら，そのめあてに沿って

授業が進められる。授業の進め方は，各教科によって違ってくるが，どの教科でも徐々に進化していく。月日を重ねるごとに進化できるのは，子どもたちが主体となってよりよい授業をつくっていこうと考えているからに他ならない。逆に教師が主体となった授業では，子どもたち自身にあまり切迫感がなく，よい授業をつくっていこうとする気持ちがなかなか育たない。

　さらに，子どもたちが進める授業を充実させていく原動力となっているのが，めあてに沿った振り返りである。授業の最後に，「今日の授業はどうでしたか？」と呼びかけて，子どもの声を聞く授業は全国各地でもよく見かけるようになってきたが，ここで強調したいのは，めあてに沿った振り返りである。まずは，「自分が立てためあてはどうだったのか」そのことについて振り返りをする。めあてと振り返りを常に連動させるのである。その上で，気づいたことがあれば付け足して振り返っていくように促していく。

c　振り返りを継続させるために

　振り返り方には，心の中で振り返る，言葉に出して振り返る，文にして振り返るなどの方策が考えられる。それぞれによさがあるので，学年の発達段階やその時の学級の状況に応じて振り返りの場を重ねていけばよい。しかし，習慣化させるには，通常の算数ノートに文を書かせていくのがよい。通常の授業では，1分で書かせて，1分で発表させるというパターンをとることが多い。やり始めは5分程度かかってしまうことが多いが，風土として根付いていけば2分程度で行うことができる。いくら子どもの生の声を聞く振り返りが大事だとわかっていても，あまりにも時間を取り過ぎてしまうと，中心となるべき学習課題に向かう時間が減ってしまうからである。

　また，発表者は挙手した子どもを優先すればよいのだが，時折，列で指名したり，班で指名したりすることで，緊張感をもたせることも大切である。同時に，より多くの子どもたちの声を聞く機会にもなる。因みに，1分程度で振り返りを行う発表者の数の目処は，低学年で6〜7人，中学年で4〜5

第Ⅳ章　太田算数の授業構造の現状分析と考察　　81

人，高学年で２〜３人を目安としてきた。一人一人の子どもの言葉数が充実してくれば，学年に関係なく１〜２人に限定してもよいだろう。

d　学年に応じた振り返りの観点

　振り返りを取り入れようとした場合，何をどうすればよいのか，迷ってしまうかもしれない。わかりやすいイメージとしては，今行った授業について，子どもが率直に感想を出せるようになればよい。学習の主体者は子どもなのだから，子どもの率直な声で授業を締めくくることができると，互いの意識を共有することもできる。

　教科書では，１年生から６年生までのできるだけ早い単元の最後の頁に，振り返り（学習の感想）の観点と子どもの事例が載っている。これを参考に，できれば毎時間振り返りの時間を確保するようにする。

　それでは，具体的にみていく。

　１年生の観点は，次の２つである。ノートに書かせるより，口頭でより多くの子どもたちの声を聞くようにする。

　２年生の観点は，次の３つである。これら全てを書かないといけないわけではなく，子ども自身が書きやすい観点に沿えばよい。また，振り返りがワンパターンに陥りがちな子どもには，後の２つの観点もあることを教えてあげる。

　これが３年生になると，次のように観点が１つ増える。友達の考えをしっかり意識させるのがねらいである。

１年生の振り返りの観点
●わかったこと
●たのしかったこと

２年生の振り返りの観点
●わかったこと
●おもしろかったこと
●もっとやってみたいこと

３年生の振り返りの観点
●わかったこと
●おもしろかったこと
●友達の考えでよかったこと
●もっとやってみたいこと

さらに4年生になると，1つ目
の観点に「気づいたこと」，2つ
目の観点に「楽しかったこと」が
追加される。「わかったこと」と
「気づいたこと」，「おもしろかっ
たこと」と「楽しかったこと」に然程違いはないが，「算数的な活動そのも
のがわかった，おもしろかった」という意識から，「その意味理解を考える
ことに気づけた，楽しかった」という幅広い捉え方をしていきたい。

> **4年生の振り返りの観点**
> ●わかったことや気づいたこと
> ●おもしろかったことや楽しかったこと
> ●友達の考えでよかったこと
> ●もっとやってみたいこと

　その後の5年生，6年生も全く同じ観点である。これは，進歩しなくても
よいということではなく，4年生で示された観点をしっかり深めてほしいと
いうねらいがある。

　しかしながら，現実には6年生になっても，これら4つの観点を全て網羅
して振り返りを書く子どもはほとんどいない。なので，現実的には低学年の
時と同じように，子ども自身が最も書きたい観点に絞って振り返りをすれば
よい。ただ，この節の冒頭でお伝えしたように，めあてに沿った振り返りを
必ず入れるようにしたい。さらに，次時へつながる振り返りも入るとよい。
そこで，お勧めの観点は次のようになる。

　1つ目を必ず触れさせる
ことで，授業の中に1本の
線が生まれる。また，6つ
目をできれば触れさせるこ
とで，一つ一つの授業に連
続性や意欲が生まれる。2
つ目から5つ目は，子ども

> **1〜6年生のスパンで推奨したい振り返りの観点**
> ◎自分の学習のめあては達成されたか（必ず）
> ○わかったことや気づいたこと（選択）
> ○おもしろかったことや楽しかったこと（選択）
> ○友達の考えでよかったこと（選択）
> ○もっとやってみたいこと（選択）
> ●次の時間にがんばりたいこと（できれば）

自身が自分で選ぶようにさせる。ただし，ワンパターンな表記に陥りがちな
子どもには，別の観点が他に3つもあることをアドバイスしてあげる必要が
ある。

第Ⅳ章　太田算数の授業構造の現状分析と考察　83

e　算数専用の振り返りノート（算数日記）の活用

　4年生を受け持っていたときに，授業後になかなか算数のノートを出そうとしない子どもがいた。その子は，じっくり振り返りを書きたいので給食の準備中に続きを書いてもよいかと言うのである。それを認めると，今度は帰りの会までにしてほしいと言い，それも認めると，次の日の朝までにしてほしいと言い出した。これは困ったことだと思いつつ，どうしてそんなにこだわるのかと聞くと，「授業がいつも楽しいから，じっくり思い返したい」と言うのである。

　教師としてはこの上ない嬉しい返答であったが，ノートをチェックできないもどかしさが残った。そこで，学級の子どもたちに助けを求めてみると，いとも簡単に「振り返りを別冊にしたらどうですか？」というアイデアが出てきた。他の子どもたちからも賛同の声が挙がり，早速「算数日記」と名付けて別冊のノートを使うことにした。「別冊にしたのだから，たくさん書きなさい」とは一切言わなかった。提出は，授業後から翌日の朝までとした。半数位の子どもはその日のうちに提出し，後の半数位の子どもは翌日の朝一番に提出していた。

　その後，この子たちが5年生になった。そのときの実際の振り返りをいくつか紹介する。

> 　今日は前回の続きをしました。私のめあては，「対角線をひくと，どんな形になるか考えよう」でした。わかったことは，五角形には対角線が5本あるということです。私は，前まで，中心点を通らないと対角線とは言えないと思っていましたが，違うことがわかってよかったです。

　この橋本のように，自分のめあては何だったのかを確認した後，そのめあてに沿って，どんな発見があったかを書き記していく例は多い。このような子どもたちは，学びの連続性ができあがっているので，教師側が催促しなく

ても，次時の学習へ新たな学習のめあてをもって臨むことができている。

> ＊授業で出た意見，考え方を4頁分まとめた後，
> 　たくさんの人が，いろいろな意見を言ってくれたのですが，「わからないので，もう一度くわしく言ってくれる人はいませんか」というおたずねを出してくれた人がいて，そしたら違う人が説明してくれたので，すごいなと思いました。私も，その気になっているのですが，そのような人たちは，「わかろう，わかろう」としているのだろうなと思いました。私も，毎回毎回，その気もちを忘れずに，一生懸命算数の授業に取り組んでいきたいなあと思います。また，新しい目標ができたのでよかったです。（香川）

　算数日記を書き始めた4年生の頃の香川は，比較的あっさりとシンプルに書いていた。それでも，1時間の授業の振り返りとしては十分なものであったが，他の子の算数日記の影響もあり，授業で出た意見や考え方を思い出しながら，どんどん書き出していくまとめ方を編み出した。その上で，学び方のよさについて振り返っているのである。こうした学び方のよさは，すぐさま朝の会などで子どもたちにフィードバックし，学級の風土となるように根づかせていった。

> ＊めあて，授業で出た意見などを5頁分まとめた後，
> 　私は，①や②の問題に関して，2つの条件を比べ，その差から，答えを求めることができてよかったです。自分で線分図を書いて，「線分図は違いがよくわかるから見やすいなあ」と思っていましたが，中島君の方法は，「線分図を書かなくても見やすい」と思いました。また，問題の答えを求めるやり方は1つしかないけど，杉岡君の発表で，確かめのやり方が2種類あることがわかりました。先生が問題を出してくださいましたが，あの問題について5つものやり方が出たのにはおどろきました。特に，伊藤さんが出してくれたかごの値だんをりんごの値だんに代えるやり方は，私は思いつきませんでした。でも，今までの私なら，習った方法でしか問題が解けなかったのですが，先生の問題のところで，「計算のきまりを使って」で習ったことを生かして私の解き方を考えられたのでよかったです。（佐々木）

　この佐々木は，低学年の頃から自分で目標設定をして，それに向かって

第Ⅳ章　太田算数の授業構造の現状分析と考察　85

努力をしていくことを心がけていた。その分年季が入っていて，級友のよさ
をみつけられるだけでなく，ずっと以前の時点から，連続した線の状態で学
びを振り返ることができている。

　今日のめあては，「長方形の紙を折って，折った回数と長方形の数の関係やきま
りをみつけられるようにしよう」でした。
　私が気づいたことは，長方形の数は，折った回数が1増えるごとに2増えていく
ということと，（折った回数×2が長方形の数になる）＝（長方形の数÷2は折った
回数）であることがわかりました。私の疑問は，なぜ長方形の紙を折ると，折った
回数×2＝長方形の数なのか？ということと，正方形の紙でも同じ結果になるの
か？という疑問です。前者の答えは，聞かなくても，金田さんが黒板に書いてくれ
ました。「2つ折り」というのに目をつけます。2つずつ折っていくのだから，1
度折るたびに折る前の回数の2倍になります。
　西田さんが，「長方形の数は，等差数列だと思います」と発言したけれど，中島
君が，「2，4，8，16，……で，その差が，2，4，8，……と増えているから，
等差数列ではない」と言いました。すると，岡本君が，「階差数列だと思います」
と言って，図を書いて説明してくれたけど，それは違うことがわかりました。その
後，中島君が，「それは等比数列だと思います」と言ったとき，私は「？？」でし
た。何のことかわからなかったからです。等比数列とは，2倍ならずっと2倍にな
っていくそうです。ということは，長方形の数は，等比数列であるということがわ
かりました。松岡君は，「フィボナッチ数列ではないんですか？」といったけれど，
フィボナッチ数列は，前の2つの数をたしていくから，違うことがわかりました。
　また，中井君のつけたしで，もし折る紙の幅が1cmあったら，折っていくこと
によってどんどん幅が太くなるということ。そして，大見さんの発言で，厚みがあ
ったとしたら，折っていくうちに少しずつ折る回数とか，いろんなことが変わって
くるということがわかりました。また，江坂さんのすごい発見で，折り目の数の差
が倍になっていることもわかりました。それならと，また他の人が，折り目の数は，
前の数×2＋1になっていることを発表してくれました。40分では足りないぐらい，
今日もとてもたくさんのすごい発見と発言，そしてとてもよい話し合いができたの
でよかったです。（狩谷）

　たった1コマの授業について，算数ノートとは別に，ここまで振り返りを
書くことはなかなかできるものではない。実際，私の声かけは「算数日記は

数行でいいですからね」であった。ところが，この狩谷のように，「自分が
そうしたいから」と思って取り組んでいる子たちは，どこまでも貪欲に学び
取ろうとしていく。そして，今が伸び盛りの旬であるかのようにぐんぐんと
成長していく。この子たちの前向きな学びの姿を間近で見ていて，人が伸び
ようとしている上に蓋をしてはいけないなとつくづく感じたものである。以
前なら，授業プリントを作り，右下に振り返りのコーナーを作って，その子
の思いをわずかなスペースに閉じ込めていた。結局，教師が制限をかければ，
教師を超えるような子どもは現れない。いつまでも，教師の思惑通りの授業
をすることに終始し，それについてこられない子どもを叱責したり，そんな
自分や子どもたちにがっかりする構図が永遠について回る。どんなタイプの
子どもでも，その気になったときは驚くべき力を発揮する。そして，そのよ
うな子どもたちは，算数の授業でありながら国語の力も大いにつけ，また，
人としての深みや幅も同時につけている。

振り返りの編のポイント

①「振り返りは1行でいいよ」という気軽な状況から始めさせる。

②振り返りをする習慣がついてきたら，めあてに沿った振り返りを入れさせる。

③振り返りの観点が他に4つあることを教え，書きやすいところを加えるように促す。

　・わかったことや気づいたこと（選択）

　・おもしろかったことや楽しかったこと（選択）

　・友達の考えでよかったこと（選択）

　・もっとやってみたいこと（選択）

④次の時間にがんばりたいことをできれば入れるように促す。

⑤別冊の算数日記の取り組みは，子どもたちのやる気が感じられれば，ぜひ取り組んでみるとよい。

---

f　算数日記から見た子どもの学びのすじ道

　6年生の12月，教科書の学習内容を大方終えた頃，浦田は算数日記に，次

のような振り返りを記した。

4年生から，今と同じクラスになりました。3年生までとは，授業の進め方に大きな違いがあり，とても驚きました。その授業は，まさに「私たちで進める」ものでした。今でも先生が仰っている「自分で考えて」先生に頼り過ぎないという進め方は，私にとって新鮮で，とても楽しかったです。

5年生になって，すっかりその考え方にも慣れ，こういう時にはどうすればいいのかを，自分たちで話し合ったり，問題を解決したりしました。

6年生の前期は，国語係でした。人の話を聞き取って書くのが楽しくて，板書はどんどん進みました。それ以前でも，算数の授業の様子をノートに書き，算数日記としてまとめるのが楽しくて仕方ありませんでした。「好きこそものの上手なり」というように，面白いようにページや冊数が増えていきました。ただはじめは，思ったこと，発言した人の考え，自分が考えたことを書くばかりで，自分が発言する機会が少なく，思いついたことも他の人に証明されて，歯がゆい思いをしたことも少なくありませんでした。また，誰も言わない時も，勇気がなくて，結局言えずじまいだったこともありました。

6年生も何ヶ月か経って，やっと書くことと発言することが両立できるようになりました。とは言っても，本当に少しずつしか前に進むことはできませんでしたが。

6年生後期になって，算数係になりました。国語係と同じくらい板書する量が多く，わかりやすい板書をするためには，まず自分が理解しなければと思いました。

みんなは，図やその人独特の絵を使って問題を整理し，解き方も工夫している人がほとんどで，係をしていてもとても楽しく，毎時間発見が絶えませんでした。かつては，ノートばかりに頼っていたけれど，板書したことは記憶に残っていて，算数日記を書く方法も大きく変わりました。

私は，自分独自の方法を発見することはありませんでした。主に，誰かの説明をし直したり，つけたしたりということが多くありました。また，おたずねには，すごく勇気がいるというのを実感しました。もともと人前は苦手で，皆の視線が集まるだけで頭の中が真っ白，パニック寸前の状態でした。最近になって，やっと成長したんだと思います。大分，何事にも余裕が出てきました。残り少ない算数の授業も，精一杯全力でがんばりたいです。

授業分析では，発言記録を元に子どもたちの学びのすじ道を辿っていくことが多い。そうなると，浦田のように，人前で発言することが苦手な子ども

たちは，脚光を浴びることが少なくなってしまう。しかし，算数日記に取り組んだことで，浦田のようなタイプの子でも，大変主体的に授業に参加していることがわかる。しかも，長いスパンで見守っていけば，中心的な存在にまで伸びてきている。

　次の資料1は，6年2月の浦田の算数日記である。この算数日記はその2月に行われた研究発表会2日目のものである。授業は，前日（1日目）に続けて，教科書の思考法単元を扱った。この振り返りの興味深いところは，授業の主導権を途中から教師に握られてしまったことを悔しがっているところである。

　同じ思考法単元でありながら，前日の授業は，つけたしつけたしの連続で，12種類もの考え方が出てきた。しかし，その分，一つ一つに対する吟味が十分なされなかったという反省があり，浦田自身もおたずねで深めていけるようにしたいと書き記していた。また，1日目の午後の研究協議会でも，参観の先生方からその類のおたずねが出ていた。「子どもたちは大変主体的でよく育っているが，聞き流されていった意見もあったのではないか」というご意見に，ついつい「明日はもう少し，教師が出るようにしてみましょうか」と言ってしまったのである。

　そういったことを受けての2日目であった。予定通り，早い段階で教師の出場を作った。そして，中盤以降は復唱法を使いながら，実質教師が司会役を担って主導権を握っていた。そのことが功を奏してか，2日目の午後の協議会の意見や参観者の方の記録用紙から推し量る限り，「この日の教師の役割が大変参考になった」という主旨の感想を多くいただいた。

　ところが皮肉にも，浦田自身は全く逆の評価を下したのである。先生によるおたずねで深めてもらわなくても，自分たちでそういったおたずねは出せたはずだという後悔の念である。黒子としての先生は必要とするけれど，主導権を握る先生は必要としない，否，甘えてはいけないという自負心の現れだと思えた。浦田のみならず，何名かの子どもたちが，そのことを算数日記

に触れていたのを読んで，この上なく頼もしく感じた。そして，参観者受けの授業を優先してしまった自分自身を，少しばかり悔やんだのであった。

資料1

P.1

2月 ?日

今日のめあては、「ABCのせんから出る水の量を利用して、解き方を考えよう」でした。

黒板で発表してくれたのは、金森さん・翼くん・安田さんの3人です。

金森さん	安田さん	翼くん
Aのせんだと10か	Aは 1÷10＝$\frac{1}{10}$	AとBのL.C.M
Bのせんだと15か	Bは 1÷15＝$\frac{1}{15}$	→30
AB両方	1分間に入る水量	A 30÷10＝3
→$\frac{1}{10}+\frac{1}{15}$	2つ合わせると	B 30÷15＝2
$\frac{1}{15}+\frac{1}{10}=\frac{5}{30}=\frac{1}{6}$	$\frac{1}{6}$＝6分で	3＋2＝5
	いっぱいになる	30÷5＝6

つけたし

⑦ 大和君　比を使って

A：B ＝ 10：15 ＝ 2：3 …時間の比

量の比は時間の比は逆比なので、3：2

全体は 3×10か 2×15 ⇒ 30

30÷(2＋3)＝6　　6分。

これはどうして？(松本)

3…Aの1分で入れる量

資料1　続き

P.2　2月17日

10…Aが入れるのにかかる時間
30…全体　　　　　　　（杉本さん）

何故・量と時間は逆比例の？（中林）
② ×2÷3になるから（鬼さん）
逆比＝3÷2を$\frac{1}{3}$÷$\frac{1}{2}$にすること
　　　　　　　　　　　（小池君）

次見くんの説明
全体を30ℓとした場合。（杉本君）
全体が60ℓだったら？（上田君）
60ℓでも答えは同じ（松村君）
どうして全体の量が倍になっているのに答えは同じなの？（先生）

⑨ 西向君
わり算では、わる数・わられる数が同じだけ大きくなると、答えはずっと同じ。
⑨ 中谷君　〔個を比で適用〕

A 30÷3＝10:1
B 30÷2＝15:1

A 60÷6＝10:1
B 60÷4＝15:1

P.3　2月17日

⑨ 世名さん
全体と入る量が同じだけ倍されている。

4 答を書いてみよう!!

鳥居さん	平戸さん	関田さん	森川君
全体を30と仮定	1÷40＝$\frac{1}{40}$	C→$\frac{1}{40}$	全体を120と仮定
30÷40＝0.75	1÷60＝$\frac{1}{60}$	D→$\frac{1}{60}$	120÷40＝3
30÷60＝0.5	C+D＝$\frac{5}{120}$＝$\frac{1}{24}$	$\frac{1}{40}$+$\frac{1}{60}$＝$\frac{5}{120}$	120÷60＝2
30÷(0.75+0.5)	1÷$\frac{1}{24}$＝24	＝$\frac{1}{24}$	3+2＝5
＝24		1÷$\frac{1}{24}$＝24	120÷5＝24
24分	24分	24分	24分

② 安田さん
鳥居さんの方法で、全体を30としているのはなぜ？
⑨ 栗くん
3で使っているおふろと同じもので、その時全体を30としているから。

資料1　続き

P.4　2月17日

私は独自学習で、ノートに1つの
おたずねと解き方をまとめていまし
た。

全て120倍する
全体→120　120÷(3+2)
C　→3　=120÷5
D　→2　=24　　24分

ギモン?
どうして上の方法で、全て120倍す
るのに答えだけは変わっていない
の?
しかし、今日の授業で、先生が笑者
の方法をもう一度問いかけて下さい
ました。そのおかげで、私なり答え
を出すことができました。
わり算にはもともと、□の中に△が何個
あるのかを調べるものので□も5倍に
なるのだから、何個分なのかは変わら
ない。

話は変わりますが…。
今日は、昨日思っていた1つの解き

P.5　2月17日

をじっくり取り組むことがでて
いたと思います。
昨日ほどたくさんの考え方は出な
かったけれど、「どうしてだろう?
」という問いかけがいつもよりも多
くて、うれしかったです。
又、残念だったのは、"先生の進
める"学習になってしまったこと。
この点では、昨日の方が良い傾向に
ありました。
昨日、全部出し尽くしてしまった
の?いえ、絶対そんなことありま
せん。もっとアイデアはあったはず
ですし、昨日と同じでも良かった。
とにかく、最後の方(後半)で、進
める主権というか…を握っていた
のが先生であったのは確かです…。
とても残念です。やっと意見を出
せたはずなのに。ねが十分発揮で
きていない…。

第3節　「独自学習」で主体的に解を切り拓く体験を重ねる

a　独自学習の捉え方

　「独自学習」と類義的な言葉として，「一人学び」「一人学習」「予習」「自力解決」などがある。「予習」は授業が始まる前に家庭で自分なりに学習してくることで，「自力解決」は授業の中で本時の課題を知った後に自分なりに解決していくことを指す。これらの定義も認めた上で，それらを総称して「独自学習」という言葉を使っている。

　また，「独自学習」の対義語として「相互学習」という言葉もよく使う。「相互学習」とは，授業の中でのグループ学習や一斉学習でのコミュニケーションの場面をイメージするとわかりやすい。奈良の学習法では，

　　　　独自学習→相互学習→さらなる独自学習

という学びのサイクルで，多くの先生方が今までにも実践研究を深めている。

b　事前の独自学習

　子どもたちに予習をしてくることを宿題にはしなかったが，予習をすることを大いに奨励している。宿題にしてしまうと，宿題をやってこない子どもを毎日きちんと指導しなければならない。宿題は宿題として別にいくつもあるので，できれば子どもたちが進んで予習をしてくるようにシステム化する必要がある。

　その際，なかなか予習をしてくるようにならない子どもに苛々してはいけない。学級に30人の子どもがいたら，まずは過半数の15人以上を目途に支援していく。では，教師としてどんなことを支援していくのかというと，子どもたちに学びの連続性がみえるようにしてあげることである。そして，予習をしてきた子どもがいたら，大いに誉めてあげる。その内，「予習をしてき

たことが授業の中で生きている」という実感をもつことができるようになると，それほど教師が声かけをしなくても，その子の習慣となっていく。

逆に，１年間粘り強く支援しても，なかなか予習が習慣化しない子どももいる。しかし，苛々してはいけない。そういう子には，別の手立てで伸ばしていくこともできる。

一貫して心に留めておきたいのは，「子どもを一律にみない」ということである。そして，次のような子どもの声を頼りに，一人一人の子どもの可能性を信じて見守っている。

独自学習に関する子どもたちの声

○私は授業が始まるまでには独自学習をしておき，めあてをもって授業にのぞめるように努力しています。

○もとから，みんなが自分なりにおたずねやつけたしを考えておいて，そして，授業の中に生かしていけばいいと思います。

○おたずねやつけたしをするためには，事前に独自学習が必要です。独自学習で，できるだけ様々なやり方を考え出し，授業で発表します。でも，発表しないと，宝のもちぐされになってしまいます。

○授業のふり返りをすると，次はこんなことをがんばろうという気もちがわいてきて，その気もちを独自学習につなげています。

○少しでも前もってテーマ問題にふれておくと，授業に対する興味がものすごくわきます。自分が活躍したいという気もちとあやふやなところをきちんと解決したいという気もちがあります。

○独自学習をしていても，授業でもっと中身が深くなるので，さらに独自学習をしようという気になります。

○少しでも独自学習をすると，授業のめあてがはっきりしてきます。

○独自学習をするようになってから，授業の時間が短く感じるようになりました。今では，先生に教えてもらうという気もちより，自分から学ぼうという気もちの方が強いです。それに，教科書にはいっぱいヒントがあることを気づきました。

---

c　独自学習の見通しを育てる

(1)学級通信・週予定表を発信源に

　資料2は，奈良女附属小のときに子ども向けに出していた学級通信（4年）の例である。構成としては，担任の所感，写真（奈良界隈の草花），次週の時間割の予定，その補足，お知らせ（お家の方へ）などを掲載している。あくまでも，子どもを第一の対象に考えて作成しているが，当然その先には保護者の姿も念頭に置いている。時には，担任の所感の代わりに保護者（子どもの誕生日順）から子どもたちへのメッセージを頂き，写真も幼少の頃の懐かしいスナップ写真を提供してもらっていた。保護者からのメッセージは，担任とは違う味わいで，絶妙な教育効果を醸し出していた。

　また，資料3は，同志社小で全学級が発行している1週間の学習予定表である。担任外の専科教員の先生方が多いため，木曜日の夕方までには各教科の予定がネット上で送られてくる。学級通信は，別に作成している。

　何れの例も，時間割の基本原則は当然あるが，毎週のように何かしらの行事が入ってきたり，交換授業（担任同士の），専科の先生の予定などがあり，それらを考慮して週予定を組み直すのが担任の役目になっている。特に，子どもたちの中から生まれてきた学びに対して，どれだけの時間数を確保していくのかという難題は，担任にしか推し量れないところがある。

(2)1週間を見通す子ども

　週末の朝の会で学級通信（または，週予定表）を配布すると，いよいよおたずねの時間となる。

　「体育で雨が降ったら，アリーナは使えるのですか？」「パソコンでインターネット新聞の続きをしてもいいですか？」「道草研究の発表はまだ予約できますか？」「算数問題集のおたずねの時間を確保してもらえませんか？」……子どもたちは次々と自分が疑問に思っていることをおたずねしていき，

資料3

資料2

夢 10/30 第23号

来週1週間の見通し（イメージ）を掴んでいく。

そして，最後にいつも担任から，「これで来週も，自分たちの力で学校生活が進めていけますね」と締めくくる。

(3)明日を見通す子ども

給食後，学習予定係が明日の学習予定を連絡黒板に記入していく。わかる範囲内で，持ち物なども付け足していく。それだけでは連絡内容が不十分な場合は，各係（音楽係，理科係など）が小黒板（マグネット式）に詳しく追加記入していく。そして，帰りの会でおたずねがあれば出し合い，明日の学習の見通しがもてるようにする。

常に明日を見通すことができるようになった子どもは，必ず明日の学習に対して準備をしてくるようになる。自分で考えて持ち物を工夫したり，算数の問題にあたってみたり，意味調べ，本読みなどなど。そして，何より大切なのは「心をもち込んでくる」ことだと思っている。「今度こそ，音楽の合奏では絶対にテンポを合わせたいな」とか「算数の教科書にのっていた線分図の意味がわからなかったから，がんばっておたずねするぞ」という具合に。そんな子どもたちが育ってくると，当日迂闊に授業変更などはできなくなる。

(4)その1時間を見通す子ども

1週間先を見通し，明日を見通すことができる子どもたちは，続いて1時間1時間の授業を見通せるようになってくる。通常，「めあて」と言われるものが自然ともてるようになってくる。

そして，これらの見通し（1週間→明日→その1時間）を意図的に育てていくと，単元全体を見通す力，教科そのものを見通す力，この1年間全体を見通す力，ひいては将来に亘って見通す力（それは，その子が描いた夢の実現かもしれない）までもが育っていくことに気づかされる。

その流れの中で，子どもたちは独自学習に向かう楽しみを体得していくの

である。

d　独自学習（事前学習）を習慣化させるために

　事前に行う独自学習として，単元に入った最初の段階で丸々1時間の授業時間を確保する方法がある。通常の算数の授業は，大方教科書をベースに行うので，その教科書のどこに目をつけて独自学習していけばよいかなどをアドバイスする。しかし，毎単元ごとに1時間の授業時間を確保していくと，年間ではかなりの時間数を使うことになり，授業時間数にゆとりがなくなってしまう恐れがある。したがって，年度の立ち上がり，学期始め，長い単元のときのみに行うという方法もある。

　よって，年間のほとんどは，家での独自学習となる。その取り組みようは，子どもによって様々である。そんなバラバラの状態では，かえって授業がやりにくくなると思われる先生には，独自学習はそぐわないかもしれない。しかし，このバラバラな状況こそが子どもらしくてよいのである。1を言えば，2倍にも3倍にもして返してくれる子どももいれば，半分もそのまた半分も返してこない子どももいる。それが現実なのである。そんな子どもたちがどのように育っていくのか，それを楽しみにすればよい。コミュニケーションの場でも，そうした様々なタイプの子どもが学び合うから楽しいのである。

　しかし，授業の見通しをもたせるシステムがある程度確立していれば，どんな授業をするのか全くイメージができていない子どもはほとんどいなくなる。ただ，教科書をチラッと見てくるだけで済ましてしまう子どももいる。目標設定としては，テーマ問題に少しでもあたってくることなので，粘り強く子どもたちに声かけをしていくことが肝要となる。

　また，方法論になるが，算数の授業がある日（ほとんど毎日）は，他の宿題と同様に，朝登校したら独自学習に取り組んだノートの頁を開いて提出するようにさせる。その後，チェックをして算数の授業が始まる直前に返却する。子どもたちの側からすれば先生に確認してもらえるという励みになるし，

98

教師の側からすれば誰がどの程度の独自学習に取り組んだかを把握することができ，お互いにメリットがあるので，宿題にしなくても，すぐに過半数以上の子どもたちは進んで提出するようになる。そうなれば，残りの子どもたちに声かけをして支援していくことで，やがてほとんどの子どもたちが独自学習を習慣化するようになる。

e　自分で立ち向かう姿勢を促す独自学習（事前学習）

授業には様々な方法論が存在する。だから，どんな目的を中心に据えるかによって，その授業の仕方は変わってくる。筆者の場合は教員になった当初，「いかに上手に教えるか」ということに没頭していた。教科の内容を，いかに能率よく，わかりやすく教えるかということに専念していたのである。知識・理解，技能面ばかりを重視し，数学的な考え方を相談し合うようなことはめったになかった。

授業では，いきなり方法を教え，能率よく，教師側のイメージするように進めていた。案外，このような授業をしている先生は多いのではないだろうか。考える場面を重視すると言っても，結局は先生がリードしてまとめてしまい，子どもが本当に考えあぐねていたのかと言うと，首を傾げてしまうような授業はよく見かける。

相通じることとして，国際レベルの学力テストでは，日本の子どもたちは記述型の問題に対して，白紙でそのままにしてしまう割合が高いそうである。答えを出すだけとか，教科書で習ったことがあるような問題には滅法強いのだが，自分の言葉で説明を求められる問題や目にしたことのない問題には，途端に怯んでしまう傾向がある。そのための対応策として，現行の教科書でも，PISA型に似たような問題を扱ったり，説明を求めたりする場面を増やしている。

そうした対処療法も大事なことはあるが，やはり授業を根本から改善する必要がある。先生が大切なポイントをどんどん説明していくような教授型の

授業では，子どもはわかった気になって適用問題はできるかもしれませんが，考える必要性が全く育たない。また，テーマ問題を考えさせると言っても，ほぼ答えに近いところまで教師が見通しをもたせてしまえば，子どもたちは苦もなく問題を通り過ぎていくだけになってしまう。

　その点，事前に行う独自学習の目的は大変明快である。まずは，「誰の力も借りずに，ノーヒントで取り組んでみなさい」ということである。「少しでもいいから，自分の力で壁をよじ登ろうとしてみなさい」と促すのである。そんなことは無茶だと思われる方もいるだろうが，完璧なことは求めているわけではない。そもそも学習には連続性があるので，前時の学習内容を踏まえて取り組んでみればよいのである。また，教科書にはヒントがたくさん散りばめられている。そんなヒントを頼りにしながら，まずは自分で取り組んでみる習慣をつけさせる。数分しか取り組まない子もいれば，20分も30分も取り組む子もいる。家で取り組む場合は，時間さえも子ども自身で自己決定できる。学校の授業場面では，自力解決の時間を30分も確保することはまずできない。家なら，学びたいだけ学べるのである。そうした習慣がついた子どもなら，国際レベルの学力テストで記述型の問題が出ても，白紙のままで終わらせることはないだろうし，目にしたことのない問題でも，何とかこじ開けようと粘り続けると考えられる。

f　授業の中での独自学習（個別学習）

　授業の中での算数の独自学習とは，一般的によく使われている「自力解決」の時間を指す。ただ，授業の後半に，国語ではもう一度推敲し直したり，社会では調べ直しをしたりするように，授業のあらゆる場面で独自学習が存在する。よって，自分一人で課題に向き合う個別学習の時間だと捉えれば，教師としても子どもたちにとってもすっきりイメージしやすい。

　算数の学習では，家での独自学習を奨励している。だからと言って，全ての子どもたちが家で独自学習してくるわけではない。また，独自学習をして

きたと言っても，その程度は様々である。そのことをわかった上で，じっくりと子どもたちが「その気」になるように促していく。

　その結果，もし大多数の子どもが家での独自学習を行ってくるようになれば，学校の授業では，めあてと課題を確認した後，すぐに話し合いに入ることができる。しかし，全員の子どもが独自学習をしてくるということはなかなかない。どうしても数人の子どもたちは，教科書をチラッと見るだけで済ましてしまっている。

　よって，実際の授業では，めあてと課題を確認した後，毎回3分間の独自学習の時間を確保している。学習係の司会の子どもと相談しながら，5分程度に延ばすこともあるが，作業的な活動があるときは10分から15分を確保することもある。しかし，基本的には3分間と決めている。

　その間，子どもたちは家で行ってきた独自学習をもう一度見直し，さらにつけたすことはないかを考える。基本的には，答えにつながる式と図と言葉の説明をそろえるように促していく。式も1つできたら終わりではなく，他の式ではできないかと考えさせる。だから，家でしっかり独自学習をしてきていても暇になる子どもは一人もいない。また，全く手つかずの子どもには，答えにつながる式を予想させる。そうすることで，その式が合っているか，あるいは意味のあるものなのかどうかを，この後のコミュニケーションで関心をもって吟味することができるからである。

　どうしても式の予想がつかない場合は，教科書に載っている図（テープ図や線分図，関係図）をノートにかき込ませ，後でその図の意味付けをしていく。独自学習で完成品を求めているわけではないので，「あれ？」と思うようなことがあれば，おたずねとしてメモしておくように呼びかけている。

独自学習の編のポイント
①学級通信や学習予定表を使って，1週間の見通しをもたせる。
②家での独自学習を，5分から30分程度行うように奨励する。

③教科書には，独自学習を行っていく上でのヒントがたくさん散りばめられているので，そのことを活用するとよいことを教える。

④1つの式で答えにたどりつけた場合，他の式はないかと考えさせる。

⑤式だけでなく，答えを導くための図や言葉の説明も加えるとよいことを伝える。

⑥全く手がつかない子どもには，ヒントとして出ている図などをノートに写すだけでもよいことを伝える。

⑦テーマ問題にあたりながら，「あれ？」と疑問に思ったことをおたずねとしてノートにメモしておくように伝える。

⑧授業の中でも，独自学習の時間を3分間確保する。テーマ問題や子どもたちの様子に合わせて，5分や10分，15分に延ばすこともある。

⑨問題を解きほぐすところから，まずは自分でやってみるという主体的な心を育てるようにする。

第4節　「子どもの司会」で自治的，能動的な風土を促す

a　司会（学習係）

(1)授業全体の流れのイメージ

　教師がサポートするとは言え，子どもたちに司会役を任せる以上，授業全体の流れを共有しておく必要がある。ただしこの流れは，司会役の子どもたちだけにとどまらず，学級全体で共有しておく。その上で，「もう少しここで時間がほしい」ということになれば，流動的に必要な活動や時間を入れ替えていく。主な1時間の授業のイメージは次の表3のようになる。

(2)子どもが授業を司会進行する意義

　一般的に考えれば，子どもが司会をして授業を進めていくには無理があると思われるかもしれない。筆者もずっとそう思っていた。というより，子どもに司会を任せるというイメージが全くなかった。授業は教師の意図のもと，

表3　1時間の授業のイメージ

学習の段階		子どもの活動の様相
事前	事前の独自学習	前時の流れを受けて，本時の学習問題にあたってみる。
	自分のめあてづくり	本時の学習問題にあたってみた結果，自分が感じた学習のめあてを自分なりに立ててみる。
授業	学習問題の確認	本時の学習問題を確認すると同時に，前時（既習事項）との違いで気づきを出し合う。
	本時のめあての共有	互いのめあてを聞き合い，学級全体のめあてを共有する。
	個別の独自学習	共有しためあてに沿って，学習問題に再度個別に取り組む。
	グループ交流	3人組の少人数グループで，互いの考えを聞き合ったり，おたずねを出し合ったりする。
	全体交流	グループで出た意見やおたずねを全体で交流し，学習問題の問題解決を図る。
	まとめ	本時の学習におけるポイントを整理する。
	適用問題	適用問題を解くことで，習熟を図る。
	学習の振り返り	本時の学習を記述（2年以上）で振り返る。その後，数名の子どもの振り返りを聞き合う。
	先生の話	教師の評価（基本的には，本時の学習でよかったところ）や次時の方向性を聞き取る。
事後	事後の独自学習	振り返りの記述を追加したり，復習，練習をして，次時に備える。

教師の思惑通りいかに進めるかという視点に，全く疑いをもっていなかったからである。

　しかし，その固定観念が，自分の授業の根本的なところを打破できない要因になっていた。もちろん，子どもが司会をしていなくても，子どもたちの主体性を引き出しながら授業づくりをしていくことはできる。教師としての力量を高め，上手に子どもたちをリードしていけばよい。

　ところが，自分の授業の根本的な問題点は，自分の力量アップばかりを考えていて，子どもを長いスパンで育てることや心から子どもを信頼すること

第Ⅳ章　太田算数の授業構造の現状分析と考察　103

を怠っていたことであった。教師ががんばったときだけ，子どもたちが楽しく充実した学びの時間を過ごせるということではなく，いついかなる時も，子どもたちが自分たちの力で楽しく充実した学びの時間を過ごせるよう，考えていく必要があった。

　そうした難題をクリアーにさせてくれたのが，子どもによる司会進行であった。ただ慣れていないと，最初は教師も子どもかなり抵抗を感じるはずである。特に子どもにとっては，風土として根付いていないところで，「さあ，自分たちで進めなさい」と丸投げされても困惑するだけである。しかし，一度風土として根付いてしまうと，子どもたちはその気になって司会進行をしてくれるようになる。時には，教師の思惑を遥かに超えていくような役割を果たしてくれることもある。

　そして何より，授業の中での教師の言葉数が極端に減る。その分，子どもたちが活躍できる場面も増えるというものである。さらに，最初は形だけであったとしても，徐々に子どもが司会役を担っていくことで，「授業はただお行儀よく座って，先生の話を聞いていればいい」では済まされないことに，子どもたちは気づいていく。実際，教師が1人で教卓の前で君臨して授業を進めるより，司会役（2人）と教師の3人が絶妙なバランスをとりながら進めていく授業の方が，教師も子どもも心地よさを感じるはずである。

⑶子ども同士で学びの雰囲気を

　年度当初から，司会用の席を2つ，教室の前方にセットする。黒板の中央というより，黒板の端あたりがよい。教師用の机が窓側にあれば，図4のように司会用の机は廊下側ということになる。その席に，朝から日直（日番）が座り，子どもの本来の席はそのまま空けておく。低学年の場合は，この席を一日中日直の席とする。中学年くらいから教科の係を決めるようになれば，授業ごとにその教科の係がこの席に座る。

　教科の係はどの子にも経験してもらいたいので，学級の人数によって，算

図4 教室での算数係（司会役）の位置

数係を2名，4名，6名と柔軟に決めて，交代で行わせる。私の学級では算数係が3人のときもあった。その場合は，子どもたちが相談して1回ごとにペアを変えていった。

　司会として最初に力を入れるのは，授業のスタートを学びの雰囲気にすることである。よくある話で，授業が始まろうとしているのに，そのタイミングでトイレに行ったり，お茶や水を飲んだり，鉛筆を削りに行ったりする子どもがいる。教科書やノートなども机上に出ていなくて，今からどんな授業が始まるのかさえわかっていない子どももいたりする。「今から国語やるの？え，算数なの？」というやり取りは，普通によくある話なのである。そうした状況を落ち着かせるのに，毎回時間を割き，四苦八苦されている先生も多い。

　ところが，司会役の子どもがいると，先生が1人で躍起にならず，子ども同士で声かけし合うようになる。また，誰もが何かしらの教科係になっているので，お互いに気をつけようという自覚が生まれてくる。子ども同士が声をかけ合い，子ども同士で学びの雰囲気を作っていけば，穏やかに授業が始められるようになる。

第Ⅳ章　太田算数の授業構造の現状分析と考察　105

⑷司会としての主な仕事

　まずは，帰りの会で次の日の学習予定を連絡する。小学校では，ほとんどの場合学級担任が算数の授業を担当するので，算数係の連絡が不十分であれば，教師はその場で的確に支援することができる。教科書の具体的な頁や持ち物など，丁寧に伝えるようにする。

　算数の授業が始まる直前の休み時間は，早めに係の席に座ってスタンバイする。チャイムが鳴った瞬間に，授業がスタートできるようにするためである。また，本時の学習のイメージが持てていない場合は，2人の係で打ち合わせをしたり，教師に相談したりする。算数係が授業の進め方のイメージをもっているかどうかは，最も大事なポイントになる。

　そして，いよいよ授業である。開始時刻になったら，「今から～時間目の算数の学習を始めます。礼」という「号令」をかける。授業の終わりには，「これで算数の学習を終わります。礼」という号令で締めくくる。この程度のことは，すぐにでも始められるので，気楽に始めて，徐々に上乗せしていけばよい。

　次に，簡単にできることは「指名」である。一斉学習の場面で，挙手をしている子どもたちの中から，発表者を素早く指名していく。最初のうちは迷ってしまって，なかなかさっと指名できないことが多いが，そのような時は，教師が誰を指名すればいいか判断してあげるとよい。また，コミュニケーションの場面では，相互指名を取り入れていくと，学習係がそんなに指名で忙しくなることはない。

　続いて，「板書」である。係の2人が協力して板書するのもよいし，授業を進行していく指名役と板書役に分担するのもよい。それは，係の子どもたちの判断に任せていく。ただ，板書については，最初からあまり期待してはいけない。発表者が自分で板書をすることが多いので，発表者のネーム板を貼ったり，メモ程度の板書で十分である。最初のうちは，教師がワンテンポずらして，板書を補っていけばよい。そして，係の子どもに「その気」があ

れば，教師の出番がないぐらいに板書は上手になっていく。人の意見を聞き
とってまとめる力やレイアウトの仕方は，回数を重ねるごとにどんどん上手
になっていく。

　最後に，「時間配分」である。何度も係をこなしていけば，どこにどれく
らいの時間を使えばよいかということがわかってくる。基本的なペース配分
がわかってくると，学習内容や子どもたちの取り組んでいる様子に応じて，
時間配分を変えていく余裕も生まれてくる。しかし，ほとんどの場合，教師
と３人で判断をしていくので，然程心配することはない。

⑸「子どもの司会」を根付かせるために

　授業の司会は，日直が朝の会や帰りの会で行っている司会と似たようなも
のである。誰でも日直の当番は何とか行えているのだから，授業の司会もで
きないことはないのである。１人ではない（２人で行う）し，教師が黒子と
してサポートもする。まずは簡単なことから行い，そこから徐々に特有の仕
事を増やしていけばよいのである。

　決して背伸びをさせてはいけない。「あれをしなさい。これをしなさい」
という押し付けもよくない。子どもがその気になった時，そのポイントを教
えてあげることが大切であり，よくがんばっていることを細かく誉めていく。
子どものことを尊重した目で見ていると，いくらでも誉めることは出てくる。
そして，子ども自身が司会進行を上手にできるようになりたいと思うように
なれば，他の学習係のよいところをどんどん取り入れるようになる。このこ
とが，実はとても大事なことなのである。

　例えば，算数の授業だけ子どもの司会を立てるというのもできるが，実際
には本当の風土として根付かない。せめて，学級担任が受けもっている教科
については，司会役の子どもを立てるという姿勢を示すことが，子どもたち
を「その気」にさせる。そして，各教科の学習係が，それぞれのよさを生か
し合うようになれば，相乗効果でどんどん学級の学びの風土は根付いていく。

第Ⅳ章　太田算数の授業構造の現状分析と考察　107

　要は，約束事を最初からあれこれ決めないで，子どもたちができそうなことを教師として支援していく。困っているときは即座に教師が介入し，黒子として手助けをしていく。そして，ある程度子どもたちの中に司会のイメージができてきたら，子どもたちを信頼することである。授業が始まる前に，「今日はどんなイメージで授業を進めていくの？」と聞いてあげると，「今日は154頁の内容をやります」「昨日は分数×整数だったから，今日は分数÷整数ですね」「昨日との違いを話し合ったらどうかなと思っています」「どんな図を使ったらわかりやすいかがポイントになりそうです」などと，イメージを掘り起こしてあげると自信をもつことができるようになる。

　そして，司会役としてがんばっていることを，事あるごとに誉めてあげることである。そうした教師の姿勢は，司会役を担っている子どもたちに自信を与えると同時に，他の子どもたちにも「自分も算数係をやってみたいな」という気持ちにさせることができる。

　そうなれば，算数係は学期を追うごとに大人気となる。そうした雰囲気の中で算数係になった子どもが，「自分もがんばってやろう」という気持ちになるのはごく自然のことである。

b　本時の課題（テーマ問題）とめあての確認

　授業の始めは，本時の学習問題（テーマ問題）の確認から入る。基本的に教科書の問題を題材にすればよいのだが，場面設定や数値を変えたいと思えば，教師として子どもたちに提示し直す。ただ現実的な問題として，小学校の先生方は1日6時間の授業を毎日行っているので，毎回意味のある場面設定や数値をひねり出すのは至難の業である。あまり背伸びをせず，まずは教科書の問題をきっかけとして，そこから子どもたちの状況に応じて，場面変更や発展的な扱いをしていけばよい。教師の思い付きで行き当たりばったりの授業をしていくより，子どもたちが何をすべきかを安定的に供給できる方がよいと考える。

学習問題の確認が終わったら，前時の学習とどこが違うのか，既習事項でどこまで迫れそうか，およその見通しを出し合う。ここで十分な時間を取って見通しを立て過ぎてしまうと，子どもたちが自分で壁を乗り越える機会を奪ってしまうので，教師があまり出過ぎないことが大切である。

そして，その後に学習のめあてを確認する。子どもたちの事前学習が十分行われるようになれば，すぐに学習のめあてを確認するところから授業に入っていくという手もある。子どもたちの声を聞いた後，それらを総括して学習のめあてを板書するが，子どもたち個々が考えた学習のめあては，それぞれが大事にするようにしたい。

c　独自学習（個別学習）

この学習法では，事前の独自学習を推奨しているので，月日を追うごとに多くの子どもたちが，多少なりとも学習問題に取り組んだ状態で授業を迎えるようになる。その上で，改めて個別学習の時間を確保する意図は，全ての子どもたちにこの後のグループ交流や全体交流での足場をもたせるためである。今のところどこまでわかっていて何がわからないのか，式だけでなく図や表などの基礎操作を使って迫れないか，2つ目3つ目の手立てはないのか，……。教師が個々の状況をつかむだけでなく，子どもたちも自分の状況をつかんでおく必要がある。

d　3人組の小グループによる交流

座席配置は，次頁の図5のように，コの字型にしていた。奈良女附属小でも同志社小でも，このような座席配置をとっている教室が多いが，必ずしも一緒ではない。また，コの字型と言っても，真ん中中央を大きく空けたりはしない。黒板側から3列は内側を向き，後方の2列はそのまま前を向いている。要は，限られたスペースの中で，子どもたちの人数に合わせて，できるだけお互いの表情が確認できる配置を考えるのである。

第Ⅳ章 太田算数の授業構造の現状分析と考察　109

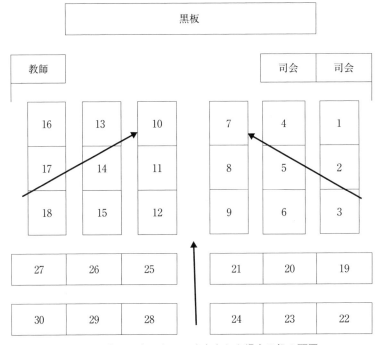

図5　コミュニケーションを主とした場合の机の配置

　そして，基本はこの座席配置にしておいて，後は場面に応じて，3人組，6人組（3人ずつ向かい合わせる），全員机を離して前を向く，という3パターンを主に使い分けていた。場面転換する度に，子どもたちがゴタゴタするようでは困るので，子どもたちがシンプルに移動できるパターンを考えるとよい。

　中でも，3人組の小グループはとてもお勧めである。以前から3人組の効果はよく聞かされていたが，同志社小に移って4年目に，やっとその必要性を実感することとなった。

　それまでは，個人で考えた後はすぐに全体交流をしていた。ところがその年は，4月，5月，6月と月日を重ねても，全体交流の場で授業をリードし

ていく顔ぶれが増えていかなかった。自分一人で考えていることを，なかなか全体の場で伝える勇気がなかったようである。正に「笛吹けど踊らず」という現状だったのだが，振り返りには「何とか発言できるようになりたいです」という子どもたちの声が溢れていた。そこで，何かよい打開策はないものかと考えあぐね，思い出したのが「3人組」によるグループワークであった。

3人組の時間になると，図6のように中央の子どもが机の半分を下げる。そして，両サイドの子どもが体を中央に寄せると，話しやすくてノートも見やすいコミュニティの場ができるのである。

この場で，自分の途中までの考えを話したり，友達の考えを聞いたりすることで，子どもたちはかなり自信をつけることになった。わずか3分間ではあるが，この効果がこの後の全体交流の場で如実に現れるようになった。ずっと授業をリードしてきた顔ぶれに加え，毎日日替わりヒーローが現れるようになったのである。低学年ではペアワークが結構有効に働くが，中高学年

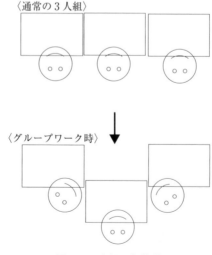

図6　3人組の机移動

でペアワークが機能しなくなってきたら，この３人組みを試してみる価値は
十分にある。

e　全体交流

⑴第１発表者の発表

　本時の学習問題（テーマ問題）とめあてを確認し，独自学習，３人組の小
グループによる交流を経て，いよいよ全体交流に入る。その際，そのきっか
けをつくるのが第１発表者である。この第１発表者は，必ずしも１人とは限
らない。２人でも３人でも４人でも可能である。

　４人の場合は，黒板をおよそ４等分して，その範囲内で板書を行う。限ら
れたスペースの中で，自分が最もポイントにしたいことを板書するようにす
る。そして，１～２分で板書を終えた後，順番にそのポイントを説明してい
く。その後，その４人の考え方の相違点を探りながら，さらにおたずねやつ
けたしをしていき，本時のめあてに迫っていく。算数係や教師の行う板書は，
第１発表者の４人の板書にどんどん上書きをしていくイメージである。適用
問題などの確認は，新たに小黒板やホワイトボードを活用する。２年生を担
当していたときに，第１発表者を４人のタイプにしていたが，第１発表者に
なりたい子どもがとても多い場合に向いている。

　３人の場合もほぼ同様である。黒板を４等分にし，その４分の１ずつを板
書スペースにします。そして，その３人の考え方の相違点を探りながら，さ
らにおたずねやつけたしをしていき，本時のめあてに迫っていくところも同
じである。ただ，板書のスペースが４分の１余るので，そこに大事なポイン
トを整理していくことができる。コミュニケーションが白熱していくうちに，
一体何が大事なポイントなのかこんがらがってしまう子どももいるので，こ
のまとめのスペースは重宝する。３年生以上に向いている。

　２人の場合も，基本的な目的は同じである。そして，大事なポイントを整
理していく板書スペースを確保するだけでなく，コミュニケーションの中で

光る発言をどんどん板書として取り上げていくことができる。また，「第1発表者が1人だと目立つけど，2人なら第1発表者になってもいい」という子どもが結構いるので，高学年に向いている。2人の考え方のずれを探っていきながら，どんどんおたずねやつけたしをしていく。

　1人の場合は，コミュニケーションのきっかけをつくる程度の板書に留める。そして，できることなら，板書をしながら説明することを促していく。このことが日常化していけば，第1発表者は特別な役割ではなく，コミュニケーションを進めていく上での単なる第1走者という立場になり，案外多くの子どもが第1発表者になろうとする。もし，第1発表者のなり手があまりいなければ，前述した3人組の小グループを活用し，そこで出た話題を紹介するだけでも，十分役目を果たすことができる。

(2)数々の考え方の出現
相互指名でつなげる

　第1発表者は算数係が指名するが，その後は基本的に，発言した子どもが次の子どもを指名する。運動会のリレーで，走り終わった子どもが次の子どもにバトンを手渡していくイメージである。その際，まだ発言をしていない子，あるいは普段なかなか活躍の場がない子を優先的に指名していき，最終的には全員がそのバトンをつないでいることを目標としている。だから，単なるリレーと言うより，学級のメンバーが全員で次々とバトンを手渡していく「全員リレー」のイメージである。

　この相互指名を取り入れた当初は，誰を指名すればよいのか，子どもは迷ってしまうことが多い。そんなときは，

　　●この授業で，まだ発言をしていない子

　　●普段なかなか発言する機会が少ない子

を，優先的に指名する原則を教えていく。その上で，「～さんは，どう？」と速やかにアドバイスしてあげれば，大抵そのアドバイスに従う。そして，

常に相互指名を取り入れていけば，子どもたちの判断力はどんどんと高まっていく。

　相互指名を取り入れていくことで，子どもたちは前に発言した子どもたちの考えを受けて話そうとするようになる。すなわち，子どもたちの発言と発言につながりが生まれてくるようになる。もちろん，少し違った角度で話をしたければ，「少し話は変わりますが，……」と前置きをしてつないでいけばよい。

　それから，教師の出番が極端に少なくなる。教師が１つずつの発言を大切にすることは大事なことではあるが，毎回受け答えしていたのでは，結局教師が活躍する授業にすり替わってしまう。授業記録を整理してみると一目瞭然であるが，大方の教師は一度話し出すと長くなる傾向がある。子どもたちが束になっても敵わないぐらい教師の話が続いていたのでは，子どもを育てる授業には程遠いものになってしまう。教師の出番や話す言葉を限定して，できるだけ子どもたちに活躍の場を譲りたいものである。

行き詰ったときは教師に返す

　第１発表者が簡単に説明した後，「どうですか？」と他の子どもたちに呼びかける。すると，他の子どもたちは，「いいです」「え，そうなの」「たぶん」などと表情や口々で反応しながら，挙手をしてつけたしやおたずねをしていく。その次の発言者を指名するのは，その第１発表者である。そして，その指名を受けた子どもが，また次の子どもを指名していく。

　子どもたちの学び合いの風土ができてくると，指導者である自分ですら，子どもたちの説明に聞き入ってしまうことが度々ある。それでも，いつも流れるように発言がつながっていくわけではない。あるいは，子どもたちの中で一定の解決が図られれば，それ以上つけたしもおたずねもない状況になる。そうなったら，一旦教師に返すようにしている。「他にないようなので，太田先生どうですか（お願いします）」と。

　ある参観の先生に，「この“ないようなので，太田先生お願いします”と

いう言葉が根付いていることは，子どもたちにものすごく安心感を与えていますね」と教えてもらったことがある。確かに，「困ったら先生に返せばいい」という約束ごとは，裏を返せば「困らなければ，どこまでも学び続けていいのですよ」というメッセージにもなる。

(3)つけたし・おたずねによる展開

「おたずね」と「質問」はどこがどう違うのですか，と聞かれることが度々ある。いつもその答えに躊躇してしまうが，基本的には同じ意味である。ただ，「おたずね」という言葉の響きや柔らかさがとてもよくて，一度使い始めると，ほとんどの先生方が続けて使っているのではないだろうか。教師が好んで，「おたずねはありませんか？」と授業の中で使うようになれば，学級の子どもたちもすぐに愛用するようになる。

そこで，普段共に学び合っている子どもたちが，どのようなおたずねをするようになったのか，授業記録をもとに，その傾向や質を整理してみた。すると，次のような3つのタイプに大きく分けることができた。

Ⓐ単純によくわからなかったのでおたずねをする。

Ⓑ言っていることはわかるが，さらに深めようとするためにおたずねをする。

Ⓒ違う角度やつけたしで，学級全体を活性化するためにおたずねをする。

ただ，これらは文言が長すぎるので，もう少しポイントを絞って分類してみた。

Ⓐ聞き直すおたずね

Ⓑ深めるおたずね

Ⓒつけたしで活性化させるおたずね

そして，これら3つのタイプのおたずねについて，実際的な言葉をそれぞれ挙げてみると，次の表のようになった。

ある子がおたずねをし，それについて何人かの意見交流があり，一定の解

表4　おたずねの3段階

> Ⓐ聞き直すおたずね
>
> ●聞こえなかったので，もう一度説明して（言って）ください。
> ●よくわからなかったので，もう一度説明して（言って）ください。
> ●よくわからなかったので，誰か説明してくれる人はいませんか。
> ●……のところがよくわからなかったので，もう一度説明して（言って）ください。
> ●……のところがよくわからなかったので，誰か説明してくれる人はいませんか。
>
> Ⓑ深めるおたずね
>
> ●どうしてそう考えればいいと思ったのですか。
> ●どうやって調べたのですか。
> ●……の中で，どれが一番いいですか。
> ●……はどういう意味があるのですか。
> ●……と……の関係はどうなっていますか。
>
> Ⓒつけたしで活性化させるおたずね
>
> ●……さんにつけたしで，私は……だと思います。
> ●……でもいいと思うのですが，どうですか。
> ●たぶん……でもいいと思うのですが，どうですか。
> ●……であるということは知っていますか。

決がされた後，必ず最初のおたずねにフィードバックし，そのおたずねした子を最大限に褒めるようにしている。それを続けていくことで，「おたずねする子はよくわからない子」というマイナスのイメージではなく，「おたずねできる子はすばらしい子」というプラスのイメージを根付かせることができる。そうなれば，Ⓐタイプのようなおたずねがどんどんしやすい風土になっていく。

　もし授業の中で子どもたちのおたずねがなかったら，わかったことをつけたしていくだけの授業になってしまいます。それでは一方通行のようなもので，行き詰った子どもやもう一度確認したいと思う子どもが置き去りになってしまう。行ったり来たりしながら，子どもたちが自由に考えを出せるようにするためには，おたずねの風土は欠かせないものだと考えている。

⑷本時のポイントをまとめる

　第1発表者から始まり，コミュニケーションを通して，数々の考え方やつけたし，おたずねが出てきたら，それらのエッセンスを，授業の終盤にはまとめていく必要がある。今の学習法に出会うまでは，予め画用紙に大事なポイントをまとめておき，それを掲示していた。最後の結果を知らせるだけであったら，それでもよかったかもしれない。しかし，コミュニケーションに直に参加し，前向きに学んでいた子どもたちにとっては，もっと大事なものが見えている。それを踏まえて，子どもの生の声で本時のポイントをまとめていきたいものである。

子どもによる司会進行のポイント

①子どもによる司会進行は，子どもを長いスパンで育てようとする気もちや心から信頼しようとする気もちが大切である。

②司会役としての仕事を，急いで押しつけない。

③司会役の子どもを中心に，学びの雰囲気をつくっていく。

④算数係が授業の進め方のイメージをもてるように，事前にやりとりをしてあげるとよい。

子ども間のコミュニケーションのポイント

①「おたずねできる子はすばらしい子」というプラスのイメージを根付かせる。

②コミュニケーションの場面では，互いの表情ができるだけ見やすい座席配置にする。

③全体交流の前に，3人組を取り入れるとよい。

④学級の実態に合わせて，第1発表者の在り方を考える。

⑤発言は相互指名でつなげる。

⑥行き詰ったときは，教師に返せばよい。

⑦最後は，本時で出た子どもの言葉でまとめる。

第Ⅳ章　太田算数の授業構造の現状分析と考察　117

第5節　答えに至るまでの根拠を言葉で説明できるようにする

a　式と答だけの算数からの脱皮

　算数の問題に対して，子どもたちは「答えが合っていればいい」と安易に考えていることが多い。そんなとき，「なぜ，その答えになったのかという理由があるでしょ？」と聞き返すと，「それなら……」と呟いてその子どもは式を書きます。「これで文句はないでしょ」という態度を示す。そこで，「この式の意味を説明してくれないかな？」と切り返すと，とても面倒そうな顔をされてしまうことがある。

> 1 　はるかさんの家から学校までは1200m あります。
> 　　はるかさんは，学校から家に向かって分速70m で，お母さんは，家から学校に向かって分速80m で，同時に出発しました。
> 　　2人は何分後に出会いますか。

啓林館6年 p.126

　上の問題を例にすると，
　　$1200 \div 150 = 8$　　　答　8分
と板書して，「いいですか？」「いいです」と通り過ぎてしまう。確かに，この式をさらっと書いて，「答えは8分です」と言えるのはさぞかし自信があるからであろう。でも，それ以上の説明が全くできないのである。「説明はできないけど，答えは出せる。だから，僕は算数が得意」と思っている子どもは，今までそれで通用してきて，テストでもまずまずのよい点数をとってきたから，それでよいと思い過ごしている。

　しかしながら，学力観は大きく変わってきている。「答えが合っていればいい」というだけではなく，その答えに至るまでの根拠（理由，訳）がきち

んと説明できてこそ，よくわかっていると判断されるようになってきている。正にコンピテンシー・ベースの学力である。ただし，何も最初からそんなに高度な説明を求めているわけではない。

学び合いの風土ができている学級では，即座に，

「150はどこからでてきたのですか？」

「なぜ割り算をするのですか？」

「他の式はないのですか？」

「図を使って説明してくれませんか？」

「表を使って説明した方がわかりやすくないですか？」

と，矢継ぎ早におたずねが出てくることが予想される。

だから，自分から説明することが苦手な子どもは，そうしたおたずねに答えていくことで，自分の考え方の根拠を明確にしていくことができる。また，おたずねに対する受け答えを，他の子どもが請け負っていくようにすれば，みんなで深めていくことができる。

少なくとも，教科書のテーマ問題を扱っていく場合は，教科書に問題解決のヒントがいっぱい散りばめられていることを知らせるべきである。そして，教師が一つ一つ丁寧に説明しなくても，子どもたち自身が，図や表，キー発問，吹き出しなどを大いに活用できるようになっていくと，子どもたちの表現力は格段に違ってくる。

b　意図的に図を用いるようにさせる

算数で扱う代表的な基礎操作の図としては，主に「テープ図」「線分図」「関係図」がある。図を用いなくても，すぐに式化し，それを解いていくことで答えにたどりつくこともある。しかし，いつでもすぐに式化するというのは難しいものである。そこで，その手がかりとして，意図的に図を用いるように促す。

「テープ図」は，2年生から扱う。線に幅のある図を使う。実際のテープ

を扱ったりイメージしたりした後，数図ブロックをつなげてテープ図にしていく。それまで，一つ一つばらばらだった数図ブロックが，1本のテープにつながっていくので，子どもにとっては画期的な瞬間だと思われる。この2年生の段階で，テープ図をしっかりかけるようにしておくと，その後の図の活用に抵抗がなくなり，ずっと活用することができる。

「線分図」は，3年生から扱う。対象となる数量を線分の長さで表し，それらの関係を表したものである。線分を使って数量の関係を表すので，文章題を解くときに大変役立つ。尚，この線分図では，数量の大小関係や全体と部分の関係などをつかむことが大切なので，元の比率にきっちりあわせる必要はない。その分，大まかに活用していけるので，一度そのよさを実感できれば，毎回のように活用しようとするようになる。

「関係図」も，3年生から扱う。線分図では表しにくい「倍」の関係を表すときに大変有効である。次の関係図では，青は赤の2倍，黄は青の3倍になっていることを表している。そして，この関係図から，黄は赤の6倍になることがわかる。5年生になると，小数倍や分数倍などの割合に関する場面で，大変活用頻度が高まってくる。

その他に「数直線図」「面積図」「樹形図」「ベン図」などもあります。算数で有効利用できるこれらの図を意識的に活用していくことで，式の裏付けとすることができます。

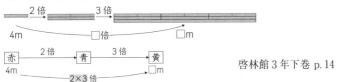

啓林館3年下巻 p.14

また，ほとんどの先生方は聞き覚えがないと思われるが，子どもたちに対して「なぐり書きの図」もよしとしている。きっちりときれいな図をかこう

とすると，それだけで時間がとてもかかり，嫌になってしまうことがある。そこで，本人にしかわからない図でもよいから，「まずは自分なりのイメージを図で表現してみよう」と子どもたちに呼びかけている。

現行の教科書では，テープ図や線分図，表のかき方など，大変細やかに手順を提示しているが，必ずしもその通りにかけていなくても，その子の表現方法を認めていくことで，図に対する抵抗をなくしていく。まずは，子どもが自分自身でかき出し，徐々にその時間内でよりよいものに修正していければよいと考えている。

c　言葉による説明をあたりまえにする

23年度版の教科書から，「文字と式」の単元が復活した。小学生の子どもたちが，いきなりxやyの文字を使いこなすのは難しい。そこで，有効なのが「言葉の式」である。下の問題の場合，えん筆や消しゴム，代金の関係を，「えん筆6本の値段」「消しゴムの値段」「代金」という言葉を用いて表していく。「えん筆6本の値段と消しゴムの値段をあわせたら，全体の代金になります」と説明されたら，ほとんどの子どもは納得する。そして，この言葉の式を踏まえて，えん筆67本の値段が$x \times 6$で，消しゴムの値段が70円だか

啓林館 6年 p.34

ら，全体の代金は「x×6＋70」で表されることを理解していく。

　この場合は，上手く言葉の式が活用できるが，実際に子どもたちと行っている授業ではもっと広く捉えて，「自分の言葉で説明できるようにしましょう」と呼びかけている。その結果，子どもたちのノートは，図と式と言葉の説明が絡み合ってまとめられていく。

　毎年，「算数のノートが国語のノートみたい」と話す子どもがいるほど，言葉の説明を重要視している。初めから全員の子どもにそのようなノート作りを求めるのは酷であるが，上手く表現できている子どものノートを随時紹介していくことによって，教師が思い描いている以上に子どもたちは素敵なノートを作りあげていく。

高沢の振り返りより

　僕は，5年生になって算数のノート作りが楽しくなりました。自分の考えを書き表す方法が，いくつもあることを知ったからです。今までの算数では，式とその計算と答だけを書いていました。でも今では，図を必ず書くようにしています。それから，先生からのアドバイスで，自分の言葉で説明する文も書くようにしています。それは，まるで国語のノートみたいですが，算数を勉強しながら，国語の勉強もしているようで，一石二丁のようなうれしい気分です。おかげで，みんなに説明することもいやではなくなりました。これからも，どんどんがんばっていきたいです。

言葉による説明のポイント

①答えに至るまでの根拠（理由）がきちんと説明できることを子どもたちに求める。

②教科書には，図や表，キー発問，吹き出しなど，問題解決のヒントがいっぱい散りばめられていることを知らせる。

③算数で扱う代表的な図としては，主に「テープ図」「線分図」「関係図」があり，それらの図を意図的に用いるように促す。

④「なぐりがきの図」をよしとし，図への抵抗をなくす。

⑤「言葉の式」を含めた言葉による説明を重要視することによって，子どもたちのノート作りの質が変わっていく。

⑥コミュニケーションの場でも，式や答えを言うだけの子どもの姿から，みんなにわかりやすく伝えようとする子どもの姿に変わっていく。

第Ⅴ章　めあてと振り返りを軸にした
RPDCA の算数授業モデル

第1節　学習としてのマネジメントサイクル

　第Ⅲ, Ⅳ章の中で, 子どもたちがその気になって自ら算数を学んでいこうとする姿が生まれるのはどういう状況のときであろうか。そうした姿が生まれるのが, 教師がトピック的な教材を準備したときだけに限定されるのであれば残念である。また, 極一部の子どもだけが意欲的に学んでいるのも, 学校で行われる授業としては寂しい。やはり, 毎日のように行われるほとんどの授業で, どの子どももその子なりの意欲を持って, 算数の学びに向かってほしいと願う。そのためには, 算数の学習において, 子どもたちが自律性を高め, 自ら学びに向かっていけるようなシステムの構築を図る必要があるのではと考えた。

　そこで, 学習のマネジメントサイクルに成り得る RPDCA の学習サイクルを子どもの側から構想し直した。「子どもの側から」と言うのは, 常に教師が中心となって子どもをリードしていく立場ではなく, 子どもが中心となって学び, それを教師が支援していく立場である。一般的に, PDCA は次のように定義される（光文書院, 2007）。

● Plan（計画）：従来の実績や将来の予測などをもとに業務計画の作成

● Do（実施・実行）：計画に沿って業務を遂行

● Check（点検・評価）：業務の遂行が計画に沿っているかどうかの確認や評価

● Action（処置・改善）：計画に沿って遂行されていない部分の処置や改善

よってPDCAとは，これらの4段階をスパイラル的に繰り返すことによって，継続的に業務を改善しようとする考え方である。この考え方は教育現場でもよく取り入れられ，学校改善や校長のマネジメント，教師の職能機能等に活かされてきている。また，このPDCAの前にResearch（テーマに関しての調査，研究）を加え，RPDCAサイクルとしてマネジメントを考えることも徐々に増えてきているようである。

そこで，子どもの学びに対する自律性を高めるために，RPDCAのマネジメントサイクルを算数の学習に置き換えて考えてみた。このResearchに当たるものとして，授業前の家庭学習において子どもが行う予習を考えたい。本研究では，これを独自学習と呼ぶ。次に，Planは，授業の最初における子どもの学習のめあて設定の場とする。Doは授業の中心部分とし，問題に個別で取り組む学習，グループでの交流，クラス全体での交流や議論の場とする。そして，Checkは本時の学習を振り返る段階とし，次時に向けてさらなる

学習を授業の最後や家庭学習の中で行うことをActionとする．この学習の流れの中では，ActionとResearchは連動することになり，全体がサイクルをなすようになる．各学習プロセスにおける段階や活動内容は，表5のよ

表5　一連の学習プロセスの様相や活動内容

略記号	学習プロセス	様相や活動内容
R	Research（独自学習）	次時の予告を受けて，可能な範囲で学習問題に当たってみる。
P	Plan（めあて）	学習問題から直接感じる自分なりのめあてを持つ。
D	Do（さらなる独自学習，グループ交流，全体交流）	めあてを達成するために，自分で考えたり，皆で学び合ったりする。
C	Check（振り返り）	自分のめあてや他者の考えを生かした振り返りをする。
A	Action（次時に向けて）	復習，練習をして，次時に備える。

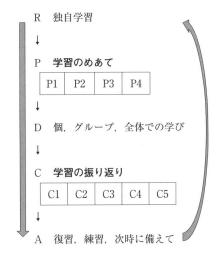

図7　RPDCA の学習サイクルにおける分析枠組み

うにまとめられる。また，この分析枠組みの流れを表したものが図7である。これらのプロセスやサイクルは，他の教科や学校教育の諸行事にも活かせることであると考えるが，ゴールが明確でありながらそこに至るまでの過程を大事にする算数・数学教育の特性を鑑みると，最も研究の対象に成り得ると考えた。そして，これら5つの学習プロセスの中から，特に Plan（学習のめあて）と Check（学習の振り返り）に焦点を当て，それらの質の向上と両者の連動が子どもの自律性の育成に効果をもたらすのかについて，算数の実践をもとに検証していく。

第2節　P（学習のめあて）のレベル設定

本研究のマネジメントサイクルでは，子どもたちが前時までの学習の流れを受けて，本時に向けた独自学習を行い，その上で学習のめあてを各自が立てるようになっている。そして，子どもの自律性の高まりを分析する上で，

表6　Plan（学習のめあて）のレベル別枠組み

レベル	様　　相
P1	めあてが持てない
P2	教科書の見出しを参考にしためあて
P3	学習内容に踏み込んだめあて
P4	すでに探究を行い，困難点や新しい知の必要性を見出しためあて

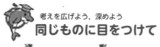

図8　**教科書における見出し**（啓林館，H23年度版，5年 p.60）

　学習のめあての段階と振り返りの段階について，第Ⅲ，Ⅳ章の日々の実践を振り返って，それぞれレベルを暫定的に設けた。尚，本節では学習のめあてについてのみ取り上げる。

　Plan（学習のめあて）の段階では，表6のような4段階のレベルがあると考えた。

　P1の「めあてが持てない」は，「自分で学習のめあてが持てるようにしよう」と教師が呼びかけない限り，ほとんどの子どもに該当する。しかし，前時において，次時の予告を行うことを常として，「自分で学習のめあてを立ててみよう」と日々の授業の中で促していけば，大方の子どもが何かしらのめあてを持てるようになるということは，筆者の実践経験から示唆されることである。

P 2の「教科書の見出しを参考にしためあて」は，多くの子どもが立てやすいめあてである。ある程度自分でめあてを立てることに子どもが慣れれば，例えば教科書の見出し（図8）を参考にして，多くの子どもが「同じものに目をつけて考えよう」「さしひいて考えよう」といった類のめあてを立てられるようになる。授業の冒頭から，子どもたちがそのような意識を持てるようになるだけでも学習に対する構えは一歩前進であると言えるが，「形だけのめあて」になっている可能性もある。一方，熟慮した末，このめあてを立てた子どもにとっては，「同じものに目をつけて」とはどういうことだろう，「さしひいて考える」とはどういう意味だろう，という問いを持って授業に向かうことができるようになる。

P 3の「学習内容に踏み込んだめあて」は，前時の学習内容を踏まえて，本時の学習問題の様子から立てためあてである。学習問題について然程深入りはしていないが，どんな学習問題を扱うかのイメージは十分持てているものとする。

そして，P 4の「すでに探究を行い，困難点や新しい知の必要性を見出しためあて」では，実際に学習問題にあたってみて，気づいたことや困難点を本時の学習に活かそうとしていることが伺われるめあてとする。

本研究では，暫定的にこれらを学習のめあての基本枠組みとし，これに沿って子どもたちの学習の様相を検証していく中で，枠組みのよりよい再編を図っていく。

第3節　C（振り返り）のレベル設定

学習のめあての段階と同様に，振り返りの段階についても，第Ⅲ，Ⅳ章の日々の実践を振り返って，それぞれレベルを暫定的に設けた。

Check（振り返り）の段階では，表7のような5段階のレベルがあると考えた。

表7　Check（振り返り）のレベル別枠組み

レベル	様　　相
C 1	振り返りが書けない
C 2	情意的な感想のみ
C 3	情意的な感想＋本時の学習課題（結果を押さえている）※少々の次時への広がりはこのC 3
C 4	情意的な感想＋本時の学習課題＋他者や自己への気づき（プロセスがある）
C 5	情意的な感想＋本時の学習課題＋他者や自己への気づき（プロセス）＋考え方を踏まえた新しい課題（学習や生活）

　C 1 レベルは，授業後にノートを集めて点検したとき，振り返りが書けていない場合である。ある程度の時間があれば，どの子どもも何かしらの振り返りが書けると思われるが，子どもの自主性に任せたときには何も書かずに終えてしまう場合があるのが現状である。

　C 2 レベルは，「楽しかったです」「よくわかりました」「がんばりました」等のような情意的な感想に終始している場合である。これらの言葉は肯定的で前向きではあるが，学習内容にはほとんど触れずにいる。

　C 3 レベルは，自分が立てた学習課題と対応させながら振り返りを行い，記述できるレベルである。基本的には自分が立てためあてが達成されたかどうかを確認しながら，学習した内容を捉えていればC 3 とする。このレベルになってくると，学習のめあてと振り返りの連動がみられる。

　C 4 レベルは，C 3 に加えて，他者や自己への気づきを踏まえて振り返りをしている場合である。とりわけ，他者の意見を振り返りの中に書き，自分との比較を行う場合や，過去の自分との対比により，その成長に関して言及しているものを指す。このレベルの振り返りでは，様々な見方や考え方が重視されていて，その意味で児童の記述レベルは高いものとなる。

　C 5 レベルは，C 4 に加えて，本時の学習だけでなく，新しい課題（学習や生活）に向かう振り返りをしている場合である。ただし，教科書の新しい

第Ⅴ章　めあてと振り返りを軸にしたRPDCAの算数授業モデル　　129

頁の見出し的な課題設定だけではこのレベルとは判断しない。例えば，分数のたし算を終えた後に，「次のひき算もがんばりたいです」といった児童の記述を捉えていきたいのではなく，本時の学習課題を達成するプロセスを踏まえた上で，新しい課題を持ち合わせた振り返りをＣ５とする。

　以上のレベルの考え方では，「あるレベルの記述に，何かがさらに付け加わって，次のレベルの記述へ」というように，上記の振り返りのレベルを階層的に表現している。ただし，これら全ての項目が記述の中に含まれていないとそのレベルに達していないと判断するのは，逆に子どもの思考のレベルを見誤ってしまうことになろう。従って，子どもの思考レベルをできるだけ客観的に判断する上での枠組みとして，厳密すぎる適用は避けるものとする。

　このレベル設定において，Ｃ４やＣ５のレベルに達するのは容易ではないが，継続的な取り組みの結果として，こうしたレベルへ多くの子どもたちを導きたいと考えているし，これが自主的に継続されるのであれば，自律性が十分に育っていると言えよう。

第Ⅵ章　マネジメントサイクルを視点に据えた授業実践

第1節　授業の実際

事例⑤　5年「分数」12時間分

　枠組みの妥当性を吟味する上で，研究対象としたのはA小学校5年生29名であり，対象単元として，5年分数15時間分とした。実際には，練習問題，復習問題等を主とする3時間分（表8の網掛け箇所）を除いた12時間分の分析を行っていく。

　めあての部分に関しての吟味では，子どもがどのようなめあてを持ち，あるいは授業時数の増加にともなって，そのめあてがどのように変容していくかを分析することが必要であるが，めあては子どもの考えだけで決まるものではなく，教師とのやりとりによって影響を受けるものでもある。したがって，めあての内容を分析する上で，教師側がどのようなめあてを事前に想定しているかを明らかにしておくことは必要であろう。そうしためあては，指導書等に載っている目標そのものというより，学級の子どもたちの現状に合わせたものでなければならない。そのようなものとして，本研究での分数単元の毎時のめあてを，表8のように事前設定した。

　また，振り返りに関しては，授業の内容をもとにして，子ども各自が自分の考えをまとめるものとし，それを分析の対象とする。

　分析に関して，まず分数単元12時間分の授業において，子どもが立てた毎時のめあてと授業の終盤に行った振り返りを一覧表に整理する。また，必要に応じて子どものノートや授業ビデオを活用し，分析の補助とする。その記述の様相を枠組みに沿って捉え直し，それぞれの水準の様相を明らかにして

132

表8　教師側の毎時の学習のめあて

第1時	等しい分数のつくり方を考えよう.
第2時	約分の意味とその仕方について理解しよう.
第3時	通分の意味を知り，大きさくらべができるようにしよう.
第4時	通分の仕方について理解を深めよう.
第5時	分母のちがう分数のたし算の仕方を考えよう.
第6時	分母のちがう分数のひき算の仕方を考えよう.
第7時	帯分数の計算の仕方を考えよう.
第8時	(今までに習った分数の計算を確実にできるようにしよう. ※復習，練習問題)
第9時	分数×整数の計算の仕方を考えよう.
第10時	分数÷整数の計算の仕方を考えよう.
第11時	(今までに習った分数の計算を確実にできるようにしよう. ※復習，練習問題)
第12時	わり切れないときの商の表し方を考えよう.
第13時	分数を小数で表すことを考えよう.
第14時	小数や整数を分数で表す仕方を考えよう.
第15時	(分数の学習で学んだことをたしかめよう. ※復習，練習問題)

いく.

　以下，12時間分の分数単元の授業記録を掲載する. そして，後節において，各段階における水準の判定の仕方を実践事例と共に吟味していく. また，その吟味を通して，各水準の判定や水準を上げる指導上の課題についても言及していくこととする.

第1時の授業記録

司会者の指示・発言：M1，M2，……

子どもの発言：C1，C2，……

教師の指示・発言：T1，T2，……

第Ⅵ章　マネジメントサイクルを視点に据えた授業実践　　133

発言者	司会者の指示・子どもの発言（つぶやき）	教師の発問・受け答え（つぶやき）
M1	これから算数の学習を始めます。めあての言える人はいませんか。	
M2	○○君。	
C1	4年生の時に習った……を使って考えよう。他にありませんか。	
C2	○○君の付け足しのようになるのだけど，分数について学び説明しよう，にしました。他にありませんか。	
C3	分数の仕組みについて考え，等しい分数をみつけよう，にしました。他にありませんか。	
C4	○○さんと一緒で，分数のしくみについて考えようにしました。他にありませんか。	
C5	分数の数直線を使って，分数の大きさについて考えよう。また，等しい分数のつくりかたを考えよう，にしました。他にありませんか。	
C6	分数について考え，意見を出そう，です。他にありませんか。無いようなので，太田先生お願いします。	
T1		はい。久しぶりの分数ですね。今日は，等しい分数のつくり方をどう考えていけばいいのか，みんなで相談していきましょう。
T2		では，少し独自学習をしていきたいと思います。ハテナのところと□1番のところを独自学習してみてください。
	（※独自学習）	

M 3	グループ交流をしてください。 （※グループ交流）	
M 4 T 2	全体交流をします。ハテナの問題について意見のある人はいませんか。	はい，まずはハテナに絞って考えていきましょう。
M 5 C 7	○○さん。 1回目は6分の5と6分の2では，6分の5の方が大きいから勝ちだと思います。理由は，分母が同じだから分子で比べればいいからです。2より5の方が大きいから，さくらさんの勝ちだと思います。どうですか。	
C 8	（前に出て板書しながら）○○さんにつけたしで，これは数直線を使って考えたら，ここが1で，この1マスが，ここに色を塗ると6分の5なので数直線の5等分で，6分の2はこの2マス分なので，この長さを見たら，どっちが勝ちかわかると思います。	
C 9	（前に出て板書しながら）2回目はゆうと君の方が勝ちで，数直線に書いたら，ここが2分の1だったらここが1で，ここが3分の1だったここが1で，この数直線を見たら，こっちがゆうとさんでこっちがさくらさんだったら，こっちの方が数直線を見たら大きいから。どうですか。	
C 10	（前に出て板書しながら）3回目は，数直線で書くと，	
T 3		（これはもうハテナハテナに行きます

第Ⅵ章　マネジメントサイクルを視点に据えた授業実践　135

		か。3回目ということは。) (もうハテナについてはいいですか。)
C11	2回目で数直線を見ても，2分の1の方が大きいのだけど，1を2つに分けるより，1を3つに分ける方が小さいので，2分の1の方が大きい。どうですか。他にありませんか。	
C12	1回目も○○さんといっしょで，あ，1回目はいっしょか？1回目は1を6個に分けているのが2つとも，そのうちの5個分と2個分だから，さくらさんが勝ちというか，大きいです。どうですか。他にありませんか。	
C13	ハテナの1回目は分母が一緒だから分子だけで考えればいいと思います。どうですか。	
T4		分母が一緒のときは，分子だけで考えたらいいのだね。
C14	2回目は，2分の1が3分の1の半分だと思います。違う？	
T5		2分の1は3分の1の半分？
C15	違う？2分の1の半分が3分の1だよ。	
C16	僕は違うと思うのだけど，2分の1の半分は4分の1だと思うのだけど，4分の1は1を4個に分けた4つ分の1つで，2分の1は2つ分にわけた1つ分なので，4つ分に分けた1つ分は2分の1の半分ということになるので，4分の1が2分の1の半分だと思います。どうですか。 どうですか。	

T 6		○○君，この3分の1と4分の1は違うよね。だから，2分の1の半分は4分の1，これはわかりますか？だから3分の1とはちょっと違うね。いいですか。 では，ハテナハテナを○○さんにお願いしましょう。
C 17	3回目で，数直線で書くと（板書しながら）ここの半分が2分の1で，もう1個数直線を書いて，ここが4分の2だけど，数直線に書いてもここの長さとここの長さが一緒なので，3回目は引き分けで終わると思います。どうですか。 他にありませんか。	（3回目は引き分けになると，ほう。）
T 7		じゃあ，4回目はどうでしょう。
(C17)	4回目で意見がある人はいませんか。	（同じ人ばかりになるので，だれかいませんか。）
C 18	（前に出て板書しながら）4回目を数直線で書くと，さくらさんの方が，○○さんと一緒で，ここが，……で，さくらさんの勝ちだと思います。どうですか。	
T 8		数直線で表してみたら，さくらさんの方が大きかったということですか。
(C18)	他にいませんか。	
C 19	5分の3と3分の2だったら，5分の1の方が細かく分けられていて，3の方が少なく分けられているのだけど，その細かく分けられていた方が，場合にもよるけど，数は少ないと思います。 （え，どういうこと？）	

T 9	（前に出て板書をしながら）例えば，場合にもよるけど，これが1個分だとしたら，ここだったら分けられているけど，3だったらこのかたまりが3個で，かたまりがこっちの方が大きいので，細かく分けられている3個分よりこっちの2個分の方が大きくなる。 （場合によるのじゃない）	元がこっちの方が大きいとしても，それがいくつ分かの数にもよるのじゃないですか。
（C19）	この場合はこっちの方が大きいと思います。	
C 20	○○さんに質問で，例えば5分の4と3分の2だったら5分の4の方が大きいから，その場合はどうなるのですか。	
C 21	その場合は，ここの分とこっちやったら，こっちの方が大きいと思います。	
C 22	それやったら，今言ったことはちがうのじゃない？ この場合はこっちの方が大きいと思います。	
T 10		じゃあ，ちょっといいですか。要は数直線に表して，それが何個分かを色つけするなどして比べたらわかるということですね。 数直線を使うと非常に便利ですね。正確にやればわかると思います。上下比べてね。数直線を使わずに比べる方法ってあるのかな。
	（はい）	
C 23	（前に出て板書しながら）3分の2と	

	5分の3だったら，この分母がちがっているので，分母を同じにすれば，分母をそろえたらわかると思います。	
T 11		分母がそろっていたら比べられるのに，ということですか。
C 24	（前に出て板書しながら）3回目の4分の2と2分の1にしかできないのだけど，これのどっちを直してもいいのだけど，4分の2を2分の1にすると，これを÷をして，こっちも÷2をすると，2分の1になるので，2分の1と2分の1を比べて，4分の1は2分の1ということがわかったので，ひきわけということがわかります。他にありませんか。	
C 25	お尋ねだけど，この÷2というのはどこから出てきたのですか。	
C 26	÷2はどこから出てきたという感じではなくて，1回目はどっちも分母が6で比べやすかったから，これは4と2で違うから，4を2にするには÷2をしたらいいから，それで分母を÷2するなら分子も÷2をしなければいけないので，÷2をしました。	
C 27	4分の1がわかっていなかったら成立しないのでは。	
C 28	どういうことですか。	
C 29	最初から，4を2でわるのだったら，2分の1ということがわかっていなかったら，	
C 30	答えが2分の1になるということ？	
C 31	そういうこと。	

第Ⅵ章　マネジメントサイクルを視点に据えた授業実践　　139

	でも，もしも，例えば4分の2の上が4分の6だとしても，2分の1と比べても，私は分母を一緒にすれば比べることができるので，比べやすいから，4を2にするには÷2をするから，6も÷2をしたら3になるから，2分の3になって，それと2分の1を比べれば，2分の3の方が大きいとわかると思います。	
T12		そうしたら，この2分の1に等しい，教科書にも載っているのだけど，2分の1に等しい分数を作れますか。その作り方ももしわかれば，説明しながらお願いします。
C32	2分の1に等しい分数は，2分の1というのは分母が2で分子が1で，その2分の1というのは，もとの大きさを2つに割ったその1つのことなので，半分ということになると思います。だから，4分の2とか6分の3が同じだと思うけど，4分の2と6分の3も，もとの1つのものを4つにわけた中の2つだから，それは半分ということになるから，2分の1と等しくなると思います。どうですか。他にありせんか。	
C33	（前に出て板書しながら）分母と分子があると思うのだけど，この分母を2倍したら，×2で4になる。それでこっちの分母を2倍したら分子も2倍して，分母と分子を両方とも2倍したら，この2分の1と同じ数になる，等しい分数になって，これも同じで，2	

	分の1の2を3倍してこっちも3倍したら等しい分数になって，この続きで行くと，これを4倍したら2×4が8でこっちは8だけど，これをこっちと同じように4倍したら4になるので，8分の4も等しい分数になるのだけど，分母と分子を両方とも2倍と3倍とか4倍とか5倍していくと，等しい分数がこうやってどんどん見つかっていくと思います。どうですか。	
C34	○○さんがやってくれたやり方だったらできると思うけど，かけるのやり方だったらどこまでもできると思うけど，○○さんが言ってた割るのやり方だったら，奇数の場合，何とか点5になってしまうけど，それはどうなるのですか。	
T13		例えばこういうこと？奇数であれば15分のとか， 6分の3だったら2で割ると，6はいいけど3は割れないね。
	（3で割ればいい。）	ああ，こういうときは3で割ればいいのか。 何も2ばかりじゃないのだね。 3で割ると因みに…
	（2分の1） （9分の2とかだったら無理じゃん？）	9分の2だったら，もうそれ以上割れないということだね。なるほど。
C35	○○さんのを見ていて気づいたのだけど，÷2をしているのは，この最大公約数で割っているということがわかりました。どうですか。	

第Ⅵ章　マネジメントサイクルを視点に据えた授業実践　141

		（4と2の）
C36	この場合は4と2の最大公約数で割っているのだと思います。どうですか。これを逆に8分の4と等しい分数をやるのだけど，例えばこれを÷2すると，かけると一緒で4の分子も÷2をして，割るをすると4分の2で，これもまた÷2すると2分の1になって，このかけると割るどっちも，分子をかける2したら分母もかける2をしないといけないし，こっちだったら，分母を÷2したら絶対に分子も÷2しないといけないです。どうですか。他にありませんか。では太田先生。	（この場合はね）
T14		はい，では時間の方もきていますので，みんなと言ってくれたことをまとめると，同じ数で割ったり同じ数でかけたりすれば，分母と分子にね，また等しい分数が作れるということでいいですか。納得できますか。
	（はい）	下に2をかけたら上にも2をかける。下を2で割ったら上も2で割る。それで2だけじゃなくもいいのだね。3だったり4だったり，同じ数で割ったりかけたりしていきましょう。はい，ではですね，②と③があるので，やってみましょうか。はい，では少し時間を取ります。はい，始め。
T15	（※適用問題に取り組む）	はい，では答えを聞いてみましょう。その場で言ってくれたらいいです。2

		番の㋐，何が入りますか。○○さん。
C 37	15分の10。どうですか。	
		㋑
C 38	4分の3だと思います。どうですか。	
		③の㋐
C 39	10分の6です。どうですか。	
		2つ。
C 40	15分の9。どうですか。	
T 16		そうだね。2倍した数と3倍にした数があるね。では㋑。
C 41	10分の4と5分の2です。どうですか。	
T 17		これは逆に割っていますね。
	（かけてもいいんでしょ）	かけてもいいです。半分にしたら10分の4，そのまた半分にしたら5分の2，○○君は割っていったのだね。これはかけたタイプになりますね。でも，あんまりかけていくと大きな数字になってしまうので。それでは最後㋒。
C 42	24分の8と6分の2。	
T 18	（3分の1もできる）	3分の1もいいね。できるだけ小さい数字の方が扱いやすいので，3分の1なんかはいいですね。はい，どうでしょう。どれだけできていたでしょう。全部できていた人？そうしたら，自信がなくて手を挙げられなかった人もいると思いますが，テストをしているわけではないので，どんどん自分の考えを出していきましょう。

第Ⅵ章　マネジメントサイクルを視点に据えた授業実践　　143

T19		それではカリオンがなってしまいましたが，今から振り返りを書いてください。
	（※本時の学習の振り返りをまとめて終了）	
子どもの発話語彙数8374文字（57%）		教師の発話語彙数6404文字（43%）

第2時の授業記録

発言者	司会者の指示・子どもの発言（つぶやき）	教師の発問・受け答え（つぶやき）
M1	これから5時間目の算数の学習を始めます。よろしくお願いします。今日は103頁の約分をします。めあてが言える人はいませんか。	
C1	約分の意味を理解し，早く約分できる方法など問題を解き説明し，考え方などを完璧に言えるようにしよう。他にありませんか。	
C3	昨日習ったことを活かして，約分について知ろう。他にありませんか。	
C4	約分の意味を知り実際に使って考えよう，にしました。他にありませんか。	
C5	約分について学び説明し問題を解こう，にしました。他にありませんか。	
C6	昨日習ったことを活かし，約分について知ろう。また，約分するということについて考えよう，です。他にありませんか。	
C7	約分について考え説明しよう，にしました。他にありませんか。無いようなので先生お願いします。	

T 1		はい，よくみんな今日のめあてが捉えられていると思います。約分とはどういうものなのか，それについて考え，またそれが使えるようにしていきましょう。はい，それでは係さん。
M 2	3分間独自学習をしてください。 （※独自学習）	
M 3	グループ交流をします。真ん中の人は机を下げてください。 （※グループ交流）	
M 4	グループ交流をやめてください。次に全体交流をします。意見のある人はいませんか。○○君。	
C 8	20分の5に等しく，分母の小さい分数のみつけ方で，ぼくは分子と分母を割る5すると，4分の3になって，4分の3になったので，答えは4分の3です。どうですか。他にありませんか。	
C 9	分数を約分するには，分母と分子を2つの公約数で割っていきます。どうですか。	
C 10	分数の分母と分子を同じ数で割って，分母の小さい分数にすることを約分と言います。どうですか。他にありませんか。	
C 11	（前に出て板書しながら）教科書にも載っているんだけど，20分の15があって，これを約分したら，どっちも割らないといけないから÷5で，その答えは4分の3になるので，答えは4分の3になると思います。どうですか。他	

第Ⅵ章　マネジメントサイクルを視点に据えた授業実践　　145

C12	にありませんか。○○君や○○さんが÷5をしている理由は，20と15の最大公約数だから，20÷5と15÷5の4分の3になると思います。どうですか。他にありませんか。	
C13	○○君の言ってくれた最大公約数でなくても，分母と分子の公約数だったら，どんな数でも約分できると思います。どうですか。他にありませんか。	
C14	○○君に質問で，約分するというのは，一番小さい分数にすることだから，約分するというより，どの公約数でもわり切れるだけで，約分することにはならないと思います。どうですか。他にありませんか。無いようなので先生お願いします。	
T2		そうしたらこういうことですね。□3番のように，24分の18という数があったときに，○○君は，これは別に3とか2でも割れるよ，それで約分していけるよということかな。それだめなのかな。
C15	（あってるよ）（一応あっている）例えば，24分の18を2で割ると，12分の9になるけど，12分の9はまだ3で割れて，4分の3でいけると思います。○○君の意見がいいと思います。どうですか。他にありませんか。	
C16	2回，÷2をしてもう1回÷3をすれば約分はできるけど，÷2だけをして	

	12分の9だけだと，約分していることにはならないと思います。どうですか。他にありませんか。	
C 17	ちょっと時間がかかるけど，（前に出ながら板書）これで24になるのだけど，18だから，ここまでが24分の18だと思うのだけど，	
T 3		数直線でやるとわかるという意味がよくわからないのだけど…… どういう目的でやっているのかが，ちょっと見えないのだけど……
	（※板書の図を消してしまう）	
T 4		なぜ数直線でやればわかりやすいと思ったの？
C 18	昨日の学習で，数直線だったらどの数が等しいかというのがわかったから。	
T 5		等しければ数直線が同じということですか。
C 19	どうですか。	
T 6		ちょっとさっきの話に戻すと，みんなが議論していたのはこういうことじゃない？ 24分の18を一番小さい数にしないと約分できないと言っていたのだけど，あなたが別に2や3で小さくしていったって，約分できるのじゃないかと言ったのでしょ。それを○○君たちがその考え方は合っていますという話だったのだね。
C 20	何で数直線を出してきたの？	
C 21	等しいのがわかるかなと思って。	
C 22	ちょっとわかりにくいかもしれないけ	

第Ⅵ章　マネジメントサイクルを視点に据えた授業実践　147

	ど，（前に出て板書しながら）円を24個に分けて，これで18個はここのこんだけで，6が3つで，それで，ここにこう分けたら，24はそれぞれを6つに分けたらできるので，この何もないところ，24分の6が1，2，3，4あるので，24÷6をしたら4になって，18を÷6したら3になって，4分の3はもう割り切れないから，答えは4分の3になると思います。どうですか。	
T 7		他にありませんか。おそらく24分の18と4分の3が等しいことはわかりますか。 等しいことはわかりますよね。これを円の何というのかな？また名前をつけましょうかね。この円を使った図でわかりますね，確かに。 だから，さっきの○○君が線分図でやろうとしたでしょ。それと同じ考えではないのですか。全部が24で，その内の18だったのでしょ。それを4つにわけた内の3つと同じことなのだよね。 それで先生が気にしていたのはその前の話で，この24分の18を何も最小公倍数の6で割らなくても，2や3で割っても約分と言えるのかということなのですけど，それについてはどうですか。 24分の18を2や3で割ったときは約分と言えるのですか。
C 23	「分母の小さい分数にすることを約分と言います」だから，分母が少しでも	

	小さくなっていたら約分していると言えます。どうですか。	
		具体的に言える？２で割ると下はどうなる？
T 8	（12）	
		12になる。上は？
T 9	（ 9 ）	
C 24	分母が小さくなっている。３でもいける。	すると12分の９。これは？
T 10		３でもいける。24分の18を３で割ると，これが８で，これが６。すなわち８分の６ですか。これ全部同じものということですか。これらは約分したと言えるのかどうでしょう。
C 25	私は約分してないと思います。何でかというと，まだ12分の９は３で割れるし，８分の６もまだ２で割れるから，まだ分母は小さくなるので，ここでは分母を小さくすることだけど，一番小さい割り切れないとこまでいかないと約分とは言わないと思います。	
C 26	□の３のところに，「約分するときは，ふつう，分母をできるだけ小さくします」と書いてあり，そのできるだけ小さくしたのが４分の３だから，その８分の６とか12分の９は，まだ割れるからできるだけ小さくしてないということなので，約分するというのは４分の３まですることだと思います。どうですか。他にありませんか。無いようなので先生お願いします。	

T11		ここはどう考えるかの問題ですけど，約分の定義がついていますよね，こういうのを定義と言いますが，○○君，何て書いてありますか。「どういうのを約分する」と書いてありますか。
C27	分数の分母と分子を同じ数でわって，分母の小さい分数にすることを約分するといいます。	
T12		と，書いてありますね。意味わかりますか。 同じ数で割ればいいのですよ。そして分母が小さくなればいいのですよ。 とりあえず同じ数で，上は2，下は3では困りますけど，2なら2，3なら3，同じ数で割れば約分と言います。 だから○○君の言っていたことは合っているのですね。ところがそれをさらに，分数を約分するには，分母と分子を，それらの公約数でわっていきます，要するに，公約数で割っていくとどんなよさがあるのですか。 これは別に約数でいいのじゃないのですか。
C28	分母と分子を同じ約数で割ったらいいと思います。 もし，分母と分子を違う数で割っていたら，……	
T13		あの，分母と分子は同じ数で割るのですよ。公約数で割ると何がいいのですか。
C29	公約数で割る場合は，割る数がすぐに見つかるし，最大公約数で割れば一番	

	小さい数で求められるので，いいと思います。	
T 14		あ，そうか。公約数は公約数でも最大公約数を使うといいということか。なるほど，そういうことね。
C 30	公約数を使う意味は，同じ数で割らないといけないから。例えば，18の約数でも24の約数でないと，分母と分子が同じ数で割れなかったりするから，公約数でないと同じ数では割れないことがあるので，公約数で割った方がいいと思います。どうですか。	
T 15		そうか，だから□の1番だと，20の約数でないといけないし15の約数でもないといけない。でも，できたら公約数は公約数でも最大公約数の方がいいのだね。
C 31	公約数じゃないと，わったときに余りがでるからじゃないかな。	
T 16		なるほど，余りも出るしね。それで最後のところに来るのだね。□3番の下ですが，約分するときは，ふつう，分母をできるだけ小さくします，と。最大公約数で割れば，できるだけ小さくなるね。 例えば，2で割ったとき，12分の9になったよね。この後，また割ればいいんだね。
C 32	最大公約数で割ったら1回で割れる。	
T 17		そういうことだね。これは，また何で割れるのだったかな。
C 33	3	

第Ⅵ章　マネジメントサイクルを視点に据えた授業実践　　151

T 18		さんし12, さざんが9, 4分の3になりますね。
C 34	先生, それじゃあ, 12分の9は24分の18と等しいということ？	
T 19		そういうことですね。それが, 数直線で表せば等しいということがわかるということと同じなのだね。
C 35	それならよかった。	
T 20		24に分けた内の18であろうと, 12に分けた内の9であろうと, 同じということだね。そういうのを約分と言うのだね。小さいしていくことをね。だけど, これ以上小さくできないというところまで約分はしましょう, ということだね。
	(※適用問題に取り組む) (※3分後, 7問の答えを7人が順に板書)	ではね, てこずりましたが, ②と④をやってみましょう。
M 5	答え合わせをしてください。何かおたずねのある人はいませんか。	
C 36	私は4番の㋓が3分の2になったのだけど, どうですか。	
C 37	30分の20はまだ10で割れて, 10で割ると3分の2になるので3分の2がいいと思います。どうですか。 他にありませんか。	
C 38	4番の㋔は3分の1だと思いますがどうですか。	
C 39	その理由は, まだ3で割れるので3分	

T21	の1だと思います。どうですか。他にありませんか。 無いようなので，先生お願いします。	4番の④と⑦も約分はされているのですね。でも，できるだけしましょう，ということですから，そうなるとこれが3分の2，これが3分の1だね。
T22	(※各自，ノートに振り返りをまとめて終了)	いいですか。今日は約分するということについて，どういう意味なのかみんなで話しあってみました。時間も来ていますが，振り返りの方，書いてみましょう。
子どもの発話語彙数6883文字（53%）		教師の発話語彙数6207文字（47%）

第3時の授業記録

発言者	司会者の指示・子どもの発言（つぶやき）	教師の発問・受け答え（つぶやき）
M1	これから2時間目の算数の学習を始めます。よろしくお願いします。	
M2	めあての言える人はいませんか。	
C1	通分について知り，通分できるようにしよう。 他にありませんか。	
C2	通分して大きさを求めよう，にしました。他にありませんか。	
C3	通分というのは何かを知り大きさを比べようです。他にありませんか。無いようなので太田先生お願いします。	

T 1		はい，そうですね。今日は教科書の104頁の通分というところをやります。この通分というのがどういう意味なのか，またそれを使えるようにしていけたらいいですね。
M 3	では，3分間独自学習をしてください。 （※独自学習）	
M 4	独自学習をやめてください。グループ交流をしてください。 （※グループ交流）	
M 5 C 4 C 5	全体交流をします。何か意見のある人はいませんか。○○君。 分母が違う分数を分母が同じ分数に直すことを通分するといいます。どうですか。 他にありませんか。○○君。 1番で5分の3に等しい分数は，10分の6，15分の9，20分の12で，3分の2に等しい分数は，……	
T 2		ちょっと待ってください。それを前に書きに来てくれますか。 できるだけ書きにきてくださいね。でないと，係さんも書き切れないことがあるからね。
C 6	（前に出て板書）5分の3に等しい分数は，10分の6，15分の9，20分の12で，……	
T 3		そこで一旦切ってくれますか。みんなが聞き取れたのか心配になりますからね。

C 7	どうですか。 続いて，3分の2に等しい分数は，6分の4と9分の6と12分の8と15分の10で，この中で分母が同じ分数でくらべると，15分の9と15分の10があって，15分の10の方が大きいので，3分の2の方が5分の3より大きいとわかりました。どうですか。 他にありませんか。	
T 4		おたずねとかないですか。付け加えでもいいですが。
C 8	ぼくは答えを書くときは直した分数ではなくて，元の分数，例えば15分の10の方が大きかったら，15分の10を3分の2に戻して答えを書いた方がいいと思います。どうですか。 他にありませんか。	
C 9	ちょっと言っている意味がわからなかったので，もう1回言ってください。	
T 5		じゃあ，他の人に言ってもらおうか。
C 10	私は○○君と意見が違うのだけど，○○君の言っていることは，例えば教科書にもあるように，分母が同じ分数でくらべると，それで最後の答えは，この場合15分の10の方が大きいけど，15分の10の方が大きいと書くより，その15分の10は3分の2に等しいから，3分の2の方が大きいと書いた方がいいといういことだと思います。どうですか。（いいです） 他にありませんか。	
C 11	（前に出て板書しながら）通分という	

	のは分母を同じ分数に直すことだか	
	ら，5分の3と3分の2を通分した	
	ら，こうなって，このときのこの15は，	
	3と5の公倍数になっていることがわ	
	かると思います。どうですか。（いい	
	です）	
C12	○○さんにつけたしで，教科書にも書	
	いてあるのだけど，いくつかの分数を	
	通分するには，分母の公倍数をみつけ	
	て，それを分母とする分数に直すの	
	で，3と5の公倍数は15なので，15分	
	の9と15分の10を比べたらいいと思い	
	ます。どうですか。（いいです）	
	他にありませんか。	
C13	この15は，3と5の最小公倍数になっ	
	ていると思います。どうですか。（い	
	いです）	
	他にありませんか。	
C14	分母の違う分数を分母の同じ分数にす	
	ることを通分するというけど，それだ	
	ったら，分母を30に直しても通分する	
	ということになるのですか。わかる人	
	はいませんか。	
T6		今のはおたずねですね。
C15	105頁の3番の一番下に，通分すると	
	きは普通分母の最小公倍数を分母にし	
	ます，と書いているので，それに普通	
	ということは，基本は最小公倍数にす	
	るけど，公倍数の30で合わせても間違	
	ってはいないと思います。どうです	
	か。（いいです）	
	他にありませんか。	

C16	○○さんに付け足しで，（前に出て）矢印がないので，どちらにかける3をしているのかわからないので，行く方にかける3の矢印をしたらいいと思います。どうですか。（いいです） 他にありませんか。 無いようなので，先生お願いします。	
T7		はい，もういいですか。 結局，この○○君は何をしてくれたのかな。何のために5分の3に等しい分数を4つ書いたのですか。
C17	分母を同じにすると分子だけで比べられるからで，それで等しい分数をいくつも出しているのは，5分の3と3分の2で分母が同じになるものを探しているのだと思います。どうですか。（いいです） 他にありませんか。	
C18	前の学習，整数のところでやったみたいに，公約数，違う，最小公倍数を見つけるために，5分の3と3分の2を比べるのだから，5と3の分母を最小公倍数で合わせるために，表というか，通分できる数を書いている。5分の3や3分の2に等しい分数を書いたと思います。どうですか。（いいです）	
C19	すっきり言うと，5分の3と3分の2の分母を同じにするために，等しい分数を書いて，その中で同じ分母の数を見つけるために，5分の3と3分の2に等しい分数を書いたのだと思います。どうですか。（いいです）	

C 20	○○さんと一緒で，5分の3と3分の2に等しい分数を書いていって，この場合だとここの15とここの15が分母が一緒になったので，分母が同じ分数にすることを通分するというから，15分の9と15分の10のように，通分するために15に直したのだと思います。どうですか。（いいです） 無いようなので先生お願いします。	
T 8		はい，ということは，5分の3と3分の2の分母をそろえるために，こういう等しい分数を出しているのだな。そういうことだね。そういうことが自分の言葉で説明できないとだめですよ。何しているのかな。とりあえず教科書にそって何か答えている，だけではだめですね。今日のめあては，通分とは何か，その意味を考えていく必要があるからですね。 ええ，これは何をしているかというと，分母が等しい分数を見つけているわけだ。でも，いつも5分の3に等しい分数をこのように書き出していたら大変ですよね。では，この方法を使わないためにはどうしたらいいの。書きださないでもいい方法，今日の話の中で出てきたね。
C 21	この場合，分母の5と3の最小公倍数を求めればいいと思います。どうですか。（いいです） 他にありませんか。	
C 22	この場合は最小公倍数だけど，普通は	

	最小公倍数だけど，公倍数を見つけてそれを分母にしても，通分していると思います。どうですか。（いいです）他にありませんか。無いようなので先生お願いします。	
T 9		ということは結局，○○さんがやってくれたように，5と3の公倍数，できたら最小公倍数がいいのだけど，30なんかでもいいと，○○君のおたずねにあったようにね，できたら最小公倍数の15がいいけれど，30とか45とかでも別に比べられるね。分母をそろえれば比べられるのです。この分母をそろえることを通分するというのだね。大丈夫？通分の意味わかりますか。○○君，わかる？○○さん，わかる？どういうことを通分と言うの？自分の言葉で言ってみてくれる？
C 23	分母が違っていれば最小公倍数とか公倍数を見つけて，同じにして比べる。	
T 10		分母を同じにして比べることね。比べやすくすることね。 それでよくわからないときは，○○君のように書き出してくれたらいいです。だけど，さっと行ける場合は，こっち3倍しよう，こっちは5倍しよう，という具合に計算したらいいね。分母をそろえると比べやすいということだね。それで最後の答えは，○○君が言ってくれたように，通分した答えで言うのではなくて，元の数字で答えた方がいいということだね。

第Ⅵ章　マネジメントサイクルを視点に据えた授業実践　159

		それからこの書き方，みんなはわかっているの？ 5分の3と3分の2のどちらが大きいかというときに，3分の2が大きいということがわかったのだけど，記号の意味わかるかな？大なりとか小なりとか言いますが，左から読むと，5分の3小なり3分の2となりますので。もしこれが逆を向いていたら，5分の3大なり3分の2となります。
T11		はい，それでは②をやってみようかね。3分間時間を取ります。 ②がさっとできてしまった人は，もっと練習の方へ進んでみてください。
	（適用問題に取り組む）	
M6	②の答え合わせをします。12番，4番，7番の人，お願いします。 （※3人が解答を板書）	
M7	おたずねがある人は手をあげてください。	
C24	⑦のことなのだけど，4を28にするには7倍にしないといけないので，反対になっていると思います。 ⑦につけたしで，4分の1と3分の1を通分すると，4分の1は12分の3で，3分の1は12分の4で，通分して考えると12分の4の方が大きいので，つまり3分の1の方が大きいと思います。どうですか。他にありませんか。先生お願いします。	
T12		そうだね。答えの書き方ですね。⑦の倍はこの答えの結論だけが出ているけ

		ど，なんで3分の1の方が大きいかという通分した姿がほしいね。これは絶対に書いてください。この12分の3と12分の4ね。それから①はですね，これは逆に通分した姿しか書いていないので，結果的に10分の5が大きいということは，こっちは5分の2でこっちは2分の1でしたので，2分の1の方が大きいということになりますね。こっちは3分の1の方が大きい。こちらは4分の3ですか。3点セットにしましょうか。通分した姿，結果的に4分の3の方が大きいよ，そして最後言葉で4分の3の方が大きいと書けば大丈夫ですね。 では，3つともどうでしょう。通分できて大きさ比べ，3つとも合っていた人，どれくらいいますか。 はい，ではとってもよくできていると思いますので，通分というのがよくわかったのではないでしょうか。
T13 M8 C25 C26	（※本時の学習の振り返りをまとめる） ○○さん。 私が立てためあては達成できました。また，通分のことをきちんと理解し，問題もできました。早くできるやり方も見つけることができました。 前から，通分と聞くと，早く習いたいなと思っていて，通分を知っていたら	では，最後に振り返りを書いて終わりにしましょう。

第Ⅵ章　マネジメントサイクルを視点に据えた授業実践　　161

T14	高学年なイメージだったので，とても楽しかったです。通分にすると，2つの分数の大きさくらべがとてもわかりやすくて便利でした。最後は答の書き方もわかってよかったです。明日も通分をするので，今日やったことを生かしたいです。めあては達成できました。	2人の振り返りにもありましたように，通分の意味がよくわかったのではないでしょうか。それでは次回も通分をします。もう少し通分について深く見ていきますので，自分のめあてと独自学習をしてくるようにしてください。
	子どもの発話語彙数6906文字（53%）	教師の発話語彙数6075文字（47%）

第4時の授業記録

発言者	司会者の指示・子どもの発言（つぶやき）	教師の発問・受け答え（つぶやき）
M1	これから4時間目の算数の学習を始めます。 （よろしくお願いします） 今日は105頁の約分をします。 めあてが言える人はいませんか。	
C1	昨日習ったことを活かして，通分の仕方を考え，また説明しよう。	
C2	昨日の学習を活かして通分をマスターしよう。	
C3	昨日の学習を活かして問題を解こう，にしました。他にありませんか。	

C 4	通分の仕方を考え実際にやってみよう，にしました。他にありませんか。	
C 5	数が大きい分数や3つの分数を通分できるようにしよう，にしました。他にありませんか。	
C 6	昨日習ったことを活かして，通分のことをもっと考えようで，また，3つの分数を通分して大きさを比べよう，にしました。他にありませんか。無いようなので，先生お願いします。	
T 1		はい，今日のめあてはみんなとってもよく捉えられていますね。昨日に続いての通分ですので，今日は通分の仕方について理解を深めよう，だね。一応昨日，通分について理解しましたので，今日は深めていきます。
M 2	3分間独自学習をしてください。（※独自学習）	
M 3	独自学習をやめてください。グループ交流をしてください。（※グループ交流）	
M 4	グループ交流を終わってください。次に全体交流をします。意見のある人はいませんか。	
C 7	僕は3番で分母を12にしたのだけど，（前に出て板書しながら）分母を12にして比べたのだけど，12にした理由は，12は6と4の最小公倍数だから，僕は分母を12にしました。どうですか。（いいですか）他にありませんか。	
C 8	○○君につけたしで，（前に出て板書	

第Ⅵ章　マネジメントサイクルを視点に据えた授業実践　　163

	しながら）○○君は最小公倍数でやったけど，昨日の学習で公倍数だったらできるということがわかったので，最小公倍数でなくても分母を公倍数になるようにかけたら，これでも通分ができると思います。どうですか。（いいです） C 9　教科書にも書いてあるのだけど，通分する時は普通分母の最小公倍数を分母にしたらいいと思います。どうですか。（いいです） 　　他にありませんか。 C 10　（前に出て板書しながら）私も分母を12にしたのだけど，その説明で，6と4の公倍数を見つけて考えるのだけど，今○○さんが言ってくれたのは，通分するときは普通最小公倍数を分母にするから，6と4の最小公倍数は12になるのだけど，その12を分母に考えると，6を12にするには×2をするので，分母と分子はどっちも同じ数でかけないといけないので，5も×2にして，4を12にするには×3で，ここも×3で，答えは12分の10>12分の9になるのだけど，この12分の10は6分の5のことで，こっちは4分の3のことで，比べると6分の5の方が大きくなると思います。どうですか。（いいです） C 11　（前に出て板書しながら）この○○君がやってくれた24分の20と24分の18は，この場合もこうなるのだけど，こ	

	れを約分すると，ここが÷2をすると12で，ここが÷2をすると10で，18を÷2すると9になって，24を÷2すると12になって，12分の10と12分の9はこの○○君の分数になるから，この24分の20は12分の10のどちらも2倍した数になって，24分の18は12分の9をどちらも2倍した分数になります。どうですか。（いいです） 他にありますか。無いようなので先生お願いします。	
T 2		はい，もういいですか。おたずねと意見はないですか。最初に○○君が12でそろえましょう，と言ったときにね，6を12にするには2倍しますよ，だから分子も2倍しましょう，と言っていたのだけど，こっちを2倍したらこっちも2倍というわけではないのだね。こっちの場合は，4を12にするためには3倍ですから，○○君は2倍と書いていたけど，発表者の板書とか言葉をちゃんと聞き取ってください。そうしたら上も3倍しましょう，ということだね。ところが○○君の場合は，何も最小公倍数の12じゃなくても24でもいけるのでないかという提案ですね。はい，確かに24でもいけます。その際は上の倍数も違ってきますね。それで○○さんが言ってくれましたけど，24分の20と24分の18は，それぞれ2で割っていくと12分の10と12分の9になって，この○○君のタイプに戻ってきま

		す。いいでしょうか。ということは今日のポイントは？
C12	通分。	
T3		通分。昨日だって通分したよね，
C13	最小公倍数以外で通分する。	
C14	4番が……。	
C15	いろいろな数を使って練習する。	
T4		なるほど。最小公倍数を使えばいいんだけど，最小公倍数じゃなくてもいいし，いろいろな分母で通分できますね。じゃあ，□の4番も聞いてみようかな。これ，どうしよう？
C16	（前に出て板書しながら）4番は4分の1と3分の2と2分の1の通分を考えるのだけど，この3つの分母の公倍数は，えっと4と3と2の公倍数は12で，あ，最小公倍数は12で，12にするには×3をするのだけど，そうするとこっちも×3をして，4分の1は12分の3になります。そして3分の2は，12にするには×4をするのだけど，こっちもかける4をするから二四が8で12分の8になります。こっちは×6をするとこっちも×6をしないといけないので，12分の6になります。ここまでいいですか。 それで，12分の3と12分の8と12分の6の分子を比べると，この8が一番大きいので，12分の8が一番大きくて，この12分の8はもともと3分の2なので，3分2が一番大きいと思います。どうですか。（いいです）	

C 17	他にありませんか。 （前に出て板書しながら）この３つは，一番大きいのは12分の８で，次に大きいのは12分の６で，最後は12分の３なので，こうなって，12分の８＞12分の６＞12分の３になると思います。それで最終的に12分の８は３分の２なので，３分の２が一番大きいになると思います。どうですか。（いいです） 他にありませんか。無いようなので先生お願いします。	
T 5		いいですね。ということは３つの場合でも３つに共通した倍数を考えたらいいね。その公倍数もできたら最小公倍数の方がいいですね。なぜかというと計算が楽だからです。別に12とかではなくても（24）とか（36）とか（48，60，72）さすがですね。すいすい出てきますね。はい，そういう数字でもいいのです。その代わり上も同じようにかけなくてはいけませんね。計算が大変になるので，できるだけ最小公倍数がいいですね。
C 18	でも，120だったら０をつけたすだけでいい。	
T 6		そうだね。それから□の４番は通分しましょうと書いてあるだけだから，通分したらこれで終わりなのです。これが答えです。この中でどれが一番大きいですかと聞かれたら，それは12分の８なので，その元になっている３分の２が答えになります。あるいは大きい

第Ⅵ章　マネジメントサイクルを視点に据えた授業実践　167

		順に並べましょうと言われたらこういう風に並べます。問題によって，通分しましょうと言われたら通分するだけです。どれが大きいですかとか不等号で表しましょうと聞かれたら，こういうような書き方をします。いいでしょうか。2つでも3つでも結局一緒だけどね。いいかな。分母をそろえるということになります。昨日の授業では，とりあえず公倍数でそろえましょうということで，必ずしも，最小公倍数でなくてもいいですよという話でしたが，今日の時点では，できたら最小公倍数の計算の方が楽になりますよね。
C 19	下の数が大きかったらわかりにくくなる。	
T 7		そういうことですね。それから昨日と大きく違うのは，昨日は2つを比べていましたが，今日は3つを比べる場合もありましたね。ちょっと計算が大変ですががんばりましょう。はい，それでは係さん。
M 5	⑤⑥を5分間行ってください。（※適用問題に取り組む）	
M 6	では，氏名された人は書きに来てください。※6人が解答を板書する。	
M 7	答え合わせをしてください。おたずねはありませんか。○○さん。6番の⑦で，答えは6分の11の方が大きいになると思います。（合っている	

	よ）だから字の答えがいると思います。	
T 8		そうか，不等号で示しておいて，最後6分の11の方が大きいと書いた方がいいね。確かにそうですね，それも書いておきましょう。 では，いいですかね。5番の方は通分をしたら36分の28と36分の15になりました。⑦は8分の2と8分の7になりました。これは4と8ですから，8分の7はそのままでいいね。4分の1だけを入れ替えたらいいですね。⑰の場合は20分の8と20分の15と20分の14。分母が全てそろっていることが通分されているということになりますからね。6番の場合，同じように通分していくのですが，その結果どちらが大きいか，どれが大きいかということになりますので，分子を比較していきます。答えを言う時は，最初の分数の形を言うことにしましょう。
T 9		ではですね，昨日に引き続き通分をしました。今日は通分する数が3つになったり，あるいは数字が大きくなったりしましたけど，自信を持ってできるようになったでしょうか。では最後，振り返りを書いてください。
M 8	（※本時の学習の振り返りをまとめる） それでは振り返りを3人に言ってもらいます。	
C 20	今日は数字が3つになったけど，昨日のことを生かしてちゃんと解けてよかったです。また，問題もしっかり解け	

第VI章　マネジメントサイクルを視点に据えた授業実践　169

	ました。今日は通分のことについて深く知れてよかった。	
C21	昨日習ったことを生かして通分することができました。分母を最小公倍数でなくても求められるので，便利だと思いました。またこの時間で自ら手を挙げることができなかったので，次の授業は自ら手を挙げたいです。	
C22	私は，通分をみんなの意見で分かりました。でも，まだ分かりにくい部分もあるので，もっと通分について深く知りたいと思いました。	
T10		最後○○さんが言ってくれたまだわからないことがあるというのは，どんな点が心配ですか？
C23	5番みたいな比べるというのが……	
T11		5番は比べるというより通分すればいいですね。9と12の分母を見て9と12の最小公倍数を考えますね。この場合は36が最小公倍数ですが，また「もっと練習」という頁がありますので，そちらでも練習してみてください。では，次回は106頁の分数のたし算の方へいよいよ入っていきます。
子どもの発話語彙数6365文字（52％）		教師の発話語彙数5958文字（48％）

第5時の授業記録

発言者	司会者の指示・子どもの発言（つぶやき）	教師の発問・受け答え（つぶやき）
M1	これから算数の学習を始めます。	

	（はい，よろしくお願いします）	
M 2	めあてが言える人はいませんか。	
C 1	分数のたし算について考え解こう，に しました。他にありませんか。	
C 2	分母の違うたし算のやり方を知ろう， にしました。他にありませんか。	
C 3	分数のたし算ひき算について学び説明 もしよう，にしました。他にありませ んか。	
C 4	分母が違うときどのようにたし算した らいいのか考えよう，にしました。他 にありませんか。	
C 5	分数のたし算を通分してからしよう， また説明しよう，たし算ができたらひ き算もしよう，にしました。他にあり ませんか。無いようなので先生お願い します。	
T 1		はい，いいですね。今日は，分母の違 う分数のたし算についてみんなで学ん でいきましょう。
M 2	3分間独自学習をしてください。 （※独自学習）	
M 3	独自学習をやめてください。グループ 交流をしてください。 （※グループ交流）	
M 4	グループ交流をやめてください。全体 交流をします。何か意見のある人はい ませんか。	
C 6	1番の㋐で，あわせると何Lですかと 問題に書いてあるので，式は2分の1 たす3分の1になると思います。どう	

	ですか。（いいです）	
	他にありませんか。	
C 7	２分の１と３分の１を通分したら，６分の３と６分の２になって分母が一緒になるので，６分の３たす６分の２になって，答えは６分の５になると思います。どうですか。（いいです）	
	他にありませんか。	
C 8	○○君につけたしで，分母の６というのは２と３の最小公倍数だと思います。どうですか。（いいです）	
	他にありませんか。	
C 9	教科書にも書いてあるのだけど，分母のちがう分数のたし算は，通分してから計算するといいです。どうですか。（いいです）	
	他にありませんか。	
C10	（前に出て板書しながら）図をかいて，これが１だとすると，６分の３はここで，６分の２はここで，これをあわせるとここが６分の５になって，答えは６分の５だと思います。どうですか。（いいです）	
C11	他にありませんか。	
	分母が同じなら簡単なのだけど，分母が違うので通分して計算したらいいと思います。どうですか。（いいです）	
	他にありませんか。	
C12	通分するのは分母がちがうと比べにくいので，通分すると分母がいっしょになるから，通分したらいいと思います。どうですか。（いいです）	

T 2	他にありませんか。無いようなので先生お願いします。	もう後，いいですか。何人かの人が言ってくれたように，分母が違うと計算がしにくいですね。そこで，分母をそろえるために通分をすると，計算，たし算ができますよ，ということだね。もう一度式を整理して書いてみると，元の式は2分の1たす3分の1でした。これを通分するとどうなりますか？復習です。○○君。
C 13	6分の3たす6分の2	
T 3		そうですね。これで分母がそろいましたので計算ができますね。どうなりますか。
C 14	6分の5	
T 4		6分の5になりますね。それで，これはただの計算問題ではないので，答えは6分の5Lと，きちんと単位もつけておきましょう。よろしいですか。
C 15	おたずねで，最初は2分の1と3分の1を通分してたしてできた数だから，約分はできるんですか。	
T 5		2分の1と3分の1をあわせたら6分の5になるね。それでこの6分の5が約分できたらしたらいいと思うけど，この場合はできないね。6と5だからね。できる場合もあると思うけど，この場合はできないね。
T 6 M 5	2番をやってください。	では練習問題をやりましょうか。

第Ⅵ章　マネジメントサイクルを視点に据えた授業実践　173

T 7		できた人は，もっと練習143頁をします。
M 6	（※適用問題に取り組む） （※解答を書く8人を指名していく）	
T 8		余裕がある人は，143頁のもっと練習をしてみてください。
M 7	おたずねはありませんか。	
T 9		答え合わせをしながら，おたずねがあれば出してください。
C 16	8番はそれでも合っているけど，帯分数に直すこともできると思います。（はい）	
M 8	他に無いようなので先生お願いします。	
T 10		それではね，先生の方から2つ確認をしておきます。 今○○君が言ってくれたように，24分の29というのは仮分数の分数ですけど，これを仮分数で言える人いますか？
C 17	1と24分の5だと思います。どうですか。（いいです）	
T 11		1と24分の5ですね。でも，仮分数のままでもいいです。どちらも正解にしましょう。 それから⑦番で○○さんが悩んでいたことを紹介すると，6分の1たす9分の7で，通分するときに6と9をかけた54，これでもできますか？（できる）できますね。この続き，誰か言ってくれる人いませんか？
C 18	54分の9たす54分の42	

T 12		ということは？54分の51ですね。それでこの時点で終わらないで，もっと約分できるのだったら約分するのだったね。それで，両方とも何で割れそう？（6。まちがえた） 3で割れるね。3で割ると18分の17となります。結局○○さんが書いてくれた答えと同じだね。
C 19	先生，54が OK なら36も OK ですか。	
T 13		54じゃなくて36，そうですね，OK です。だから上手いこと最小公倍数が見つからないときは，別の公倍数でもやれるよと。だけど後で約分が大変だね。できたら最小公倍数の方がいいですね。 では，最後の答えは仮分数でも帯分数でもどちらでもよいと。それから計算をしていくときに，できたら最小公倍数でそろえられたらいいけど，パッと思いつかなかったら他の公倍数でもよしと，でも最後にきちんと約分しておくことを覚えておきましょう。
T 14 M 9	振り返りを書いてください。 （※本時の学習の振り返りをまとめる）	では振り返りを。
M10	振り返りを発表してもらいます。○○君。	
C 20	最初分母の違うたし算はとても難しいと思っていたけど，通分したらすぐにわかったので，ひき算のときも通分をして答えを出したいです。他にありま	

第Ⅵ章　マネジメントサイクルを視点に据えた授業実践　175

	せんか。○○さん。	
C21	今回の学習では，独自学習でわからなかったことがたくさんわかりました。2番の問題も少し時間がかかったけれど，全問正解しました。他にありませんか。○○さん。	
C22	分母のちがう分数のたし算は，通分するとできることがわかりました。分母は，公倍数になるということもわかりました。明日はひき算なので，今日やったことを生かしてがんばりたいです。他にありませんか。無いようなので先生お願いします。	
T15		今3人の人はとってもいい振り返りができていたと思います。今日は分数のたし算をしました。でも，分母が違うのでここが大変です。如何に上手に通分をして分子同士をたすか，ということになりますね。次回はひき算の方をしますので，たし算で学んだことを活かしてがんばりましょう。
	子どもの発話語彙数4220文字（52％）	教師の発話語彙数3940文字（48％）

第6時の授業記録

発言者	司会者の指示・子どもの発言（つぶやき）	教師の発問・受け答え（つぶやき）
M1	これから算数の学習を始めます。（よろしくお願いします）今日は107頁の分数のひき算をします。めあてが言える人はいませんか。	

C 1	分数のひき算を理解しよう，にしました。他にありませんか。	
C 2	分母がちがうひき算のやり方を考え計算しよう，にしました。他にありませんか。	
C 3	分母の違う分数のひき算をできるようにしよう，にしました。他にありませんか。	
C 4	昨日習ったたし算をもとにひき算をしよう，にしました。他にありませんか。	
C 5	分数のひき算について学び理解しよう，にしました。他にありませんか。先生お願いします。	
T 1		そうですね。前回は分数のたし算をしましたので，今日は分数のひき算をしましょう。
M 2	3分間独自学習をしてください。 （※独自学習）	
M 3	独自学習をやめてください。グループ交流をしてください。	
T 2	（※グループ交流）	3分間，分数のひき算について考えてみましょう。
M 4	グループ交流をやめてください。全体交流をします。意見のある人はいませんか。	
C 6	3番の㋐の式は，4分の3引く3分の2になると思います。どうですか。	
T 3		ちょっと待って。何て言った？もう一度言ってくれる？
C 7	3番の㋐の式は，4分の3引く3分の	

	2になると思います。どうですか。どうですか。（いいです）他にありませんか。	
C 8	その式は分母が違うので通分すると，（前に出て板書しながら）4分の3は12分の9になって，3分の2は12分の8になるから，⑦の答えは12分の1になると思います。どうですか。（いいです）他にありませんか。	
C 9	分母の違う分数のひき算は，たし算と同じで通分してから計算します。どうですか。（いいです）他にありませんか。	
C 10	この3番の答えは12分の1Lです。どうですか。（いいです）他にありませんか。	
C 11	（前に出て板書しながら）これを12に分けるのだけど，4分の3Lは12分の9Lで，3分の2Lは12分の8Lだから，ここが4分の3でここが3分の2だけど，ここが1個分違うから，答えは12分の1Lだと思います。どうですか。（いいです）他にありませんか。	
C 12	分数のひき算はたし算と同じように通分して考えるとできます。どうですか。（いいです）他にありませんか。	
C 13	（前に出て板書しながら）みんなよくわかっていると思うけど，通分する時はここを×3して，ここも×3して，こっちの3分の2はこっちに×4をして，こっちも4をかけて，4分の3は12分の9になって，3分の2は12分の	

	8になると思います。どうですか。(いいです)他にありませんか。	
C14	(前に出て板書しながら)通分して分母が同じになったら，12と12は別にないと考えて，9－8をして1なので，それで答えは12分の1になると思います。どうですか。(いいです)他にありませんか。無いようなので先生お願いします。	
T4		はい，もういいですか。今日のめあては分数のひき算のしかたについて考えようということでしたが，たし算のときと同じように，通分をして分母をそろえたら計算ができる，ということになりますね。そのときに○○さんが書いてくれたこういう図があると，その違いが差になります。文章題ですので，○○さんも言ってくれたのですが，12分の1Lと最後に答を書いて終わりになります。よろしいですか。そうしたら④番は後でやることにして，□の5番を先にやりましょう。これも□問題ですのでみんなでやっていきましょう。まずはたし算の方，やってくれる人いませんか。
C15	(前に出て板書しながら)たし算の方は6分の5たす10分の1で，6と10の最小公倍数を見つけて30なので，こっちにも同じ数をかけます。すると30分の28になります。どうですか。(いいです)他にありませんか。	
C16	○○君につけたしで，30分の28は約分	

	できると思うので，約分をして15分の14になると思います。どうですか。（いいです）他にありませんか。ひき算でありませんか。	
C17	6分の5引く10分の1で，6と10の最小公倍数をみつけると30なので，どちらも分母を30に直します。30分の25引く30分の3になって，これを引くと30分の22になって，これは約分できるので，分母も分子も2で割って，15分の11になって，答えは15分の11になると思います。どうですか。（いいです）他に意見はありませんか。おたずねで，この場合は6分の5引く10分の1で，どっちが大きいかわからないとき，どっちからどっちを引いたらわからないので，そういうときはどうしたらいいのですか。	
C18	2つの数字をまずは通分してみて，通分したらどっちが大きいかわかるので，通分してから計算したらいいと思います。わからない人は。どうですか。（いいです）他にありませんか。無いようなので先生お願いします。	
T5		なるほど，この問題は初めから6分の5引く10分の1と指定されているから迷うことはないのですが，文章題のときのようにね，どちらからどちらを引いたらいいかわからないときがありますよね。でも○○君の言う通りですよね。通分してみたら分子でわかりますよね。非常にいい考えだと思います。

		○○さんのおたずねもよかったし，○○君の受け答えもよかったと思います。
		ではこの□の5番ですが，この□の3番とどこがどう違うのですか。わざわざ□のテーマ問題にしてみんなでやりましょうとなっていますが，普通だったら，1つのテーマ問題をやれば練習問題をしますよね。これとこれの違い？○○君。
C19	□の5番は6分の5たす10分の1とか6分の5引く10分の1の答えが出たときに，約分ができるから□3のテーマ問題とは違うと思います。どうですか。（いいです）他にありませんか。無いようなので先生お願いします。	
T6		そういうことですね。□3番はとりあえず通分をして答えを出すのですが，□5番は通分して答えを出した後，約分できるときは約分しましょうと，少し上の段階になっていますね。
C20	僕は今思いついたのだけど違う考え方で，この6と10はどちらも2で割れるので，あれ，違うは，割れないは，……	
T7		はい，6と10は2で割れるけど，5と1は割れないね。
		では取り敢えず，分母をそろえて通分するとたし算と同じようにひき算ができますよ。だけど答えが出た後，約分ができたらできるだけ約分をしましょうと，そこまで大丈夫ですか。

第Ⅵ章　マネジメントサイクルを視点に据えた授業実践　181

T 8		それでは④と⑥の練習問題をやってみましょう。もしそれが早く終われば，もっと練習をやってください。
M 5	（※適用問題に取り組む） （※答えを板書する8人を指名） 当たった人は書きに来てください。	
M 6	答え合わせをしてください。何かおたずねのある人はいませんか。	
C 21	6番の1が……（字がつぶれているだけだよ） 6番の1は1と15分の3のつもりだと思います。	
T 9		はい，仮分数でも帯分数でもいいですね。 それでは答えは合っているようですので，自分のノートに8問中何問合っていたかを記入しておきましょう。約分していないと，今日のところはもう×にしておいてください。
M 7	では振り返りを書いてください。 （※本時の学習の振り返りをまとめる）	ではノートに，今日のめあてに沿ってどんなふうに授業に取り組めたか，振り返りを書きましょう。
M 8	では振り返りを発表してもらいます。○○さん。	
C 22	今日の学習では，たし算と同様で通分をして考えたら分かりやすいことが分かりました。私のひき算でやる分数のやり方を考えようのめあては達成できました。他にありませんか。○○さん。	
C 23	今日は，分数のひき算について知るこ	

発言者	司会者の指示・子どもの発言（つぶやき）	教師の発問・受け答え（つぶやき）
	とができました。106頁で習ったたし算との関係を見つけることもできました。しかし，答えがまだ約分できるのに約分してなかったのが残念です。他にありませんか。○○さん。	
C28	私のめあての「分数のたし算を生かして学ぼう」は達成できたと思います。そして，図を書くと分かりやすいことが分かりました。もっと分数のたし算やひき算を知りたいです。先生お願いします。	
T10		はい，そうですね。振り返りで言ってくれたように，今日は分数のひき算をしました。通分をして足したり引いたりできるような状態にしましょう。それで答えが出たときにまだ約分できるのであれば，必ず約分することも忘れないようにしてほしいと思います。それでは次回は108頁の問題をやりますが，パッと見ただけでも難しそうですね。これがさっさとできたら分数のたし算やひき算はばっちりだと思いますが，がんばっていきましょう。
	子どもの発話語彙数5699文字（55%）	教師の発話語彙数4755文字（45%）

第7時の授業記録

発言者	司会者の指示・子どもの発言（つぶやき）	教師の発問・受け答え（つぶやき）
M1	これから算数の学習を始めます。（よろしくお願いします）めあての言える	

	人はいませんか。	
C 1	帯分数のたし算・ひき算をしてみよう。また，やり方をマスターして，説明できるようにしよう。他にありませんか。	
C 2	たし算，ひき算の計算を完ぺきにしよう，です。他にありませんか。	
C 3	帯分数の計算のしかたを理解し問題を解こう，にしました。他にありませんか。	
C 4	今まで習ったことを生かし工夫して問題を解こう，にしました。他にありませんか。	
C 5	今まで習ったことを生かして，分数のたし算・ひき算について，さらに理解を深めよう，にしました。他にありませんか。無いようなので先生お願いします。	
T 1		はい，みんなよくめあてが捉えられていますね。今まで習ったことを生かして分数のたし算ひき算をするのですけど，よく見るとこれ帯分数になっていますよね。だから帯分数の計算の仕方をどうやっていけばいいのか，そこにめあてがありますね。では，少し独自学習をしていきましょう。
M 2	3分間独自学習をしてください。 （※独自学習）	
M 3	独自学習をやめてください。グループ交流をしてください。 （※グループ交流）	

T 2		真ん中の人がリーダーとなって机を半分下げてくださいよ。
M 4	グループ交流をやめてください。全体交流をします。何か意見のある人はいませんか。	
C 6	帯分数のときは仮分数に直したらやりやすくなると思います。どうですか。（いいです）他にありませんか。	
C 7	○○君につけたしで，仮分数にしたら，それをまた通分するとやりやすくなると思います。どうですか。（いいです）他にありませんか。	
C 8	（前に出て板書しながら）今○○君や○○君が言ってくれたことを計算でしてみると，3と2分の1たす1と6分の5なのだけど，これを仮分数に直すと2分の7たす6分の11になって，これを通分すると6分の21たす6分の11になって，この答えが6分の32なのだけど，これは約分すると3分の16になるので，答えは仮分数だと3分の16になると思います。どうですか。（いいです）他にありませんか。	
C 9	○○さんの確認なのだけど，6分の32を3分の16に直すことを忘れないようにした方がいいと思います。どうですか。（いいです）	
T 3		最後に必ず約分できるかどうかをチェックするといいですね。
（C 9）	他にありませんか。	
C 10	（前に出て板書しながら）今○○さん	

第Ⅵ章　マネジメントサイクルを視点に据えた授業実践　185

	がやってことは，この2分の7たす6分の11は「仮分数に直す」で，次は「通分して計算する」で，次が「約分する」で，最後が「答えになる」と思います。	
C11	○○さんが言った3分の16を帯分数に直すと5と3分の1になると思います。どうですか。（いいです）他にありませんか。	
C12	（前に出て板書しながら）○○さんはたし算をやってくれたけど，私はひき算をやってみます。3と2分の1引く1と6分の5は2分の7引く6分の11になって，それを通分したら21分の6引く6分の11になって，その答えは6分の10になるだけど，この6分の10はまだ通分ができるから，いや約分ができるから約分をして3分の5になると思います。どうですか。（あれ）	
C13	21分の6とはどういうことですか。	
C14	間違えました。6分の21引く6分の11です。どうですか。（いいです）他にありませんか。	
C15	（前に出て板書しながら）後，これでいいのですが，この和（＝）をここに全部そろえていった方が見やすいと思います。他にありませんか。	
T4		和の位置をそろえた方が見やすいね。
C16	僕は①の3と2分の1は3＋2分の1，1と6分の5は1＋6分の5であることを使って計算してみます。（前に出て板書しながら）3と2分の1＋	

	1と6分の5は，3と1をまずたして，次に分数をたすと，4 + 6分の3 + 6分の5になって，これは4 + 6分の8ということになるのだけど，6分の8は約分できるので，約分すると分母は3で分子は4になり，4 + 1と3分の1は5と3分の1になるので，答えは5と3分の1です。どうですか。（いいです）他にありませんか。	
C 17	（前に出て板書しながら）○○君がやってくれたひき算バージョンだけど，3と2分の1引く1と6分の5は，こことここをまず引くから2足す6分の3引く6分の5になって，ここを帯分数にすると1と6分の1足す6分の3になって，すると1と6分の4になるのだけど，これを約分しなければいけないのでこれは3分の2で，答えは1と3分の2になると思います。どうですか。（いいです）他にありませんか。	
C 18	おたずねで，2引く6分の5が1と6分の1になると書いてあるのだけど，2足す6分の3引く6分の5が1と6分の1足す6分の3になるというのがあんまりよくわからないので，それを説明してくれる人はいませんか。	
T 5		○○さんのおたずねの意味，わかりますか。どこの部分？
C 19	2足す6分の3引く6分の5が1と6分の1足す6分の3になるというのがあんまりよくわからない。（ああ，これか）	

第Ⅵ章　マネジメントサイクルを視点に据えた授業実践　　187

C20	これは2引く6分の5をすると, （前に出て板書しながら）2引く6分の5は1と6分の1になるので, ……	
T6		何で2引く6分の5が1と6分の1になるの？
C21	2から6分の5を引くのに, 2を1と1に分けたら, この1個の1から6分の5を引いたら6分の1になるので, だから1と6分の1になります。どうですか。（いいです）他にありませんか。	
C22	おたずねで, なぜここは2足す6分の3引く6分の5と書いてあるのに, なぜ2足す6分の3を先にやらなくて6分の5からやるのですか。	
T7		そうですね, 前から順番にやっていったらいいですよね。
C23	たぶん, この前習ったように, たし算とひき算は強さが一緒だから, 入れ替えても答えは変わらないから, 例えば2足す6分の3をしてから6分の5を引いたとしても答えは6分の10になって, それは帯分数にしたら1と6分の4になるから, 足すと引くの場合は入れ替えても変わらないから, やりやすくこの場合は入れ替えたのだと思います。どうですか。（いいです）他にありませんか。	
T8		たし算とひき算の場合は, 順番を入れ替えても答えは変わらなかったですね。
C24	例えば2足す6分の3を先にやった	

	ら，2と6分の3引く6分の5になる	
	けど，分母が同じだとひき算は簡単だ	
	けど，3引く5というのはできないか	
	ら，ここを1にしてやっていかないと	
	いけないから，簡単にすればここを1	
	と6分の1足す6分の3にしたら簡単	
	にできるし，○○さんが言っていたよ	
	うに，たし算とひき算を入れ替えても	
	一緒だから，やりやすい方をすればい	
	いと思います。別に2足す6分の3引	
	く6分の5でやれる人はそのままやっ	
	たらいいし，教科書のように入れ替え	
	た方がやりやすい人はそうしたらいい	
	と思います。どうですか。(いいです)	
	他にありませんか。無いようなので先	
	生お願いします。	
T 9		答えは一緒になるはずだね。では一緒
		にやってみようか。この○○さんがや
		ってくれたのをもう一度やります。心
		配な人は先生と一緒にやっていきまし
		ょう。仮分数に直してもできるのです
		が，この場合，整数は整数同士，分数
		は分数同士で計算するのだね。では，
		まず整数同士いくよ。3引く1にな
		る，これでいいですか。足すことの，
		今度は分数同士をいくよ。はい，ここ
		まではいいでしょうか。ここが足すに
		なるのはわかるよね。3と2分の1と
		いうことは，3足す2分の1というこ
		とだからね。整数同士はこれ，すぐに
		計算できますね，2です。分数同士
		は？(通分する) 6分の3引く6分の

第VI章　マネジメントサイクルを視点に据えた授業実践　　189

		5と，本来は通分すればたし算やひき算ができるのだけど，困ったことが起こったね，引けないね。分母は一緒なのに，分子が5の方が大きいから。だから，6分の3から引くのではなく2から引いたのだ。だけどそんなことなく前から順番に計算していってもいいのだけど，ここでは2引く6分の5をやって，後で6分の3を足しましょう，ということだね。だいじょうぶ？ここまでは。じゃあ2引く6分の5は，これは○○君が説明してくれたように，2の内の1個分を借りてくると1引く6分の5は6分の1ですので，1と6分の1が残りますね。ここがポイントだね。
C25	先生，では先に2引く6分の3をしてもいいのですか？	
T10		2引く6分の3？ここは足すのじゃないの？
C26	いや，2引く6分の3＋6分の5でもいいかということ。	
T11		2足す？（2引く）
C27	だから足すと引くと入れ替えるの。	
T12		この6分の3は足さなければいけないし，この6分の5は引かなければいけないから，入れ替えるのであれば足すと引くも入れ替えますね。
C28	そうではなくて，2足す6分の3の足すと，引く6分の5の引くを入れ替えてもいいかということ。	
T13		この6分の3と6分の5だけを入れ替

		えるということ？入れ替えるのであれば，2足す6分の3引く6分の5になるならいいです。（なんで？）
		例えば9＋4－5というのがありますよね。これ足すと引くと入れ替えてもいいのだけど，移動するときは5の場合はこの引くもセットになっていて，4の場合はこの足すもセットになって動いていく，だから，セットにしないで動かすとこう（9＋5－4）なるね。これ，答え変わってくるよね？9＋5は14，これ10になるね。だけど，これ本来は9＋4は13で8になるね。これ違うものになりますね。だから入れ替えるのであれば，9－5＋4，これならいいです。これなら5と4を入れ替えてもいいです。前に付いている足すとか引くも一緒に移動する。これだったら9－5は4でしょ，4＋4は8，一緒です。大丈夫？整数の方が簡単なのでね，整数でやってみました。それではここの○○君が言ってくれたところは大丈夫かな？それでこの後に6分の3を足しておきます。そうなるともうひき算はなくなりましたのでたし算だけだったらすんなりいけますね。1と6分の4，これはさらに約分できますので1と3分の2，こうなります。
	(ああ，わかった)	
	(はい)	
C 29	仮分数の方がやりやすい。	
T 14		そうなのです。今これは整数の部分と分数の部分を分けて計算したのですが，○○君が言ったように仮分数の方

第Ⅵ章　マネジメントサイクルを視点に据えた授業実践　　191

		がすっきりさっさといけるかなあとは思いますが，一応両方できるようにしておいてください。
		はい，ではここまでどうでしょう。仮分数に直して計算してもいいし，別々に計算してもいいですよ。ただ最後に○○さんが言ってくれたように約分ができるかどうかチェックをしてください。最後も答えも，仮分数のままでもいいし，帯分数に直してくれてもいいです。
C 30	仮分数の場合は約分してなかったらバツになるのですか？	
T 15		約分ができるのだったらしないとだめだね。例えばどういう場合ですか？
C 31	3分の6とかだったら。	
		バツになります。もう約分は習いましたからね。習っていないうちはよかったのですが。約分しなくてもいいとなると，答えが何種類も出てきてしまいますのでね。
	（本当だ）	
C 32	通分したら同じ数になるよね。その中の一番小さい数なのだ。	
T 16		それでは練習問題をしてもらおうかな。
	（※適用問題に取り組む）	
M 5	（※解答者を6人指名）	
M 6	（板書後）答え合わせをしてください。おたずねのある人はいませんか。	
C 33	○○君はそれではあっているけど，帯分数にすると3と30分の11になりま	

M 7	す。どうですか。（いいです） 他にありませんか。	
C 34	○○君のこれで，ここの3と2を忘れ ていると思うのですけど。	
C 35	約分していないから。	
T 17	 （3で割れる）	最後のところが約分していないね。12 分の9まできたのですけど，3で割れ ますね。4分の3でどうでしょうか。 後は大丈夫ですか。仮分数でも帯分数 でも正解です。
T 18	では確認できた人から振り返りを書い てください。 （※本時の学習の振り返りをまとめて 終了）	
子どもの発話語彙数7745文字（53%）		教師の発話語彙数6775文字（47%）

第9時の授業記録

発言者	司会者の指示・子どもの発言（つぶやき）	教師の発問・受け答え（つぶやき）
M 1	これから5時間目の算数の学習を始め ます。（よろしくお願いします）今日 は110頁から111頁の分数のかけ算をし ます。めあての言える人はいません か。	
C 1	分数のかけ算のやり方を考えよう，ま た図を使って考えよう，にしました。 他にありませんか。	
C 2	分数のかけ算について学習しよう，に しました。他にありませんか。	
C 3	分数×整数のかけ算のやり方を考え理	

第Ⅵ章　マネジメントサイクルを視点に据えた授業実践　193

	解しよう，です。他にありませんか。	
C 4	分数のかけ算を理解しよう，にしました。他にありませんか。	
C 5	分数のかけ算について学び，また問題もといてみよう，にしました。先生お願いします。	
T 1		では違うめあてありますか。同じようなめあてはいいです。
C 6	分数のかけ算のやり方を考えてみようです。他にありませんか。	
		（ほぼ一緒だったらもういいからね。）
C 7	分数×整数のしかたを考え，マスターしよう。また，説明しよう。他にありませんか。	
C 8	言葉の式をもとに，分数×整数の方法を考えよう，また説明しよう。他にありませんか。無いようなので先生お願いします。	
T 2		めあてについてはみんなすごく持てていますので，もう同じめあてだったら手を挙げていても下げてもらって，違うめあてがあったらぜひ言ってください。今日はね，分数×整数の計算の仕方について考えていきます。
M 2	では，3分間独自学習をしてください。 （※独自学習）	
M 3	独自学習をやめてください。3分間グループ交流をしてください。 （※グループ交流）	
M 4	グループ交流をやめてください。全体	

	交流をします。何か意見のある人はいませんか。〇〇君。
C 9	1番の⑦で式は0.8×4は3.2で答えは3.2m²だと思います。どうですか。（いいです）他にありませんか。
C 10	〇〇君の式の言葉の式だけど，1dLでぬれる面積×ペンキの量＝ぬれる面積になります。どうですか。（いいです）他にありませんか。
C 11	（前に出て板書しながら）数直線で書くと，1dLでぬれるのが0.8m²で，こういうふうに数直線を書いていくと，ここが□m²で，ここのmは3.2m²で，こういう数直線になります。どうですか。（いいです）他にありませんか。
C 12	〇〇君の式を数直線で表してみるとわかりやすいと思います。どうですか。（いいです）他にありませんか。
C 13	⑦にいくのだけど，⑦の式は5分の3かける4で，（前に出て板書しながら）数直線で表すとここが5分の3だとして，ここは1で，こういう数直線になるのだけど，この数直線は，まずこっちは平方メートルの数直線で，5個に分けた内の5分の3で，この5分の3は1dLで5分の3m²ということは，この5分の3が4つ分で，いや，1dLで5分の3m²ぬれるから，その1dLが4dLになるから5分の3かける4になると思います。どうですか。（いいです）他にありませんか。
C 14	今5分の3かける4と言ってくれたけ

ど，（前に出て板書しながら）図に表したらこれが1m²だとすると，これを5個に分けた内の3つが5分の3で，この5分の3が4個分ということは，これがこれと同じで，この5分の3Dlが4つあると考えて，この図だけで考えたら，1，2，3，……12で，5分の12m²になると思います。どうですか。（いいです）他にありませんか。

C15　僕は○○さんとは考えが違って，（前に出て板書しながら）まずこれは○○さんと同じで，ここから僕は5分の3を詰めて書いたのだけど，まずここで，5分の3で1回ぬって，3マスだからここも1回ぬって，3個目はここをぬって，4個目はここをぬると，5分の飛び出した部分が7個だから，5＋7で12になって，5分の12m²もいけるけど，ここを見ると1m²が2個埋まっていて残りが5分の2m²になっているので，2と5分の2m²でも答えは求められると思います。どうですか。（いいです）他にありませんか。

C16　おたずねで，○○君のやり方だと，ここの4の数の1個分の意味がなくなるから，×4ではなくて小数になると思うのだけど，（うん）小数というかここの部分がないから，×4になってないと思うのだけど。

C17　×4になっているのだけどちゃんと，○○さんはここに4つ×4をしたのだ

	けど，それをここに2つ余っているからここに全部隙間なくやっていくと○○君にみたいになって，ちゃんとこの1m²は5つに分かれていて1マスが5分の1になっているので，ちゃんと○○君のも×4をしていて，それをわかりやすく並べたのだと思います。どうですか。（いいです）他にありませんか。	
C18	合っているのだけど，この問題だったら4dL分だから，これ（下の図）がわかっている上でこれ（上の図）だったらわかるのだけど，最初からこれはわからないので，わかりやすくしたらこれ（下の図）だという方がいいと思います。どうですか。（いいです）他にありませんか。	
C19	最後の式を書くのだけど，この図を元に考えると，5分の3かける4は，5分の1が（3×4）個分だから，5分の3かける4は，5分の（3×4）になって，答えは3×4になって12になるので5分の12になって，答えは5分の12m²になると思います。どうですか。（いいです）他にありませんか。	
C20	分数に整数をかけるには，この分母はそのままで，分子に例えばこのペンキの量をそのままかけると答えになると思います。どうですか。（いいです）他にありませんか。無いようなので先生お願いします。	
T3		もう大丈夫ですか。おたずねないです

か。自分たちでまとめのところまでしてくれましたが，ちょっと復習をしてみますと，○○君のところで，この2本の数直線図を出してくれました。これを5分の3のところでも使いましょう，という訳です。この1を4倍しているので5分の3も4倍すればきっとこの答えになるだろうという話ですね。だからこの式が出てきます。5分の3かける4という式がね。これを言葉の式にあてはめてもいいということだったね。言葉の式にあてはめるか，こういう2本数直線図で見ていくと，5分の3かける4という式が出てくるね。それで今日のめあては，分数に整数をかけるときの方法ですから，この面積図はとってもいいのですけど，○○さんが作ってくれたこの面積図はぜひノートに書いておいてほしいと思います。5分の3 m^2の1 dL分が4つあるのですね。だから4つ横に並べてくれました。すごくわかりやすいです。それでこの1つ分がどれだけになりますか。（5分の1）5分の1ですね，この1つ分が。それがさっきも数えてくれましたけど12個分あるので5分の12，それが答えになりますね。これがわかっていたら○○君のように詰め詰めにしていくと，5，10，12というように見やすくなりますね。ここも1個分は5分の1です。この面積図はとってもいいのではないでしょうか。とい

		うことは，5分の3かける4が5分の12になるということは，なんだ，この3と4をかけ算しているのじゃないかということがわかりますね。分母はそのまま，この分子に整数をかけたら答えになると，そしてこの場合は答えに単位もつけておいてください。 では，同じように□2番を考えてみるよ。□2番は，油が1かんに6分の5Lずつ入っています。3かんでは何Lになりますか。では，これ式にできる人？
C21	6分の5かける3です。どうですか。（いいです）	
T4		これを先程のパターンにあてはめていくと，この先どういう計算をしたらいいのかな？
M5	計算方法を言える人はいませんか。	
C22	計算方法は，分子に整数をかけるので6分の5の5に3をかけていきます。どうですか。	
T5		この5と3をかけるのだね。するとこの先どうなる？6分のこの先。
C23	5×3をして15になって，それはまだ約分ができるから，約分をして2分の5になります。どうですか。（いいです）他にありません。	
C24	そこで約分をしてもいいのだけど，教科書には途中で約分をしているから，6分の5かける3のときにもう約分してしまって，6と3で約分して，2分の1になって，それで計算すると2分	

第Ⅵ章　マネジメントサイクルを視点に据えた授業実践　　199

T 6	の5になると思います。どうですか。（いいです）他にありませんか。無いようなので先生お願いします。	はい，いいと思います。それで答えは2分の5Lとなります。この□の②番について，2通りの方法があります，処理の仕方としてね。6分の15を出しておいてから約分，これだったらそれほどむずかしい約分ではないね。だけど途中に，途中というのはこの段階です。ここで，上と下を見て3と6が約分できるぞと気づいたらここで約分してもらってもいいです。どうせ答えは一緒になりますから。大丈夫かな。それがこの□2番の難しいところだね。はい，今日は分子に整数をかけたら分数かける整数の計算ができるよということを，みんなで理由を考えてきました。大丈夫かな。では，実際に練習をしてみましょう。
M 6	それでは3分間，3番をやってください。（※適用問題に取り組む）	
M 7	（※6人を指名）	
M 8	答え合わせをしてくだい。おたずねのある人はいませんか。	
C25	○○君ので，問題が違うと思うのですけど。（違う問題を書いてしまいました）	
M 9	他におたずねはありませんか。	
T 7		それでは6問中何問正解だったか聞き

		ますよ。
M10	全問正解だった人？1問間違いだった人？2問間違いだった人？それでは振り返りを書いてください。 （※本時の学習の振り返りをまとめる）	
M11	それでは振り返りを言える人はいませんか。○○さん。	
C26	今日のめあては「分数×整数の計算のしかたを考えよう」でした。私はそのめあてがたっせいできました。図や言葉の式などを使って，わかりやすく自分で説明できたらもっとよかったなと思います。計算は全てあっていたのでよかったし，しっかり身につきました。明日は「分数÷整数」に入ります。がんばりたいです。他にありませんか。	
C27	分数×整数の計算の仕方がよくわかりました。計算のやり方が，前よりももっとよくわかりました。計算もできたのでよかったです。分数÷整数もできるようにしたいです。	
M12	先生お願いします。	
T8		今○○さんと○○さんが振り返りの中でも言っていたように，次回は「分数÷整数」わり算の方をしていきます。まためあてと独自学習の方をできるだけがんばってください。
子どもの発話語彙数7127文字（56%）		教師の発話語彙数5687文字（44%）

第Ⅵ章　マネジメントサイクルを視点に据えた授業実践　201

第10時の授業記録

発言者	司会者の指示・子どもの発言（つぶやき）	教師の発問・受け答え（つぶやき）
M 1	これから3時間目の算数の学習を始めます。今日は112頁の分数÷整数をします。めあての言える人はいませんか。	
C 1	分数÷整数ができるようにしよう。また，かけ算とのちがいもみつけよう。他にありませんか。	
C 2	分数÷整数の計算のしかたを理解しよう。にしました。他にありませんか。	
C 3	分数÷整数の計算のしかたを知ろう。また，図や数直線を使って説明しようです。他にありませんか。	
C 4	分数×整数のかけ算を生かして，わり算もやってみようです。他にありませんか。	
C 5	分数÷整数を言葉の式を生かして考えようにしました。他にありませんか。	
C 6	分数÷整数をして，かけ算のときとのちがいを発見しようにしました。他にありませんか。無いようなので先生お願いします。	
T 1		今日もとってもめあてが捉えられていますね。分数÷整数の計算の仕方を，今日はみんなで考えていきましょう。ぜひおたずねも出して，考えていけるといいですね。
M 2	3分間独自学習をしてください。（※独自学習）	
M 3	独自学習をやめてください。グループ	

	交流をしてください。 （※グループ交流）	
M 4	全体交流をします。意見のある人は手を挙げてください。	
C 7	式が5分の4割る3で、それを言葉の式に表すと「ぬれる面積÷ペンキの量は1dLでぬれる量」です。どうですか。（いいです）他にありませんか。	
C 8	やり方は分数を整数で割るなら分子はそのままで分母に整数をかけたらいいと思います。どうですか。（いいです）他にありませんか。	
C 9	○○さんが言ってくれたことに付け足しだけど、前のかけ算は分子の方に整数をかけて、わり算は分母に整数をかけているのがわり算だと思います。どうですか。（いいです）他にありませんか。	
C 10	⑦の5分の4÷3は、○○君が言ったように分母に整数をかけるので、5分の4÷3は5×3分の4で、答えは15分の4になります。どうですか。（いいです）他にありませんか。	
C 11	おたずねなのですが、何でかけるのですか。	
T 2		整数をなぜ分母にかけるかということ何だよね。
C 12	分数というのは、例えば分子が2だとして、3分の2より分母が大きくなった方が、例えば3分の2と15分の2だったら、分母が多い、大きいほどその	

第Ⅵ章　マネジメントサイクルを視点に据えた授業実践　203

	分数は小さくなるから，何でかというのはよくわからないのだけど，とりあえず割るというのは答えが小さくなるから，小さくするためには分母を大きくすればいいから，そのために分母にかけるのだと思います。どうですか。（いいです）他にありませんか。
C13	（前に出て板書しながら）なぜかけるかは，例えばこういうのがあったとして，これをこうやって3個に分けた内の1つにこうやって（色をつけて），これを15個分に分けた内の1つだったら，ここよりもこっちの方が明らかに大きいから，分母が大きくなるほど割る数というのが増えていくから，分子にかけると数は大きくなるけど分母にかけると数は小さくなるので，この場合分母にかけます。どうですか。（いいです）他にありませんか。
C14	（前に出て板書しながら）⑦にいくのだけど，計算のしかたを考えるのだけど，まずこれが1m²だとして，5分の4ということはこの4つ分で，これが5分の4m²になって，これを÷3するということは，ここの赤の部分を3等分して，ここの分が5分の4÷3をした分で，ここの1マスは15分の1m²になります。この15分の1m²が4つ分で，5分の4÷3は5×3分の1が4つ分だから，5×3分の4になって，答えは5×3の15分の4で，15分の4m²になると思います。どうで

	すか。（いいです）他にありませんか。	
C 15	おたずねで，まだ先のことかもしれないけど，例えばもとの数が6分の3だとして約分できるときは，どうやって計算したらいいのですか。	
C 16	（前に出て板書しながら）6分の3をこのやり方でやると，6分の3÷3で，6×3分の3になって，かけ算と同じで，こことここが割れるので3で割って，1とここが2になって，2×3分の1になって，6分の1になります。どうですか。（いいです）他にありません。	
C 17	同じことかもしれないけど，○○君は今，式を計算する前にしたけど，答えが出てから約分してもいいと思います。どうですか。（いいです）他にありません。	
C 18	おたずねで，わり算というのは，整数÷整数だったら割り切れないこともあるのだけど，この場合，分数÷整数の場合は割り切れない計算とかあるのですか。	
C 19	分数の場合は，分母に整数をかけるから，かける場合は倍数と同じで永遠にあると思うから，分数÷整数の場合は割りきれないということはないと思います。どうですか。（いいです）他にありません。	
C 20	ぼくは○○君の言ったことをもう少しわかりやすく言うのだけど，式はわり算と書いてあっても答えを求める方法	

第Ⅵ章　マネジメントサイクルを視点に据えた授業実践　　205

	はほほわり算なので，0以外，倍にできないことはないと思うので割り切れない計算はないと思います。他にありませんか。無いようなので先生お願いします。	
T3		もういいですか。どんな些細なことでも手を挙げておたずねしてくださいよ。いいですか。 はい，とってもよかったと思います。まず，最初のところから聞いていきますが，この式が5分の4÷3という式を立てたのはどういうことですか。なぜこの5分の4÷3という式が出てきたのですか。○○さんが言ってくれてスッと通っていきましたが，なぜこの5分の4÷3という式が出てきたのですか。なぜわり算とわかったのですか。あるいは3÷5分の4でもわり算ですよね，○○さん。
C21	式の理由は，3dLで5分の4m²ぬれるということは，3dLが1dLの3つ分なので，3dLでぬれる5分の4m²を3で割ったら，1dLでぬれるm²が出てくると思います。どうですか。（いいです）	
T4		なるほど，3dL分で5分の4m²ぬれるからね。
C22	言葉の式が「ぬれる面積÷ペンキの量＝1dLでぬれる面積」だから，ぬれる面積は5分の4m²で，ペンキの量は3dLで，1dLでぬれる面積ということは，ぬれる面積は5分の4とペン	

	キの量の3dLを割ると，1dLでぬれる面積は出るから，この場合は言葉の式を使ってやったらやりやすいと思います。どうですか。（いいです）他にありませんか。○○君。	
C 23	この式とかとは離れるけど気づいたことで，整数だったらたし算・ひき算の方が簡単でかけ算・わり算の方が難しいけど，分数の場合だったらかけ算・わり算の方が通分も無しで分母か分子にかけたらいいだけなので，分数の計算はかけ算・わり算の方がやりやすいと思います。どうですか。（いいです）他にありませんか。	
C 24	○○君におたずねで，もしこれが564分の248×560とかだったらとても難しいので，分数でその分母や分子，整数が一桁だとたし算よりわかりやすいと思います。どうですか。（いいです）他にありませんか。	
T 5		では，ちょっといいですか。話がそれてきているので，もう1回話を戻します。○○君の話題に少しだけ触れると，まあ確かにたし算・ひき算よりかけ算・わり算の方が慣れたら簡単そうですね。だけど○○君が言うようにとんでもない大きな数字だったら，それはそれで大変ですけど。もう一度この話に戻りますよ。さっき○○さんは文章から読み取って5分の4÷3が出ると言ってくれました。そうなるといいね。でも○○さんが言ってくれたよう

	に，元々整数のときもぬれる面積をペンキの量で割れば1dLでぬれる面積が出るというこの言葉の式があったわけなので，これにあてはめていけば5分の4÷3という式が登場するというのはいいですね。この2つの考え方からあの式が出てきます。ここまでいい。そうしたら，これ初めて見る式なので，どうやって計算するのかなということですが，多くの人が÷3の3を分母の方にかけたらいいと言いました。でもその理由がよくわからなかったね。その理由をもう一度誰か，自分の言葉で言ってくれる人はいませんか。（3人しかいませんか）では，もう少し進めるよ。その理由がわからなかったね。みんなはとりあえず分母にかけたらいいということだけを言っていました。しかし，分母にかけた方の分数が小さくなると，分数の大きさがね，という具体的な例も出してくれましたが，この○○さんが出してくれた面積図というのだけど，これで説明をしてくれましたね。これで説明がつくのではないのですか。これを使って誰か説明してくれませんか。5分の4÷3はなぜ15分の4になるのですか。
C25　（前に出て）この赤が5分の4で，分母にかける理由は，これが大きいほど細かくなるからで，これはわり算だからできるだけ，普通のわり算でも小さくなると思うのだけど，この5分の4	

	を÷3するんだから，ここを÷3するためには，ここの5に分けた分と，ここが15分の1だから，この箱を出さないといけないから，あれ，何と言ったらいいかわからない，……	
T6		では，別の人に変わってもらおうか。○○君。これすごく難しいね。これがきちんと説明できたらすごくいいね。
C26	さっきも○○さんが言ってくれたのだけど，分子にかけ算の場合は分子にかけて，	（その例で言ってくれる）
	わり算は分母に数字をかけて数を小さくしているので，この分母にかけたら面積図というのが，この網目というのが細かくなっていくし，分子にかけたら大きくなっていくと思います。どうですか。（いいです）	
C27	○○君の言っていることがよくわからないのでもう一度言ってください。	
C28	（前に出て板書しながら）5分の4というのはこの赤で囲ってあるところで，これを÷3すると，この□が1m²だとすると，まずこの1m²を5等分します。それで5分の4というのは5分の1が4つ分で，これだけになります。ここまでいいですか？（はい）	
T7		あの赤いのが5分の4になるのがわかりますか？
C29	次にこれは3dL分だから，これを1dLにするには÷3をしないといけないから，3等分にしたら，その1つ	

第Ⅵ章　マネジメントサイクルを視点に据えた授業実践　209

	分を求めるので，これが5分の4÷3になって，ここまでいいですか？（はい）	
T8		あの青の射線部分が5分の4÷3になるってわかりますか？すなわちあそこが答えになります。
C30	その答えはどうしたら求められるかなんだけど，これはここの部分が1，2，3，4つ分で，このオレンジの部分の大きさは1m²を15個に分けた内の1つになるので，ここは15分の1になって，5×3分の1になるのだけど，この15分の1が1，2，3，4個あるから，15分の1×4になって，一緒なのだけど5×3分の4になって，答えは15分の4になります。	
C31	結局何で5×3をするのですか？	
T9		この1個あたりが全部で15個あるでしょ。その15個を見つけるためには縦に5，横に3なので，全部で5×3，1個ずつ数えてもいいのだけどね。15分の1，それが4つあるので15分の4になるのだね。
T10		もう一度整理すると，5分の4÷3は15分の4になるということなのだけど，なぜ15分の4になるかというと，15分の1が4つあるからですね。それではこの15分の1はどこから出てきたかというと，この5と3をかけているのだね。それをこの面積図で見たらわかるね。全部で縦に5，横に3なので，小さい1つのマスが15個ある，これを

		見つけないといけないね。一番小さいマスが何個あるか，20個あったら20分の1，30個あったら30分の1，はい，ここまでどうでしょう。15分の1になった理由。そうしたらこの面積図をノートに書いておいてくださいね。この青の射線部分が答えですからね。 そして，これを○△□の一般式で表すと，□分の△÷○は□と○をかけて分母に，そして△だけ上に置いておきます。 難しいね，なぜそうなるのかという理由まで考えようとするとね。面積図がすごく説明がつきやすいので，この面積図でしっかり理解してほしいと思います。
T11		ノートが整理できた人から②番をやりましょう。 余裕がある人は「もっと練習」に進んでください。
	（※適用問題に取り組む）	
M5	（※5人を指名）	
M6	答え合わせをしてください。おたずねのある人は手をあげてください。	
T12		では今日の授業のふり返りを書いてください。
	（※本時の学習の振り返りをまとめる）	
M7	振り返りを言ってくれる人はいませんか。	
C32	私のめあては達成できました。なぜわり算なのにかけ算を使うのか分からなかったけど，みんなの意見を聞いて，なぜかけるのか分かることができまし	

第VI章　マネジメントサイクルを視点に据えた授業実践　211

発言者	司会者の指示・子どもの発言（つぶやき）	教師の発問・受け答え（つぶやき）
C33	た。他にありませんか。 わり算をするのはできたけど，説明するとなるとむずかしくてよくわかりませんでした。なので，次は説明をがんばりたいです。先生お願いします。	
T13		今日は分数÷整数の計算の仕方を考えようということで，みんなで考えていきましたが，なかなか面積図を使って考えることは難しかったようです。でも，これの意味がわかれば，だから分母にかけるのだなということがわかりますので，今後使いやすくなるのではないでしょうか。次回は，練習問題をして，計算を素早くできるようにしていきたいと思います。また，独自学習をしてきてください。
子どもの発話語彙数8778文字（55%）		教師の発話語彙数7272文字（45%）

第12時の授業記録

発言者	司会者の指示・子どもの発言（つぶやき）	教師の発問・受け答え（つぶやき）
M1	これから算数の学習を始めます。（よろしくお願いします）	
M2	今日は，わり算と分数の関係について学習します。めあての言える人はいませんか。	
C1	わり算と分数の関係を知ろうにしました。他にありませんか。	
C2	分数と整数の関係について知り，大切なことをポイントとして収めておこう	

	にしました。他にありませんか。	
C 3	商を分数で表してみようにしました。他にありませんか。	
C 4	面積図を使って，わり算と分数の関係を学ぼうにしました。他にありませんか。	
C 5	分数と小数について学び，また図を使って説明しようにしました。他にありませんか。	
C 6	分数と整数の関係を考え，説明しよう。また，面積図を使って考えよう，にしました。他にありませんか。無いようなので先生お願いします。	
T 1		めあてがよくとらえられていると思います。今日はね，わり算をしていくのですが，そこで困ってしまうことが起きると思います。そこでどう処理していけばいいのかがめあてになると思いますが，みんなが言ってくれたように，わり算と分数の関係について考えていきましょう。
M 3	では，3分間独自学習をしてください。 （※独自学習）	
M 4	独自学習をやめてください。次にグループ交流をします。真ん中の人は机を下げてください。 （※グループ交流）	
M 5	全体交流をします。意見を言える人はいませんか。	
C 7	1番の式で，2Lのジュースを同じよ	

	うに3つに分けるから，2÷3になると思います。どうですか。（いいです）他にありませんか。	
C 8	その2÷3の答えは0.6666とずっと6が続くのでわり切れません。どうですか。（いいです）他にありませんか。	
C 9	0.666となっていて割り切れなので，これを計算するには面積図で，（※前に出て板書しながら）まず2Lは1Lが2つだから，これが1Lで，2Lは1Lが2つ分なので，それで3つに分けるということは，この1Lを3つに分けます。その1つ分が，こっちの1Lの3分の1はこれだけ，こっちの3つに分けた1つ分はこれで，ここは3分の1Lで，ここも3分の1Lで，2Lを2つに分けて考えているので，最後合わせないといけないから，3分の1Lと3分の1Lを足すと，3分の2Lになるので，答えは3分の2Lだと思います。どうですか。（いいです）他にありませんか。	
T 2		（たし算は習っているからね。）
C10	おたずねなのだけど，○○さんは最後に2分の1が出たときに足したのだけど，なぜわり算なのに足したのですか。	
C11	3分の1Lは1Lの場合だから，2Lの場合は3分の1足す3分の1で3分の2だと思います。	
T 3		1L分のときは3分の1L，それが2L分だから3分の2L，そういうことか。

C12	（前に出て板書しながら）もともとこれは2Lの入れ物と考えて，それを2÷3だから3個に分けるのだけど，これではここの部分が分かりづらいから，ここから○○さんが書いてくれた図にいくと，ここを分けているから，分けなくても3個に分けた内の1つだから，このままだと3分の1と間違いやすいけど，それを直すと3分の1が2つあるということで，それをまず1回分けたら元に戻さなければならないから，それを足して3分の2になったのだと思います。どうですか。（いいです）他にありませんか。他の件でありませんか。	
C13	1番の答えは3分の2になっているのだけど，それには2つの考え方があって，1つ目は，3分の2は3分の1の2つ分であって，2つ目は，3分の2は2÷3の商になっている。	
T4		2÷3の商が3分の2，そして答えが3分の2L。
C14	教科書にも書いてあるのだけど，わり算の商は，わられる数を分子，わる数を分母とする分数で表せて，△とか□の式で表すと，（前に出て板書しながら）△÷□は□分の△になると思います。どうですか。（いいです）他にありませんか。	
C15	それを別の例で示すと，4÷5だったら5分の4になり，それは面積図で考えるとわかりやすいと思います。どう	

第Ⅵ章　マネジメントサイクルを視点に据えた授業実践　215

T5	ですか。（いいです）他にありませんか。無いようなので先生お願いします。	納得できたかな。今日のポイントは，ジュース2Lを同じように3つに分けます。だから2÷3になるよ。でも，これ割り切れないね。0.6666と続いてしまいます。これは○○君の言うとおりです。ではどうしましょう，というわけで，この絵図，面積図を使って考えると，3分の1Lずつが2つあって3分の2Lになると。そして，これは○○さんが言ってくれたのですが，まとめてやると間違えてしまうことがありますね。3分の1Lじゃないかと。そんなときはここに1本の線を入れて，1つあたりが3分の1Lですので，これが2つで3分の2Lとなります。それから○○さんが△と□で整理してくれましたが，△÷□は□分の△になり，例えば4÷5だったら5分の4になるよということになります。とってもいい話し合いができたと思います。
M6	それでは②番をやってください。（※適用問題に取り組む）	
M7	2番をやるのをやめてください。まだ指名されていない人でできる人はいませんか。（※4名を指名）	
M8	では，何かおたずねのある人はいませんか。	

C 16	⊕ですが，7分の10になると思います。どうですか。（いいです）	
T 6		7分の10だね。これ，何で7分の10何ですか。だれか理由が言える人。
C 17	10÷7は，考え方で割られる数を分子にして，割る数を分母とするので，10は割られる数で，割られる数は分子の方に行くので，答えは7分の10になると思います。どうですか。（いいです）	
T 7		この割られる数は分子の方に行くのだね。他の理由？10分の7ではなく7分の10である理由がある人？
C 18	10割る7は，まず10を文章題みたいに10Lあるとして考えて，それを1Lずつに分けて，その1Lを7つに分けていくと，7分の1が10個できるから，7分の1かける10で7分の10になると思います。どうですか。（いいです）他にありませんか。無いようなので先生お願いします。	
T 8		これ10÷7って，割られる数の方が大きいですよね。だからこれを小数で計算していくと，0点いくつではなくて，絶対1以上ですよね。ところが10分の7って1より小さいですよね。おかしくないですか。10分の10でやっと1なのだから，10分の11とか10分の12のように仮分数になったら1より大きくなるね。あれ，これはおかしいぞと気づくといいですね。こういう間違いはよくありますので，1より大きいかな，小さいかなということを考えてみ

		第Ⅵ章　マネジメントサイクルを視点に据えた授業実践　217
		るといいですね。それでは，少し余裕がありますので，144頁のもっと練習をやってみましょうか。
M9 M10 T9	（※もっと練習の適用問題に取り組む）もっと練習の答え合わせをします。（※4人を指名）何かおたずねのある人はいませんか。	ではどれくらいあっていたか聞いてみますね。4問とも合っていた人？はい，よくできていますね。では，振り返りにしましょうか。
M11 M12 C19 T10	では振り返りを書いてください。（※本時の学習の振り返りをまとめる）発表できる人はいませんか。今日の授業で，わり算の商はわられる数を分子，わる数を分母とする分数で表せることが分かりました。図をかくとやりやすいと思いました。明日は小数と分数と整数の関係なので，今日習ったことを生かしてがんばりたいです。他にありません。先生，お願いします。	今，○○さんが言ってくれたように，割られる数と割る数の関係ですね，これを分数にすると，上手に表せるのですよ，ということを学びました。その際，図を使ってその関係を捉えていくと，非常に納得がいきますね。3分の1と3分の1を合わせて3分の2Lになっているのだと。このイメージを持って分数にあたってほしいと思いま

218

		す。では次回は，分数と小数，整数の3つの関係についてやっていきますので，また独自学習を進めておいてください。
子どもの発話語彙数5260文字（54％）		教師の発話語彙数4396文字（46％）

第13時の授業記録

発言者	司会者の指示・子どもの発言（つぶやき）	教師の発問・受け答え（つぶやき）
M1	これから5時間目の算数の学習を始めます。（はい，よろしくお願いします）	
M2	今日は115頁の分数と小数・整数の学習をします。めあての言える人はいませんか。	
C1	分数と小数・整数について考え，説明し問題を解こう，にしました。他にありませんか。	
C2	昨日習ったことを生かして，分数と小数について学び，整数についても学ぼう，にしました。他にありませんか。	
C3	前の授業を生かして，分数を小数に直そう，にしました。他にありませんか。	
C4	分数を小数に直してみよう。その方法を，数直線をもとに考えよう，にしました。他にありませんか。無いようなので，先生お願いします。	
T1		そうですね。今日は分数を小数に表す仕方について，みんなで考えていきたいと思います。では，少し独自学習をしようか。

第Ⅵ章　マネジメントサイクルを視点に据えた授業実践　219

M 3	3分間，独自学習をしてください。 （※独自学習）	
M 4	終わってください。グループ交流をしてください。 （※グループ交流）	
M 5	グループ交流を終わってください。全体交流をします。意見のある人はいませんか。	
C 5	1番で4分の3は3÷4だと思います。どうですか。（いいです）他にありませんか。	
C 6	次は3分の2をするのだけど，3分の2は2÷3で，その答えは0.6666となっていって，分数の中には割り切れなくてきちんとした小数で表せないものがあります。このようなときは，適当な位で四捨五入します。3分の2を四捨五入で100分の1の位までの小数で表すと，0.67になります。それで，何で100分の1の位までにするかというと，0.6666と6が続いていくので，例えば10分の1で四捨五入をやってしまうと答えは1になってしまって，それはちょっと小数で表しているとは言えないし0.6とは離れてしまいます。それで10分の1で表そうとしても0.7になってだめなので，100分の1で表したのだと思います。どうですか。他にありませんか。	
C 7	○○さんに質問で，1000分の1とか1万分の1とかは，10分の1の位がだめ	

	なら何で100分の1の位より少ない数は何で適当ではないのですか。	
C 8	だから，1000分の1とか1万分の1とかだったらできるの？ということ。	
C 9	簡単に言うとどの位で四捨五入してもいいけど，10分の1の位で四捨五入すると6という数がなくなってしまってわかりにくくなるのではということで○○さんは言ってくれたのだと思うけど，別に1000分の1でも1万分の1でも，1の位でも10分の1の位でも，適当な数なのだから，どの位で四捨五入してもいいと思います。どうですか。（いいです）他にありませんか。	
C 10	例えば1000分の1でやると，0.667に答はなるのだけど，また10000分の1とかしていくと6がいっぱいになって，小数が増えてしまうから，一番適当なのは100分の1だと思います。どうですか。（いいです）他にありませんか。	
C 11	何で4分の3が3÷4になるのかと言ったら，前の授業でやったのはこれと反対で，△÷□が□分の△だったからです。どうですか。他にありませんか。無いようなので先生お願いします。	
T 2		○○さんが今言ってくれたこと，わかりますか。では，もう一度別の人でお願いします。なぜ○○君は4分の3を3÷4としたのですか。その理由をもう一度お

		願いします。
C12	割る数を分母で，割られる数を分子にしたら，小数で表されるので，3÷4にしたのだと思います。どうですか。（いいです）他にありませんか。	
C13	では，なぜ割る数を分母で，割られる数を分子にするのですか。	
C14	よくわからないけど，わり算の商は，割られる数を分子で考えて，割る数を分母にしないと表せないからだと思います。……	
T3		○○君，続けてください。114頁で学んだことだよね。それをもう一度説明してくれたらいいのだけど。
C15	114頁の1番で説明するのだけど，「ジュース2Lを同じように3つに分けると，1つ分は何Lになりますか」だから，3つの中のジュース2Lだから，割られる数を分子，割る数を分母とする分数で表せると思います。どうですか。	
C16	もし，4分の3を，3÷4でなくて4÷3になったら，4分の3は1より小さいのに，4÷3をすると1より大きくなるので，真分数のときはそれでいいけど，仮分数で言うと7分の9とかだったらこれは1より大きいので，割られる数が1より大きくても問題はないと思います。どうですか。他にありませんか。	
T4		あれ，今の○○君の説明，よくわからなかった？

C17	今の○○君の説明の意味がよくわからなかったので，もう一度誰か説明してくれませんか。	
C18	もともと4分の3と言うのは，1より数が小さいと思うのだけど，ここまではわかりますか。これが4÷3になってしまうと，答えが1点何々になって，4分の3は1より小さいのに，それを式に表すと1より大きくなるというのはおかしいから。3÷4だと，4分の3といっしょで1より小さくなるから。どうですか。（いいです）	
C19	4分の3の意味が，4つに分けた内の3つだから……。	
C20	これを1番の文章題にあてはめていくと，4÷3と言うのは114頁の1番で言うと答えになるので，（※板書しながら）こうなって，4分の1Lが3つ分で。	
T5		これはどういう図ですか。
C21	1Lが3つあって。	
T6		なぜ1Lが3つあるのですか。
C22	この1番の問題にあてはめているからです。	
T7		114頁の1番だよね。2Lを3つに分けているけど。
C23	だからこの答えではなくて，4分の3の場合でいくと，4分の1が3つ分あることを表すために書いたの。	
T8		では続けてみてください。
C24	これはまず3Lがあって，これを4つに分けて，これを114頁の1番にして	

	いくと，（どういうこと） ジュースが3Lあるとしたら，それを4つに分けるので，4分の1が3つできるから，答えは4分の3になって，3÷4になると思います。 （なんで3L） それはジュース2Lというのを115頁の問題に合わせた。	
T9		では，こういうことですか。（※板書の図に書き足しながら）この部分をここに入れて，この部分をここに入れれば，4分の3になるね。
C25	私は，114頁の1番に合わせてやったから，この図が必要になった。	
T10		それで，この左の図になるのだね。いいと思います。
C26	他にありませんか。無いようなので先生お願いします。	
T11		ちょっと難しくなってしまいましたね。○○さんは，一生懸命前の場面設定にしようとしてくれていたのですが，もう一度確認しましょう。 4分の3を4÷3にしてしまうと1より大きくなってしまうので，○○君が言ってくれていたけど，これとこれは等しくなりません。4分の3と言うのは4つに分けた内の3つで，1より絶対小さくなるね。大丈夫？これが全部で1，その内の3つ分だから，1より絶対少ないね。 だから，3÷4だったら0点いくつになるから，こっちが等しくなります。

		それで計算すると，暗算でできる人はいいですが，こうやって筆算でやると0.75になります。
		それからもう1つ，3分の2はどうなるかというと，同じようにあてはめていくと2÷3になります。ところが計算していくと，0.666とずっと続いていきます。どこかで四捨五入しないと切りがつかないね。どこで四捨五入するかは今日の話し合いの中で出てきたね。もし1番最初の6で四捨五入すると1になってしまいます。0.666と1が等しいというのはちょっと差がありすぎますね。それで，次のところで四捨五入すると0.7になります。
		もう1個下げてみると，0.67になって，これと似ていますよね。さらに1個下げてみると，0.667となってより近くなります。これを続けていくとより正確になるのだけど，切りがないので，今回の場合はここで四捨五入しましょう，ということだね。問題には，たいていどこで四捨五入するか書いてあります。それでは，2番と3番の練習問題をやりましょう。
M6 M7 C27 T12	（※適用問題に取り組む）（※8人を指名）おたずねがある人は手を挙げてください。3番の㋐は0.333になると思います。	これは100分の1の位で終わっている

第Ⅵ章　マネジメントサイクルを視点に据えた授業実践　225

		から，0.333がいいね。
C 28	3番の④は0.8ではなくて，0.833だと思います。	
T 13		これだと10分の1で止まってしまっていますね。 他にはないですか。それでは振り返りを書きましょう。
	（※本時の学習の振り返りをまとめて終了）	
子どもの発話語彙数5612文字（56%）		教師の発話語彙数4463文字（44%）

第14時の授業記録

発言者	司会者の指示・子どもの発言（つぶやき）	教師の発問・受け答え（つぶやき）
M 1	これから算数の学習を始めます。（はい，よろしくお願いします） 今日は116頁の4番，5番をしていきます。 めあての言える人はいませんか。	
C 1	小数を分数に直して考えよう，にしました。他にありませんか。	
C 2	「小数や整数を分数に直して考えよう，また説明しよう」にしました。他にありませんか。	
C 3	似ているところがありますが，「小数や整数を分数に直そう」にしました。他にありませんか。無いようなの，先生お願いします。	
T 1		後はだいたい同じようなめあてかな。 この授業では小数とか整数を分数に直

		す方法を考えていきましょう。
M 2	では，独自学習を3分間してください。 （※独自学習）	
M 3	それでは独自学習をやめてください。 次にグループ交流をします。真ん中の 人は机を下げてください。 （グループ交流）	
M 4	全体交流をします。意見が言える人は いませんか。	
C 4	4番の0.7は10分の7で，理由は0.1が 10分の1のことだからです。どうです か。（いいです）他にありませんか。	
C 5	その○○君の10分の7の理由は，0.1 が10分の1でその7個分だからです。	
T 2		0.1が10分の1だからというのを使う のだね。
C 6	0.12は100分の12になると思います。 どうですか。（いいです）	
C 7	その理由は，0.01が100分の1で，そ れが12個あるから100分の12になると 思います。どうですか。（いいです）	
C 8	その右の問題で，0.008は1000分の8 になると思います。どうですか。（い いです）他にありませんか。	
C 9	○○君が言っていた理由は，0.001は 1000分の1になるから，それをもとに して考えたのだと思います。どうです か。（いいです）他にありませんか。	
C 10	教科書にも書いてあるけど，小数は分 母が10，100，1000などの分数で表す	

	ことができると思います。どうですか。（いいです）他にありませんか。	
C 11	0.12のことに戻るのだけど，0.12は100分の12で，これは約分ができるから25分の4になると思います。どうですか。（いいです）他にありませんか。先生お願いします。	
T 3		大丈夫ですか。おたずねがあったら出してくださいよ。
C 12	なぜ約分するのですか。	
C 13	これは100分の12のままで約分しなくてもいいと思うのだけど，約分はたし算などをするときに公倍数を見つけて，できるだけ大きくならないようにするために使うので，この場合は別に約分しなくてもいいと思います。どうですか。（いいです）他にありませんか。	
C 14	○○さんが言ってくれたことで，小数は分母が10，100，1000などの分数で表すことができます，ということなので，10とか100，1000のままで，約分したらバツということにはならないと思いますが，しなくてもいいと思います。どうですか。（いいです）他にありませんか。無いようなので，先生お願いします。	
T 4		もういいですか。なかなかテンポよく意見が続きましたが，0.7の場合は10分の7を使うと，分数にする場合にはね，その理由は0.1が10分の1だから10分の7になるよ，ということを言っ

		てくれました。それから0.12の場合は100分の12，これは0.01が100分の1だからという理由を言ってくれていたね。だから100分の12になると，それから次に0.008は1000分の8になると，これは0.001が1000分の1と同じだから，これをもとにしていくとわかりやすいね。その中で○○さんは約分できるのではないですか，という意見を出してくれました。とってもいいと思います。それで，これについては○○さんが言ってくれたように，約分してもしなくてもいいです。なぜかと言うと，分数で表しましょうだから，一旦分数で表せば，これはこれで正解です。しかし，○○さんが言ってくれたように，これは約分できますので，約分できるときは約分してもいいですね。これ，もう一度約分の仕方を解説してくれる人，いませんか。どのように約分できますか。
C 15	12も100も4で割れるから，25分の3になります。どうですか。（いいです）他にありませんか。	
C 16	1000分の8もどっちも偶数だから約分できるのですが，8で割ったら125分の1になります。どうですか。（いいです）他にありませんか。無いようなので先生お願いします。	
T 5		これね，2人とも4とか8で，一発で約分してくれましたけど，本当に4で割れるの，8で割れるのと，迷うこと

		が多いですよね。だから，そういうときはどうするか，わかる人いますか。
C17	100分の12の場合だったら，両方とも偶数だから2で割り切れるので50分の6になる。また2で割れるから25分の3になります。	
T6		25分の3に行き着きますね。今の○○君の方法でいいのです。いきなり4で割らなくてもいいのです。それはこっちでも同じですね。1000分の8をパッと8で割るのは難しいです。ですから，（2）2で割ります。（500分の4）そうですね。2で割るということはちょうど半分にすることですからわかりやすいですよね。また，500と4の顔ぶれを見て，（2）2で割れますよね。これが250分の2。（また2で割れる）また2で割れますね。偶数であり続ける限り，2で割り続けるわけだ。結局125分の1と，たどり着くわけですね。いいですか。では係さん，□の5番の方にいきましょう。
M5	□の5番で意見を出せる人はいませんか。	
C18	5は1分の5になると思います。どうですか。（いいです）他にありませんか。	
C19	12は1分の12になると思います。どうですか。（いいです）他にありませんか。	
C20	教科書にも載っているけど，整数は1	

	を分母とする分数とみることができます。整数も小数も，分数で表すことができると思います。どうですか。（いいです）他にありませんか。	
C 21	その理由は，1は1÷1，2は2÷1だから，5は5÷1で1分の5，12は12÷1で1分の12になると思います。どうですか。（いいです）他にありませんか。	
C 22	5は1分の1が5つあるから，1分の5になると思います。どうですか。（いいです）他にありませんか。	
C 23	前の授業のことを活かして考えたら，1は1÷1で，2は2÷1で，5÷1だと割られる数が分子で割る数が分母になるので，1分の5になると思います。どうですか。（いいです）他にありませんか。無いようなので先生お願いします。	
T 7		いいですね。5は，1分の5，12は，1分の12となります。前に学んだ分数というのは，分子を分母で割ればよかったね。1分の5というのは5÷1と全く同じですよね。だいじょうぶですか。5÷1は結局5ですね。だから，これと同じということが言えますね。同じく1分の12も12÷1ですから12ですね。結局「1分の」を使うと，整数も分数になることができるのだね。だいじょうぶですか。それでは先程○○さんも言ってくれましたが，小数だけでなく整数も分数で表すことができる

第Ⅵ章　マネジメントサイクルを視点に据えた授業実践　　231

		と，言えると思います。
		それでは，練習問題をやっていきましょう。6，7，8番です。
M6	それでは，5分間練習問題をやってください。	
	（※適用問題）	
M7	余裕がある人は，144頁の「もっと練習」をやってみてください。	
M8	答え合わせをします。まだ当ってない人で答えを書きに来てくれる人はいませんか。	
	（※全部で13名を指名）	
	（※答え合わせ）	
M9	何かおたずねのある人はいませんか。	
C24	7番の1.2はそれであっていますか。	
T8		これは2つの目盛りで0.1だね。ここが1.1だね。だからここが1.2だね。
C25	7番の0.8って違うと思うのですが。（ほんまや0.9になっている）	
C26	7番の1と2分の1と書いてあるところを1.5にした方がいいと思います。	
T9		1.5にしてくれてもいいのだけど，もとが1と2分の1だからね。それでいいと思います。
C27	7番の数直線の一番右にある1.75で，もとは4分の7なので，4分の7の方がいいと思います。どうですか。（いいです）他にありませんか。○○さん。	
C28	8番の0.45Lというのは100分の45Lで，単位がいると思います。どうですか。（いいです）他にありませんか。無	

T10	いようなので先生お願いします。	○○君が言った1.75ってどういうこと。 （直したやつを書いてしまったから） ああ，4分の7のことですか。では，元の数字を入れておいてくださいね。それを小数に直すと数直線で見つけやすいということだね。何ですか。
C29	問題が抜けているのだけど，7番の大きい順にかきましょうは。（もう並んでいるよ）	
C30	やらなくてもいいかもしれないけど，8番の100分の45Lは，5で割って20分の9Lになると思います。どうですか。（いいです）他にありませんか。無いようなので先生お願いします。	
T11		いいですね。今日は小数や整数を分数に直す方法を考えました。ただ，練習の⑦のように，数直線で場所を見つけるには，小数の方が見つけやすいこともありますので，使いやすい方をうまく使ってください。また，ここは2マスで0.1だから間違いやすいところでもありますね。では，振り返りを書いてみてください。
M10	（※本時の学習の振り返りをまとめる） 振り返りを発表できる人はいませんか。	
C32	私のめあては達成することができたし，前の授業を生かすこともできました。コツをつかめば，かなりかんたん	

	にできることがわかりました。この場合は約分しなくてもいいこともわかりました。	
C 33	小数を分数で表すことは，コツをつかめばかんたんでした。0.1 = 1/10，0.01 = 1/100，0.001 = 1/1000を忘れないようにしたいです。他にありませんか。	
C 34	今日は独自学習では発見できなかったことがみんなと話し合って発見することができました。とてもよかったです。練習問題の数直線はとてもむずかしくて，何度もまちがえたけれど，答えが分かったのでがんばったかいがあったなあと思いました。今回の分数はとても奥が深くておもしろかったです。次の単元の「人文字」もがんばりたいです。先生お願いします。	
T 12		いい振り返りができていると思います。次回は隣の頁のたしかめ道場をして，しっかりわかっているかどうかを確認していきます。それが終わったら，○○さんの振り返りにもありましたが，人文字という短い思考法単元ですが，そちらの方に入っていきます。では，今日の授業を終わりにしましょう。
子どもの発話語彙数6695文字（54%）		教師の発話語彙数5770文字（46%）

第2節　P（学習のめあて）とC（振り返り）の様相

a　P（学習のめあて）の分析と判断

　29名の12時間分のめあてレベルの結果は表9のようであった。

　学習のめあてが持てない子どもの判定は白紙，または授業に直接関係のない記述を行う場合とした。全ての子どもがしっかりと自分のめあてを持って授業に臨んでいる状態ではないが，半数以上の子どもが12時間分の授業に対して毎回忘れることなく自分なりの学習のめあてを持って臨むことができていた。事前（前日）に教科書をベースにした場合の指導内容が伝えられているので，その気さえあれば何かしらの学習のめあては持てるようになっていた。

　P2の事例としては，次のような学習のめあてがあった。

・第1時：分数について学ぼう。

・第2時：約分について考えよう。

　これらは何れも教科書に載っている見出し（表題）に，「考えよう」「学ぼう」「知ろう」「挑戦しよう」等の言葉をつけただけのものである。

　しかしながら，だからといってこの記述をした児童に対して，単純にP2を割り当てる訳にはいかない。すなわち，十分な独自学習をしている子どもでも，このような学習のめあてに行き着いている場合もあるからである。

　1つの立場としては，あくまでP2の基準は，P3，P4の発想を持たない場合において，学習のめあてを設定している場合とすることである。もう1つの立場としては，たとえP3以上の発想を持っていたとしても，記述として表れない限りは，P2と判定すべきだという判断になろう。

　P3の事例としては，次のような学習のめあてがあった。

・第4時：数が大きい分数や3つの分数を通分できるようにしよう。

表9　子どものめあてレベル一覧表

めあて	第1時	第2時	第3時	第4時	第5時	第6時	第7時	第9時	第10時	第12時	第13時	第14時
A児	2	2	2	3	3	3	2	2	1	3	3	3
B児	4	3	3	3	3	3	2	3	3	3	4	3
C児	2	2	2	3	2	2	3	2	2	3	3	3
D児	4	2	2	3	3	3	3	2	3	2	2	3
E児	2	1	2	3	2	1	3	1	2	2	2	3
F児	3	2	2	1	3	2	2	2	1	2	1	3
G児	2	2	3	2	2	3	2	3	3	2	2	3
H児	3	2	2	2	3	3	3	2	3	3	2	3
I児	2	3	1	2	3	2	2	2	3	3	2	3
J児	1	2	1	3	2	2	2	2	3	2	2	3
K児	2	2	3	3	2	2	3	2	2	2	3	2
L児	2	2	3	3	2	2	3	2	2	2	2	3
M児	4	2	3	3	2	2	2	3	3	3	3	3
N児	4	2	2	3	2	2	3	1	2	3	1	3
O児	2	2	3	3	3	1	3	2	3	3	3	3
P児	3	3	3	3	3	3	3	3	3	3	3	3
Q児	2	2	1	2	2	1	2	2	3	2	1	3
R児	3	2	2	3	2	欠席	欠席	2	3	2	3	2
S児	2	2	2	3	2	2	3	2	2	2	2	3
T児	3	2	2	3	3	3	2	2	3	3	3	2
U児	2	2	3	3	3	3	3	2	3	2	2	3
V児	2	2	1	1	2	2	3	3	3	2	2	3
W児	2	2	2	2	2	2	2	1	2	2	3	3
X児	3	2	2	2	2	2	2	2	2	2	2	3
Y児	3	3	3	2	2	2	3	2	3	2	4	3
Z児	3	3	3	3	2	1	1	1	1	2	3	3
a児	4	2	3	2	3	2	3	3	3	2	3	3
b児	2	2	2	2	3	2	2	2	1	2	2	2
d児	1	2	1	1	2	2	2	2	3	2	2	3

・第14時：小数を分数で表すにはどうしたらよいか考えよう。

　こうした学習のめあては，見出しを見るだけでは書けないものであり，少なくとも一度は教科書を読んだり吟味したりした上で現れるものだと考える。また，既習内容を生かして，次はどんな学習をするのだろうかと，思いを巡

らしているかもしれない。この学習のめあての特徴は、「活動」として表現されていることである。自分がどうしたいのか、そのことが現れることは、子どもが主体的な態度を有している証拠でもある。

P4の事例としては、次のような学習のめあてがあった。

・第2時：等しい分数の意味にもどって考え、約分について知ろう。

・第13時：わり切れなくてきちんとした小数で表すことのできないものを、四捨五入してみよう。

この学習のめあての特徴は、上記の「活動」による表現に加えて、「どのように活動するか」まで、記述が及んでいる。特に、算数での問題や課題の解決は、既習事項をうまく活かし、組み合わせて行うことが特徴であるが、どんな既習事項をどのように活用すればよいかがむしろ大事な点である。そうした考えにまで常に思考が及ぶようになれば、自律性が高まった姿になっていると我々は考える。ただし、このような困難点や新しい知の必要性を見出しためあてや学習の構えを持てる児童はごく少数だと考えられるし、逆に、こうした学習のめあてが子どもたちの中から少しずつでも生まれるよう、教師が指導を改善し発展させていくことが重要となる。こうした手立てを明らかにすることが、最終的な課題の1つにもなる。

b　C（振り返り）の分析と判断

29名の12時間分の振り返りレベルの結果は表10のようであった。

まず、C1（振り返りが書けない）は、その言葉の通り、全く何も書いていないか、授業とは関係のないことを書いている場合とした。問題の解き直しやポイント整理等に時間がかかり、振り返りが後回しになってしまう子どもも見受けられた。

C2の事例として、次のような振り返りがあった。

・第3時：今日は答え方や解き方がいろいろとわかってよかったです。

・第13時：ぼくは、最初むずかしくてわからないところがあったけど、最

表10 子どもの振り返りレベル一覧

振り返り	第1時	第2時	第3時	第4時	第5時	第6時	第7時	第9時	第10時	第12時	第13時	第14時
A児	3	3	5	3	3	3	3	3	3	3	4	3
B児	4	3	4	4	3	4	2	3	4	3	3	4
C児	2	3	4	3	4	4	3	2	3	4	3	3
D児	4	5	3	4	4	3	4	4	4	3	4	3
E児	2	3	3	3	2	3	2	2	2	1	3	2
F児	4	3	2	3	2	3	2	2	2	3	3	3
G児	3	3	4	3	3	3	2	3	3	3	4	3
H児	4	4	4	4	4	3	4	3	4	4	3	4
I児	2	3	3	3	3	3	2	4	3	3	3	3
J児	1	1	1	3	3	3	3	3	3	3	3	2
K児	3	4	3	3	3	4	3	3	5	3	3	4
L児	3	3	3	4	3	4	3	3	3	3	3	4
M児	3	3	3	3	3	3	4	3	4	4	3	4
N児	3	3	3	4	4	3	3	3	3	3	3	3
O児	3	3	3	3	3	1	2	2	2	3	2	3
P児	3	5	4	4	6	4	4	4	5	4	4	4
Q児	3	2	2	1	1	1	2	2	3	3	3	2
R児	1	3	3	3	欠席	欠席	2	3	3	3	4	3
S児	4	4	4	3	4	4	3	3	3	3	4	4
T児	3	3	3	3	3	4	2	5	3	3	3	3
U児	3	3	4	3	3	3	3	3	3	3	3	4
V児	2	2	1	1	2	2	2	2	2	2	3	3
W児	3	2	3	2	2	3	2	3	3	3	3	2
X児	2	3	3	3	3	4	3	4	4	3	2	2
Y児	3	4	3	3	4	4	3	3	5	4	4	4
Z児	3	3	3	3	2	3	2	2	2	2	3	3
a児	2	2	2	3	2	2	2	3	3	3	3	2
b児	2	3	2	2	2	3	3	3	2	2	2	2
d児	3	1	3	3	3	3	2	4	2	3	2	4

後はわかってよかったです。

　筆者の経験から，５年生くらいになれば，ただ単に「楽しかったです」「よかったです」というだけの情意的な感想はあまりないが，本時の具体的な学習課題にほとんど触れていない振り返りは多くある。上記の例がそれにあたるものであり，このような振り返りを，本研究ではＣ２のレベルに位置づけることとする。実践上の課題としては，こうした子どもたちには，「わかったことや気づいたこと」「友達の考えでよかったこと」「もっとやってみたいこと」等の具体的な観点を示して，指導していくことが必要であろう。

　Ｃ３は，本時の学習課題を踏まえた振り返りができているかどうかを吟味する。この事例としては，次のような振り返りがあった。

　・第２時：めあての通り，約分の意味について知れたのでよかったです。
　　　　　　そして，約分をする時に，最大公約数を使って約分すると簡単
　　　　　　になることがわかりました。

　・第13時：今日の僕のめあては達成できたと思うのでよかったです。1/7
　　　　　　を小数になおすわり算もできたのでよかったと思います。四捨
　　　　　　五入することもわかったのでよかったです。

　本時の学習課題に沿った振り返りは，自分の立てた学習のめあてに沿って，具体的に振り返りをしていることが重要である。逆に，授業で行った取り組みに言及せずに，学習のめあてに含まれる言葉を入れてまとめを書いただけのものについては，Ｃ３とは判断しない。

　Ｃ４は，学習のめあてに沿った振り返りと共に，自己や他者への気づきを含むものであり，この事例としては，次のような振り返りが相当する。

　・第４時：通分は昨日とで２回目だったけど，よく分かりました。３つの
　　　　　　分数を通分するときは，しっかりと３つの分母の公倍数を見つ
　　　　　　けることが大切だと思いました。そして，「通分しましょう」
　　　　　　と「どちらが大きいですか」のちがいに気をつけたいです。め
　　　　　　あても達成できたのでよかったです。

第Ⅵ章　マネジメントサイクルを視点に据えた授業実践　239

・第14時：小数を分数に表すとき，0.1＝1/10，0.01＝1/100，0.001＝1/1000ということを使ったら，とてもかんたんだということが分かりました。また，整数を分数に直すとき，1＝1÷1，2＝2÷1ということを使うとわかりやすかったです。めあては達成できました。

　これらの振り返りは，学級の他の子どもが発言した内容を踏まえたものである。他者の意見を取り込んで，さらにその考え方のよさやめあてとの関係まで言及できているので，本研究では，本時の学習課題と他者や自己への気づきを踏まえた振り返りができているものとして，Ｃ４と判断した。

　Ｃ５は，Ｃ４に加えて，考え方を踏まえた新しい課題（学習や生活）の設定が見られるものであり，この事例としては，次のような振り返りになると考える。

・第10時：なぜわり算をするのに答えを求めるときはかけ算をするの？私もそう思いました。でも，よくよく考えると，面積図はそのおたずねのためにあるのに気づきました。面積図を使うと，すいすい口が動いていきました。よかったです。分数×整数とのちがいは，分子をかけるか分母をかけるかのちがいだと思います。説明もできたので，めあて達成です。おたずねで，面積図をかくとき，分子の方が大きいときは，どうやってかければいいですか？

　この事例では，面積図を書くよさに言及するだけでなく，他の数値の場合での面積図の書き方に触れて，次なる課題を設定している。

c　学習のめあてと振り返りの連動性およびレベルの上昇に関する分析

　めあてレベルと振り返りレベルの連動性について，Ｈ児の事例を通して検討する。

　第３時の学習のめあて設定で，「通分について知り，通分できるようにす

る」というＰ２レベルの学習のめあてを立てて授業にのぞんでいたが，その授業の終盤の振り返りでは，「通分は分母の最小公倍数を求めて，それを分母にしたらかんたんでした。通分の意味もわかったし，できるようになったので，めあては達成できました。いろいろな分数を通分して，大きさをくらべていきたいです。答の書き方もわかりました。明日も通分のことをより深めていきたいです」というＣ４レベルの振り返りを行っていた。そして，次時の第４時の学習のめあて設定では，「通分のしかたを考え，また説明する」というＰ２レベルの学習のめあてを立てている。レベルそのものは，Ｐ２→Ｃ４→Ｐ２という具合に，めあてレベルよりも振り返りのレベルが高いものの，内容的につながっていることが分かる。こうした内容のつながりを，本研究では「連動性」と表現している。

　これらがどのような連動性を有しているかの全体的な傾向と児童個々の傾向の両方を，まずは捉えなければならない。全体的な傾向としては，学習のめあてレベルがどの程度であれば，あるいは振り返りのレベルがどの程度であれば，学習のめあてと振り返りとの連動性が生じやすいのかといった傾向を調べる必要があると考えている。因みに，学習のめあてと振り返りのレベル平均値の相関係数は0.645，回帰式は $y = 1.1773x + 0.1835$ で，Ｒ－２乗値は0.416であった。十分な数値に達しているとは言えないが，めあてレベルと振り返りレベルの連動性について正の相関が見られた。その上で，めあてレベルと振り返りレベルのつながり方の特徴を明らかにしていきたい。

　次に，めあてレベルが上昇している児童の事例を挙げてみる。例えばＪ児の12時間分のめあてレベルの変遷を追ってみると，Ｐ１（第１時）→Ｐ２（第２時）→Ｐ１（第３時）→Ｐ３（第４時）→Ｐ２（第５時）→Ｐ２（第６時）→Ｐ３（第７時）→Ｐ２（第９時）→Ｐ３（第10時）→Ｐ３（第12時）→Ｐ３（第13時）→Ｐ３（第14時）であった。完全な右肩上がりではないが，時数を追うごとに安定した学習のめあてが持てるようになっていた。また，振り返りレベルが上昇している児童の様相として，Ｖ児の12時間分の振り返りレベルの変遷を追

うと，Ｃ２（第１時）→Ｃ２（第２時）→Ｃ１（第３時）→Ｃ１（第４時）→Ｃ２（第５時）→Ｃ２（第６時）→Ｃ２（第７時）→Ｃ２（第９時）→Ｃ２（第10時）→Ｃ２（第12時）→Ｃ３（第13時）→Ｃ３（第14時）となっていた。つまり，単元の当初では，挙手や発言ができたかどうか，問題ができたかどうか等についての情意的な振り返りに終始していたが，単元の終盤になって，学習課題に沿った振り返りや気づき等の記述が見られるようになった。

　いずれのレベルも，学習のめあてや振り返りのレベルの上昇や下降があるが，徐々に安定する傾向が見られた。この要因について明らかにすることも，今後の大きな課題になる。例えば，それが学習の継続性によって学習の構えが高まる，といったことが要因として考えられるだろうし，級友による振り返り等を聞いて，自分の振り返りに活かしていったことも要因として考えられる。また，学習のめあてと振り返りを結ぶ教授学習過程や，記述の仕方に関する教師の働きかけの仕方が，大きな要因として考えられる。今後は，様々な要因を考慮して比較分析することによって，学習のめあてと振り返りのレベルの安定や上昇の要因の解明に向けて，研究を進めていきたい。

d　この節のまとめ

　今回の事例研究を通して，子どもたちの学び方の変化や学習のめあてレベルと振り返りレベルが正の相関関係を示していたこと等から，RPDCAサイクルが一定の役割を果たしていることがわかった。学習のめあてを教師側から提示しなくても，子どもたちの側から引き出すようにすることで，子どもたちの言葉や思いで学級の学習のめあてが作れるようになる。また，授業の終盤に子どもたちが自分のめあてにそって振り返りを行うことで，学習のめあてが形だけのものに終わらず，その１時間を通して意義のある存在価値を示すようになる。さらに，次の授業内容に思いを馳せる子どもたちも増え，１つ１つの授業が単発で終わらずに，線で繋がるようになる。今回のように研究の枠組みを設定することで，そうした変化を捉えることができた。この

枠組みを作ったことにより，子どもたちの学びの意識をより客観的に見られるようになった。この枠組みがなければ，ただ単に「学習のめあてが持てていた」「いい振り返りが書けていた」という大枠のままで子どもたちを見続けていたことであろう。また，そうした意識の変革は，子どもたちの側にも表れていた。その後の単元でも級友や教師のアドバイスを受けて，次に活かそうとする姿が多く見られた。振り返りでは次の学習のめあてにつながるような言葉が増え，学習のめあてについて授業前に教師に相談に来る場面が増えた。そうした子どもたちの自律的な学びの姿勢は，授業に臨む前の教師側にも多元的な価値を広げさせてくれていた。

　しかし，学習のめあてや振り返りのレベルは様々である。今後の課題として，学習のめあてレベルをP1からP4に向けて高める方法，振り返りレベルをC1からC5に高める方法，およびそれらを結ぶ授業づくりのあり方を，多くの事例を挙げながらより明確な形で示していく必要がある。そして，子どもの具体的な姿を通して，この学習サイクルの効果と課題をさらに整理していきたい。

第3節　P（学習のめあて）の精緻化

a　教師による学習のめあてとレベル判定結果

　学習のめあての部分に関しての吟味では，子どもがどのような学習のめあてを持ち，あるいは授業時数の増加にともなって，その学習のめあてがどのように変容していくかを分析することが必要であるが，学習のめあては子どもの考えだけで決まるものではなく，教師とのやりとりによって影響を受けるものでもある。したがって，学習のめあての内容を分析する上で，教師側がどのような学習のめあてを事前に想定しているかを明らかにしておくことは必要であろう。そうした学習のめあては，指導書等に載っている目標その

第Ⅵ章　マネジメントサイクルを視点に据えた授業実践　243

ものというより，クラスの子どもたちの現状にあわせたものでなければならない。そのようなものとして，本研究での分数単元の毎時のめあてを，表11のように事前設定した。

　研究授業等では，どの教師も本時の目標を指導案上に明記している。しかし，その表現は教師による大人向けの表記が多く，即子どもに通じるものとは言い難いことが多い。一つ一つの授業においてどんなことを子どもたちに達成してほしいのか，子どもたちの言葉に落として，教師が常に意識している必要がある。その上で，子どもたちがどんな学習のめあてを持って授業に臨んでくるのか，そこをしっかりと見取っていきたい。

　子どもの学習のめあての分析に関しては，まず分数単元12時間分の授業において，子どもが立てた毎時のめあてを一覧表（前節表8）に整理していっ

表11　教師側の毎時の学習のめあて

第1時	等しい分数のつくり方を考えよう。
第2時	約分の意味とその仕方について理解しよう。
第3時	通分の意味を知り，大きさくらべができるようにしよう。
第4時	通分の仕方について理解を深めよう。
第5時	分母のちがう分数のたし算の仕方を考えよう。
第6時	分母のちがう分数のひき算の仕方を考えよう。
第7時	帯分数の計算の仕方を考えよう。
第8時	(今までに習った分数の計算を確実にできるようにしよう。※復習，練習問題)
第9時	分数×整数の計算の仕方を考えよう。
第10時	分数÷整数の計算の仕方を考えよう。
第11時	(今までに習った分数の計算を確実にできるようにしよう。※復習，練習問題)
第12時	わり切れないときの商の表し方を考えよう。
第13時	分数を小数で表すことを考えよう。
第14時	小数や整数を分数で表す仕方を考えよう。
第15時	(分数の学習で学んだことをたしかめよう。※復習，練習問題)

た。特に見極めが難しいP2とP3のレベル判定では，キーワードを大きな指針とした。例えば，第5時の教師が事前に持ち合わせていためあては，「分母のちがう分数のたし算の仕方を考えよう」であった。よって，ここでのキーワードを「分母のちがう」とした。「分数のたし算」は見出しだけで取り出すことができるが，「分母のちがう」というキーワードは学習問題に触れてみなければ出てこない。したがって，「分数のたし算の仕方を考えよう（Z児）」はP2となり，「分母のちがう分数のたし算をしよう（A児）」はP3と判定した。同様に，第9時の教師が事前に持ち合わせていためあては「分数×整数の計算の仕方を考えよう」で，ここでのキーワードは「分数×整数」とした。したがって，「分数のかけ算について知ろう。また，できるようにしよう（U児）」はP2，「分数×整数のかけ算のやり方を考え，理解しよう（M児）」はP3と判定した。

　これらを判定した一覧表の度数から，円グラフの割合で表したのが図9である。レベル2が最も多くて48％，続いてレベル2が42％で，合わせて90％を占めた。レベル4は，全度数348の内わずか度数7で2％であった。この結果の考察についても，後で触れることにする。

　以下では，各段階における水準の判定の仕方を実践事例と共に吟味していく。併せて，時数ごとの様相，児童個別の様相，レベル上昇の様相，めあて

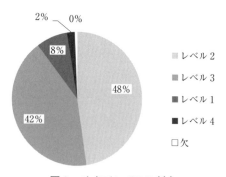

図9　めあてレベルの割合

第Ⅵ章　マネジメントサイクルを視点に据えた授業実践　245

レベルの細分化等についても言及していくこととする。

b　P（学習のめあて）に関する各レベルの詳細

(1)P 1 レベルの詳細

　めあてが持てない子どもの判定は，単純に白紙または授業に直接関係のない記述を行う場合である。分数の授業12時間分で，自分なりのめあてが事前に持てていたかどうかの割合は表12のようであった。全ての子どもが完全に自分のめあてを持って授業に臨んでいる状態ではないが，半数以上の子どもが12時間分の授業に対して毎回自分なりのめあてを持って臨むことができていた。自分のめあてを持つ回数が最も少なかった子どもでも，12時間の内8時間は自分なりのめあてを持って授業に臨んでいたことになり，全時間を通して学習のめあてが持てていた割合は92％であった。即ち，次の日に算数の授業があれば，前時の流れから次がどんな授業になるのか，およその見当をつけて授業に臨むことが当たり前の状況になっていた。

　授業間の連続性を意図した授業づくりを行っていれば，学習のめあてが持てないという子どもの数は少なくなるが，それにもかかわらずほんの数名はいるのであり，こうした子どもに学習のめあてを持たせる工夫を構想することは，今後の課題となる。

(2)P 2 レベルの詳細

　P 2 の事例としては，次のような学習のめあてがあった。

表12　事前に自分のめあてが持てていた割合

持てなかった回数（回）計12回	0	1	2	3	4	5〜12
持てた割合（％）	100	91.7	83.3	75	66.7	58.3〜0
人数（人）計29人	16	5	3	4	1	0
相対的な割合（％）	55.2	17.2	10.3	13.8	3.4	0

・第1時：分数について学ぼう。

・第2時：約分について考えよう。

・第3時：通分について知ろう。

・第5時：分数のたし算ひき算に挑戦しよう。

・第9時：分数のかけ算について知ろう。

・第10時：分数÷整数について考えよう。

・第12時：わり算と分数の関係を考えよう。

・第13時：分数・小数・整数の関係を学ぼう。

　これらは何れも教科書に載っている見出し（表題）に，「考えよう」「学ぼう」「知ろう」「挑戦しよう」等の言葉をつけただけのものである。自分でめあてを立てることに慣れてくると，このP2レベルのめあては比較的容易に立てることができる。但し，ノートに見られる独自学習の質や量には随分と差がある。

　1つの立場としては，あくまでP2の基準は，P3，P4の発想を持たない場合において，めあてを設定している場合とすることである。もう1つの立場としては，たとえP3以上の発想を持っていたとしても，記述として表れない限りは，P2と判定すべきだという判断になろう。

　本研究の立場としては，判断の客観性の立場から，また，表現できることを重視する立場から，記述に表れるものとして，水準判定していくものである。ただし，記述に表れないような，子どもが有するより高い水準の学習のめあてを無視するわけではない。むしろそれをできるだけ見取って，記述できるように指導の工夫を行っていく。すなわち，Pの段階では記述レベルでの判定を行うものの，P（学習のめあて）とC（学習の振り返り）を結ぶD（個，グループ，全体での学び）の段階での指導の一つとして，学習のめあてを含む子どもの考えの見取りとそれを活かす工夫を考えていくものである。そうした指導上の工夫によって，子どものPの記述レベルを積極的に上げていきたいと考えている。

(3) P 3 レベルの詳細

　学習内容に踏み込んだ学習のめあては，教師側の指針となる学習のめあてに近い。前時までの学習を踏まえていて，且つ本時の学習問題の内容もおよそつかめているため，授業の冒頭の段階では十分な学習の構えができていると考えられる。実際には，主に次のような事例があった。

- ・第１時：分数の大きさをくらべて，数直線で表したりしよう。
- ・第２時：15／20より分母の小さい等しい分数をみつけよう。
- ・第３時：３／５と２／３の大きさをくらべよう。
- ・第４時：数が大きい分数や３つの分数を通分できるようにしよう。
- ・第５時：分母のちがう分数のたし算をしよう。
- ・第６時：分母のちがう分数のひき算のしかたを学ぼう。
- ・第７時：帯分数のたし算，ひき算に挑戦しよう。
- ・第９時：「分数×整数」のかけ算のやり方を考え，理解しよう。
- ・第10時：分数÷整数をして，分数×整数とのちがいを見つけよう。
- ・第12時：整数÷整数の商を分数で表そう。
- ・第13時：分数を小数に表すしかたを考えよう。
- ・第14時：小数を分数で表すにはどうしたらよいか考えよう。

　こうした学習のめあては，見出しを見るだけでは書けないものであり，少なくとも一度は教科書を読んだり吟味したりした上で現れるものだと考える。また，既習内容を活かして，次はどんな学習をするのだろうかと，思いを巡らしているかもしれない。自分がどうしたいのか，そのことが現れることは，子どもが主体的な態度を有している証拠でもある。

　学習内容に踏み込んだ学習のめあては，教師側の指針となるめあてに限りなく近い。授業で設定されるめあては，まさに既習内容の確認と新しい学習との狭間から生まれるものであるので，ある意味では当然のことではあるが，授業の冒頭の段階において十分な学習の構えができていることは，単に授業の中で与えられた学習のめあてを知ることとは，主体性の意味で大きく異な

248

⑷P 4 レベルの詳細

　P 3 レベルでは，本時の学習内容に踏み込んだところで留まっているものを取り上げたが，P 4 レベルでは，すでに探究を行い，困難点や新しい知の必要性が見出されているものを取り上げた。少数であったが，主に次のような事例があった。

- ・第 1 時：分母がちがう分数のどちらが大きいかを考えてみよう。
- ・第 1 時：分母がちがう 2 つの分数の大きさの比べ方を知ろう。
- ・第 1 時：分数の大きさ比べをして，分母と分子の関係について知ろう。
- ・第 1 時：分母のちがう分数どうしの大小や計算について考えよう。
- ・第 1 時：分数について知ろう。また，分母がちがう分数どうしの大小や計算について知ろう。
- ・第13時：わり切れなくてきちんとした小数で表すことのできないものを，四捨五入してみよう。
- ・第13時：分数を小数で表してみよう。また，わり切れない数は四捨五入して表そう。

　今回の12時間分のデータにおいて，P 4 であるとはっきり断定できた事例は第 1 時と第13時にしか存在しなかった。第 1 時は単元の始まりであったため，その 1 時間だけというより，単元全体（あるいは冒頭の数時間分）を見取ってめあてを立てている子どもが多く存在するため，「どちらが大きいかを考えて」「2 つの分数の大きさの比べ方」「分母と分子の関係」「分母がちがう分数どうしの計算」という新しい知の必要性を見出した表現が出やすかったと考えられる。第13時は，学習問題を解決していくにあたって，「分数を小数で表すこと」と「割り切れない数の処理」という 2 つのハードルが存在するため，困難点がめあてのレベルアップにつながったと考えられる。この第13時の事例で比較してみると，P 3 では「分数を小数に表すしかたを考え

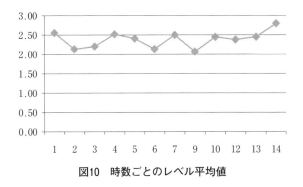

図10 時数ごとのレベル平均値

よう」(T児) 等に留まっていただけに，P3とP4の違いは十分にある。

c 時数ごとの主な様相

時数ごとのレベル平均値は図10のようであった。12時間分のちらばりは2.07から2.79で，中でも終盤の4時間分は安定した高い水準を維持した。ただし，P4レベルの様相でも触れたように，学習問題を解決していくにあたって，困難点や新しい知の段階が複数存在すると，めあてレベルが高くなる傾向がある。しかし，その前提として，その領域に行き着くには，学習問題に触れなければならない。安易に教科書の見出しを捉っただけのめあてづくりをしていては，困難点に出会うこともなければ新しい知の必要性を感じることもない。そういう意味では，表出上はP2レベルのめあてであっても，潜在的にP3レベルのめあてを持って授業に臨めている子どもが多く存在していたのではないかと考えられる。

d 児童個別の様相

児童別のレベル平均値は図11のようであった。29人の12時間分のちらばりは1.92から3.08で，大きな開きは見られなかった。これは，ほとんどの子どもの学習のめあてがP2からP3を行き来したレベルにあったためだと考え

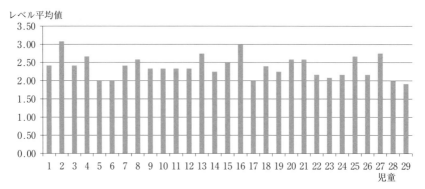

図11　児童別のレベル平均値

られる。最も低位となった1.92の子どものノートを分析すると，事前に学習のめあてが持てなかったことが3回あり，そのことが平均値を下げた要因となったが，その際にも何らかの独自学習に取り組んでいた形跡があった。即ち，この子どもに関しては，何かしら授業前に自分なりの独自学習をする習慣がついていたと判断できるが，そこから自分なりの学習のめあてを立てることを忘れてしまうことがあったため平均値を下げたと言える。

また，授業の冒頭で本時の学習のめあてを聞き取る際に，積極的に挙手発言をしていたのはＰ3の子どもたちであったことが，ビデオ分析の結果でわかった。実際に学習問題のイメージが持てている子どもは，授業の冒頭から積極的な学習態度であった。

e　レベル上昇の様相の仮説

めあてレベルが上昇している子どもの様相を掴むために，3名の12時間分のめあてレベルの変遷を追ってみた。この3名は，本単元に入るまでに，自分の学習のめあてをあまり持てていなかった子どもたちである。

　○Ｊ児：Ｐ1（第1時）→Ｐ2（第2時）→Ｐ1（第3時）→Ｐ3（第4時）→Ｐ2（第5時）→Ｐ2（第6時）→Ｐ3（第7時）→Ｐ2（第9時）→Ｐ3

（第10時）→P3（第12時）→P3（第13時）→P3（第14時）

○V児：P2（第1時）→P2（第2時）→P1（第3時）→P1（第4時）→P2（第5時）→P2（第6時）→P3（第7時）→P3（第9時）→P3（第10時）→P2（第12時）→P2（第13時）→P3（第14時）

○d児：P1（第1時）→P2（第2時）→P1（第3時）→P1（第4時）→P2（第5時）→P2（第6時）→P2（第7時）→P2（第9時）→P3（第10時）→P2（第12時）→P2（第13時）→P3（第14時）

　この3名は，完全な右肩上がりではないが，時数を追うごとに安定した学習のめあてが持てるようになっていた。子どもの側から考えられるその要因としては，次のことが予想できる。

①毎時間自分なりのめあてを考えようとすることで，学びの連続性が生まれ，学習の構えが自然と高まる。

②授業の冒頭で級友のめあてを聞き合うことで，自分のめあて作りの参考にできる。

③自分自身で自己決定しためあてが，学習プロセスのDo（さらなる独自学習，グループ交流，全体交流）の中で立ち戻る場所として機能する。

④教師からの積極的な声かけ。

⑤教師から「学習規範に関するめあてよりも，学習内容に関するめあてを中心に立てるようにしよう」という助言。

等が考えられる。

　①と②と③はRPDCAサイクルによるものである。④は「次の授業も自分でめあてを考えてみようね」「問題に少しあたってからめあてを考えてみるといいよ」等の教師からの積極的な声かけで，⑤は「先生や友達の話をしっかり聞く」「たくさん手を挙げる」等の学習規範に関するめあてから，学習内容そのものの探究へ移行していくことを促した教師の働きかけである。現状では，これらをレベル上昇の仮説として考え，今後の研究の中で検証していくことにする。

f　めあてレベルの細分化

　ここまで，各段階の様相や時数ごとの様相，児童個別の様相，レベル上昇の様相等について言及してきた。その過程の中で，Ｐ２レベルの子どもたちについては，もっと細分化して見取っていく必要性を感じた。というのも，Ｐ２レベルの枠組みは「教科書の見出しを参考にしためあて」として判断してきたが，全度数の48％を占めるＰ２の実態は，大きく２つに分けられ，またその両者には大きな質的違いがあると考えられるからである。

　１つは，文字通り「教科書の見出しを参考にしただけのめあて」で，学習活動がほとんどイメージできていない場合である。この場合は，教科書をさっと開いて，瞬時の内に学習のめあてを立ててしまっている。取り敢えず形を整えているだけの様子も見受けられる。

　もう１つは，最初に表出しためあてが「教科書の見出しを参考にしためあて」になってしまっているが，実際には自分なりに学習課題にあたっている場合である。つまり，このタイプの子どもたちは，実際に授業が始まっていくと，本時の課題意識を持って学習活動に取り組む。一例として，第９時のＤ児のノート（図12）であるが，事前学習では「分数のかけ算について学習しよう」というＰ２レベルのめあてで始めているが，ことばの式や線分図，面積図等を用いながら，自分の力で学習にあたっている様子が見てとれる。そして，実際に授業が始まると，皆のめあてを聞き取りながら，新たにＰ３レベルの「分数×整数の計算のしかたを考えよう」と捉え直している。その様子は，Ｐ３レベルの子どもたちと遜色ないぐらいである。

　よって，この両者には随分と大きな差があると言えるため，授業に向かう前の独自学習について，再度子どもたちのノートを全て分析し直した。その結果，その両者の違いがはっきりとしてきた。そこで，事前に自分なりの学習課題にあたってから，教科書の見出し的なめあてを立てている場合は，めあてレベルを２から2.5に変更してみた。それをもう一度整理し直したのが，

第Ⅵ章　マネジメントサイクルを視点に据えた授業実践　253

表13の一覧表である。この一覧表から，レベル2.5以上を十分自律的な学習につながるめあてであると判断した場合，実に15人（29人中）の子どもが全時数において該当した。この段階で，少なくともこの15人の子どもたちは，RPDCAサイクルを活かした算数の学びが定着していると考えられる。

したがって，このレベル2.5を適切に位置付けていくことが必要になると示唆される。

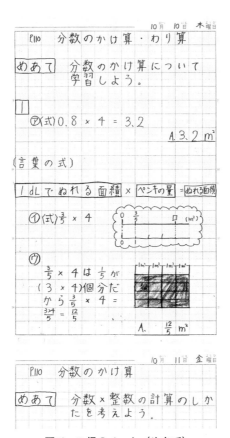

図12　D児のノート（めあて）

表13　子どものめあて（細分化）レベル一覧表②（5年，分数，12時間分，29名）

めあて （細分）	第1時	第2時	第3時	第4時	第5時	第6時	第7時	第9時	第10時	第12時	第13時	第14時
A児	2.5	2.5	2.5	3	3	3	2.5	2.5	1	3	3	3
B児	4	3	3	3	3	3	2.5	3	3	3	4	3
C児	2.5	2.5	2.5	3	2.5	2.5	3	2.5	2.5	3	3	3
D児	4	2.5	2.5	3	3	3	3	2.5	3	2.5	2.5	3
E児	2	1	2	3	2.5	1	3	1	2	2.5	2.5	3
F児	3	2.5	2.5	1	3	2	2.5	2	1	2	1	3
G児	2.5	2.5	3	2	2.5	3	2.5	3	3	2.5	2.5	3
H児	3	2.5	2.5	2.5	3	3	3	2.5	3	3	2.5	3
I児	2.5	3	1	2.5	3	2	2	2	3	3	2	3
J児	1	2	1	3	2.5	2	3	2.5	3	3	3	3
K児	2.5	2.5	3	3	2.5	2.5	3	2.5	2.5	2.5	3	2
L児	2.5	2.5	3	3	2.5	2.5	3	2.5	2.5	2.5	2.5	3
M児	4	2.5	3	3	2	2.5	2.5	3	3	3	3	3
N児	4	2.5	2.5	3	2	2.5	3	1	2.5	3	1	2
O児	2	2.5	3	3	3	1	3	2	3	3	3	2
P児	3	3	3	3	3	3	3	3	3	3	3	3
Q児	2	2.5	1	3	2	1	2	2	3	2.5	1	3
R児	3	2	2	3	2	欠席	欠席	2	3	2.5	3	2
S児	2.5	2.5	2.5	3	2.5	2.5	3	2.5	2.5	2.5	2.5	3
T児	3	2.5	2.5	3	3	3	2.5	2.5	3	3	3	2
U児	2.5	2.5	3	3	3	3	3	2.5	3	2.5	2.5	3
V児	2.5	2.5	1	1	2.5	2.5	3	3	3	2.5	2.5	3
W児	2	2.5	2	2.5	2.5	2	2	1	2.5	2.5	3	3
X児	3	2.5	2.5	2.5	2.5	2.5	2.5	2.5	2.5	2.5	2.5	3
Y児	3	3	3	2.5	2.5	2.5	3	2.5	3	2.5	4	3
Z児	3	3	3	3	2.5	1	1	1	1	2.5	3	3
a児	4	2.5	3	2.5	3	2.5	3	3	3	2.5	3	3
b児	2	2.5	2.5	2.5	3	2.5	2	2.5	1	2.5	2.5	2
d児	1	2.5	1	1	2.5	2.5	2	2.5	3	2.5	2	3

第Ⅵ章　マネジメントサイクルを視点に据えた授業実践　255

g　この節のまとめ

　今回の事例研究では，Plan（学習のめあて）のレベル別枠組みを４段階に分けて検証を始めてみたが，Ｐ２とＰ３の判定を客観的に判断するのが難しいために，キーワードとなる言葉を設けてレベル分けを行った。表出された文言上では，それで一覧表に整理することができたが，Ｐ２に関してはどうしても質的な違いを感じずにはいられなかった。そこで，Ｐ２に関してはめあての文言だけでなく，事前の独自学習の様子も含めてさらにレベル分けをすることにした。ある程度の独自学習をした上で見出し的なめあてに行き着いた場合はレベル2.5と区別することで，子どもの学びに対する自律的な進展をすっきり色分けすることができた。また，今回レベル上昇の仮説を立てることができたので，別の事例でも試すことができそうである。今後の課題としては，Ｐ以外の要素を如何に効果的にしていくことがＰを高めることに繋がるのか，その関係性を探って整理していきたい。

第４節　Ｃ（振り返り）の精緻化

a　Ｃ（振り返り）に関するレベル判定結果

　振り返りレベルの枠組みに沿って，５年生の分数単元12時間分について，子どもたちがそれぞれどのような振り返りをしていたかを調べ，レベル判定した一覧表の度数を，円グラフの割合で表したのが図13である。レベル３が最も多くて53％，続いてレベル４が21％，レベル２が20％，レベル１が３％，レベル５が２％であった。全体の約半数を占めるレベル３の度数を，少しでも多くレベル４に引き上げていくことが，指導者としての必要な支援であろう。

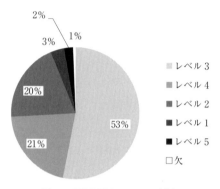

図13　振り返りレベルの割合

表14　学習の振り返りが書けていた割合

書けなかった回数／12回	0	1	2	3	4〜12
書けた割合（％）	100	91.7	83.3	75	66.7〜0
人数（人）計29人	22	4	1	2	0
相対的な割合（％）	75.9	13.8	3.4	6.9	0

b　C（振り返り）に関する各レベルの詳細

(1)C1レベルの詳細

　まず，C1（振り返りが書けない）は，その言葉の通り全く何も書いていないか，授業とは関係のないことを書いている場合である。

　調査において，授業の終盤に，学習の振り返りが書けていたかどうかの割合は表14のようであった。時間がなくて子ども任せになっていた時もあったものの，およそ75％の子どもは学習の振り返りを欠かすことなく書くことができていた。振り返りを書くことを日常化する指導をしていけば，振り返りを書く習慣は多くの子どもに定着することが分かる。因みに，全時間を通して振り返りが書けていた割合は97％であった。

第Ⅵ章　マネジメントサイクルを視点に据えた授業実践　257

⑵C2レベルの詳細

　C2の事例として，例えば次のような振り返りがあった。

　　・第2時：今日も挙手はできなかったけど，問題はしっかりできたので良
　　　　　　かったです。

　　・第9時：めあてを達成し，問題も全問正解してよかったです。

　　・第12時：今日の私のめあては達成できたと思います。そして，もっと手
　　　　　　を挙げて発言したいです。

　筆者の経験から，5年生くらいになれば，ただ単に「楽しかったです」
「よかったです」というだけの情意的な感想はあまりないが，本時の具体的
な学習課題にほとんど触れていない振り返りは多くある。この集団の特徴と
して，「めあてが達成できた，できなかった」「挙手発言ができた，できなか
った」という振り返りは毎回のように見られる。このことは，教師の普段の
声かけによるところが大きく影響していると考えられるが，そこから一歩踏
み出て，本時の具体的な学習内容に触れられるように支援したいところであ
る。

⑶C3レベルの詳細

　C3は，本時の学習課題を踏まえた振り返りができているかどうかを吟味
する。この事例としては，次のような振り返りがあった。

　　・第2時：めあての通り，約分の意味について知れたのでよかったです。
　　　　　　そして，約分をする時に，最大公約数を使って約分すると簡単
　　　　　　になることがわかりました。

　　・第3時：通分は，分母のちがう分数を，分母が同じ分数になおすことを
　　　　　　通分ということが知れてよかったです。めあても達成できてよ
　　　　　　かったです。

　　・第5時：この授業で，通分するとかんたんにたし算ができることが分か
　　　　　　ったので，いろいろな数で試してみたいです。また，次のひき

算も同じ方法でしたいです。

・第9時：分数のかけ算でも，分子だけをかけるのでかんたんでした。でも，約分し忘れたりするのは要注意。次回は分数のわり算をがんばりたいです。

　本時の学習課題に沿った振り返りは，自分の立てためあてに沿って，具体的に振り返りをしていることが重要である。逆に，授業で行った取り組みに言及せずに，めあてに含まれる言葉を入れてまとめを書いただけのものについては，Ｃ３とは判断しない。上記の第2時の例で言うと，単に約分を行ったことだけでなく，最大公約数を使って約分したことで簡単になる，という振り返りができているので，Ｃ３の事例として判断した。

(4)Ｃ４レベルの詳細

　Ｃ４は，めあてに沿った振り返りと共に，自己や他者への気づきを含むものであり，この事例としては，次のような振り返りが相当する。

・第4時：通分は昨日とで2回目だったけど，よく分かりました。3つの分数を通分するときは，しっかりと3つの分母の公倍数を見つけることが大切だと思いました。そして，「通分しましょう」と「どちらが大きいですか」のちがいに気をつけたいです。めあても達成できたのでよかったです。

・第5時：分母のちがう分数のたし算は，通分すればかんたんでした。通分すれば分母が同じになるからです。できるだけ最小公倍数で通分するけど，公倍数でもいいのは通分と同じでした。次の授業の分母のちがう分数のひき算もがんばりたいです。

・第7時：帯分数のたし算，ひき算は仮分数に直したり，整数と分けるなど，2つの方法がありました。理解できたのでよかったです。私は仮分数の方がやりやすかったです。分けて計算する方は間違った問題もあったので，しっかり復習しておきたいです。

これらの振り返りは，学級の他の児童が発言した内容を踏まえたものである。他者の意見を取り込んで，さらにその考えのよさやめあてとの関係まで言及できているので，本研究では，本時の学習課題と他者や自己への気づきを踏まえた振り返りができているものとして，Ｃ４と判断した。他者や自己への気づきでは，結果のみの記述をしているものはＣ３とし，プロセスが見て取れるものをＣ４とした。

(5)Ｃ５レベルの詳細

Ｃ５は，Ｃ４に加えて考え方を踏まえた新しい課題（学習や生活）の設定が見られるものであり，事例としては次のような振り返りになると考える。

・第10時：なぜわり算をするのに答えを求めるときはかけ算をするの？私もそう思いました。でも，よくよく考えると，面積図はそのおたずねのためにあるのに気づきました。面積図を使うと，すいすい口が動いていきました。よかったです。分数×整数とのちがいは，分子をかけるか分母をかけるかのちがいだと思います。説明もできたので，めあて達成です。おたずねで，面積図をかくとき，分子の方が大きいときは，どうやってかけばいいですか？

この事例では，面積図を書くよさに言及するだけでなく，他の数値の場合での面積図の書き方に触れて，次なる課題を設定している。他者から学び，自分で考え，さらに新しい課題を自分でみつけ，自己の高まりに気づいていくと，学びのサイクルが反復していくと考えられる。言い換えれば，自律性が十分に育成された状態になると考える。

c 時数ごとの主な様相

時数ごとのレベル平均値は図14のようであった。12時間分のちらばりは2.64から3.14で，第９時を除いて，第２時以降は平均値３前後を安定的に維

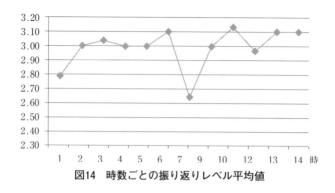

図14 時数ごとの振り返りレベル平均値

持していた。第1時を終えた時点で，振り返りについての示唆を教師側が与えたというのが大きな要因ではないかと考えられる。子どもたちの成長を願っての教師の思いは，大方の子どもたちに響き，継続的に実行される。

　一方で，第9時の落ち込み具合の原因を探ってみた。子どもたちの振り返り一覧表やノートを見直してもはっきり原因がつかめなかったが，12時間分のビデオを見直したら，RPDCAサイクルのDo（個別学習，グループ学習，全体交流）の中で，全体交流の流れが他の時数の時とは随分異なっていた。それは，通常1つであることが多い学習問題（テーマ問題）が2つあり，子どもたちが1つの問題にじっくり取り組む時間が少なかったためと考えられる。全体交流の中で互いの考えを葛藤しながら聞き合うことが，自分の考えを高めたり深めたりすることに繋がっている。特に，全体交流の中で発せられる子どもの問いは，多くの子どもたちの思考を揺さぶっている。そうしたことが，第9時にはほとんど見受けられなかった。この子どもの問いと振り返りの関係性については今後の課題とし，複数の研究協力者と共に，具体的な事例の中で解明していきたい。

d　児童個別の様相

　児童別のレベル平均値は図15のようであった．29人の12時間分のちらばり

第Ⅵ章　マネジメントサイクルを視点に据えた授業実践　261

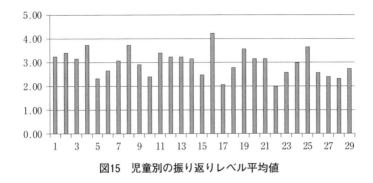

図15　児童別の振り返りレベル平均値

は2.00から4.17であった。めあてレベルの平均値が1.92から3.08であった（太田，岡崎，2014）ことと見比べると，かなり広がりがある。その要因として，めあてレベルは4段階に設定したのに対して，振り返りレベルは5段階に設定したため，それだけ幅が広がりやすくなったと言える。しかしそれ以上に，RPDCAサイクルがぐるぐると回りはじめるようになると，めあてに関してはじっくり自分で時間を確保することができるが，振り返りに関しては授業時間の終盤数分に限定された中で記述しているという時間的な問題が大きい。よって，振り返りは大切だと思いつつも，手早く済ませてしまおうとする子ども側の心理が大きな影響を及ぼしているとも考えられる。ただし，振り返りに5分，10分という時間を割くことは，授業本来の中身の時間を割くことにつながり，研究のための研究になってしまう。よって，常日頃の授業をきちんと完結していく中で，わずか数分の振り返りに意義を持たせていくことは，実践上の課題である。

　今回のデータにおける最低位の子どもの様相としては，平均値が2.00で，その子どものノートを分析すると，適用問題のやり直しに追われていて振り返りを書きそびれてしまったことが2回あった。また，振り返りを書こうとすると，どうしても学習規範に関する文言に終始してしまっていて，具体的な学習内容に言及するところまで至っていなかった。個別指導を含めて，学

習規範から学習内容に関する振り返りへという指導や助言が必要である。

逆に，最も高位となった4.17の子どもは，短い時間の中でも湧き出るように振り返りの記述を行い，自分のことも学級全体のことも学びの過程がよく見えている。そうした子どもが，他の子どもたちの範となり，互いが伸びていく授業を構想することも重要である。

e　めあてレベルとの相関関係

29名のめあてと振り返りのレベル平均値にどの程度の相関関係があるのかを相関係数で調べたところ，0.645012という結果であった。データ上では互いに関連し合っていると言える。また，図16のように散布図で視覚的に見ても，右肩上がりの傾向で関連性があると判断できそうである。よって，この正の相関関係が，どのように因果関係と結びつくのかを調べていく必要がある。

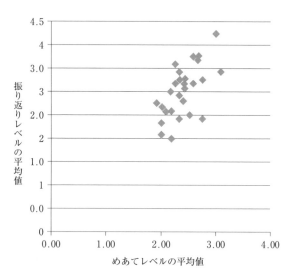

図16　めあてと振り返りのレベル平均値の相関

第Ⅵ章　マネジメントサイクルを視点に据えた授業実践　263

f　レベル上昇の様相の仮説

　学びに対する子どもたちの自律性の育成を図るためには，振り返りレベルを上昇させていくことが必要だと考えた。そのための要因として，今回のデータ分析から次の３つのことが浮かび上がってきた。１つ目は，振り返りの観点をはっきりさせ，教師からの声かけ，励まし等を継続的に行っていくことであり，２つ目は，Ｄ（個別学習，グループ学習，全体交流）において，中心となる学習問題は１問とし，じっくりと子どもたちが問いを出し合いながら課題解決を図っていくことである。３つ目は，めあてレベルの上昇と振り返りレベルの上昇の因果関係を調べてみることである。

　１つ目については，時数ごとの主な様相でも触れたように，ただ単に「今日の授業のふり返りを書きましょう」と呼びかけるだけではレベル上昇は期待できないだろう。「自分の学習のめあてが達成されたか」という観点を加え，「友達の考えでよかったこと」や「もっとやってみたいこと」等，記述の観点を意識させることで，子どもたちはどんな視点で振り返りを書けばいいのかという幅が広がっていくだろう。

　２つ目については，授業の中心部分にあたるＤ（個別学習，グループ学習，全体交流）の充実度が問われる。ただ，子どもの学びの自律性の進展を常に鑑みた場合，「教師が教えたことをきちんと理解した」という範疇の学びでは，一時的にＣ４レベルに達したとしても長続きはしないし，Ｃ５レベルにはいつまで経ってもたどり着かないだろう。逆に，子ども自身が自ら問いを持ってＤ（個別学習，グループ学習，全体交流）の場面を過ごした時，それを解決しようとしてレベル上昇が図られる。その問いは素朴なものでよいのである。

　事例を挙げると，

・第３時：通分と約分のちがいがあいまいだったが，今回の授業でよく分かった。あとはもう少し間の式を書けたらいいです。でも，意

味がわかってよかったです。（G児）

　G児は，通分という新しい用語を知った時に，約分との違いが初めはあいまいなままであったが，授業での全体交流を通して，その違いをはっきりと捉えることができた。

　・第10時：面積図を使うと，とてもかんたんだということが分かりました。
　　　　　　はじめは，なぜわり算なのにかけるのかが分からなかったけど，
　　　　　　Mさんの説明がすごくよく分かりました。自分のめあては，説
　　　　　　明まではできなかったけど，計算はできました。（B児）

　B児は，わり算なのになぜかけるのかという疑問が独自学習の段階から燻ぶっていてが，やはり全体交流を通して，そのことがすっきり納得できたのである。

　3つ目については，めあてレベルの平均値が高い層の子どもたちの方が，振り返りレベルの平均値が随分高いというデータが出た。また，今回の相関係数は0.645012という結果で，正の相関関係が得られた。よって，全体的な傾向としては，授業の冒頭の段階でより高いめあて意識を持ち合わせている子どもの方が，D（個別学習，グループ学習，全体交流）の場面を経た後でも，より高い振り返りの意識を持っている。但し，その因果関係をもっと具体的に明らかにしていく必要があるだろう。

　現状では，これらをレベル上昇の仮説として捉え，今後の研究の中で検証していくことにする。

g　この節のまとめ

　今回の事例研究を通して，次の3つのことが明らかになってきた。1つ目は，RPDCAのマネジメントサイクルの中で振り返りを位置付けていくと，子どもの学習状況や関心・意欲が捉えやすくなる。また，5段階のレベル設定を設けたことで，客観的な視点を持って子どもの様相をみることができ，個別対応がしやすくなる。2つ目は，めあてレベルの高い子どもは振り返り

第Ⅵ章　マネジメントサイクルを視点に据えた授業実践　　265

レベルも高く，D（個別学習，グループ学習，全体交流）の場面でも意欲的に取り組んでいる。一旦，このマネジメントサイクルの流れに入ると，親や教師に催促されなくても，次々と新しい課題に向かっていこうとしている。3つ目は，中心となる学習問題が複数あるときより，1つの学習問題にじっくり取り組むときの方が，子どもの問いや新しい知の発見が生まれやすい。それは，教師が主導となって進む時間帯より，子どもが主導となって進む時間帯が長い方が，より主体性を育みやすいと考えられる。

　今後の課題としては，このマネジメントサイクルの枠組みが，他の学級でも子どもの学びに対する自律性の育成に関与するのか，また，RPDCAのそれぞれの要因がどのように絡み合っているのか，引き続き研究を深めていく必要がある。

第5節　R（独自学習）とP（学習のめあて）の関係性

a　研究の方法とR（独自学習）のレベル別枠組み

　研究対象は，PとCの分析時と同様，A小学校5年生29名とし，対象単元として，5年分数15時間分（実際には，練習問題，復習問題等を主とする3時間分を除いた12時間分）とした。

　分析に関しては，分数単元12時間分の授業ノートを全て写真で収め，子どもが授業前に行ったR（独自学習）をレベル別枠組みに沿って判定し，一覧表に整理する。その上で，既に調査済みのPの一覧表と合わせて吟味しながら，RとPにどの程度の連動性があるのかを調べていく。

　尚，Rについては表15のようなレベル別枠組みを設定した。

　R1は，事前に学習内容を予告しておいても，ノートに独自学習を行った記述がない場合とする。教科書を見て（読んで）きた場合でも，ノートに記述がなければR1とする。

266

表15 Research（独自学習）のレベル別枠組み

レベル	様　　相
Ｒ1	独自学習を行った記述はない
Ｒ2	本時の算数の学習問題に自分なりに途中まで取り組んでいる
Ｒ3	本時の算数の学習問題に自分なりに取り組み，何らかの答えまでたどり着いている
Ｒ4	本時の算数の学習問題に自分なりに取り組み，答えまで出して，自分で算数的な価値付けをまとめている
Ｒ5	本時の算数の学習問題に自分なりに取り組み，答えまで出し，自分で算数的な価値付けをまとめ，その後の適用問題まで解いている

　Ｒ2は，教科書に載っている本時の中心テーマとなる学習問題に取り組もうとし，途中までの記述がある場合とする。教科書には，吹き出しや図などあらゆるヒントが散りばめられているので，それらを参考にしたものでもよしとする。

　Ｒ3は，Ｒ2に加えて答までたどり着いている場合とする。ただし，その答えは合っていても合っていなくても，その子なりの道筋で答までたどり着いていればＲ3と判断する。

　Ｒ4は，Ｒ3に加えて算数的な価値付けが記述されている場合とする。問題に取り組んだ過程で，大切だと思われる算数的な価値や疑問点などの記述を対象とする。

　Ｒ5は，Ｒ4に加えて教科書の適用問題までを自分で解いている場合とする。また，教科書に記載されていない類題や発展問題でもよしとする。

b　Ｒ（独自学習）の分析結果

⑴各レベルの主な様相

　子どもたちのノートを振り返りレベルの枠組みに沿ってレベル判定したところ，表16のような結果になった。

第VI章　マネジメントサイクルを視点に据えた授業実践　　267

表16　子どもの独自学習レベル一覧表

独自学習	第1時	第2時	第3時	第4時	第5時	第6時	第7時	第9時	第10時	第12時	第13時	第14時
A児	2	4	3	3	3	3	3	4	1	4	4	3
B児	2	4	3	4	4	3	2	3	4	4	4	4
C児	4	4	4	4	4	3	3	4	4	4	4	5
D児	5	5	5	5	5	5	5	5	5	5	5	5
E児	4	1	4	3	4	1	1	1	1	2	3	2
F児	3	1	3	1	4	4	2	1	1	2	1	2
G児	3	4	3	2	3	4	3	3	4	3	4	3
H児	5	4	4	3	5	3	4	4	4	4	4	4
I児	2	3	2	3	3	2	1	1	3	1	1	1
J児	1	1	1	1	2	1	1	2	2	2	1	2
K児	2	4	4	4	4	3	2	2	3	3	3	2
L児	4	4	4	4	4	4	3	4	4	3	4	4
M児	4	4	4	4	4	4	3	3	3	3	4	4
N児	2	4	2	4	4	4	3	4	4	4	2	3
O児	2	4	4	2	1	1	3	1	2	3	1	2
P児	5	5	4	4	5	4	4	4	5	4	4	5
Q児	3	4	1	1	1	1	2	2	2	4	1	2
R児	4	3	2	3	2	欠席	欠席	2	2	3	2	2
S児	4	3	4	4	3	3	4	3	3	4	2	3
T児	4	4	3	3	4	2	2	4	4	4	4	4
U児	3	4	4	4	4	4	2	3	4	3	4	4
V児	3	4	1	1	4	4	3	4	4	4	4	4
W児	4	4	1	2	3	1	3	1	3	4	3	4
X児	2	4	4	3	4	4	3	2	4	4	4	4
Y児	4	4	3	3	3	4	2	4	5	3	4	4
Z児	3	4	3	3	3	1	1	3	3	3	3	3
a児	4	4	4	4	4	4	2	4	4	4	4	4
b児	2	4	4	4	4	4	3	2	1	3	4	4
d児	1	2	1	1	4	4	2	2	4	3	1	4

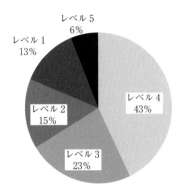

図17　振り返りレベルの割合

　この一覧表の度数の割合を，円グラフで表したのが図17である。レベル4が最も多くて43％，続いてレベル3が23％，レベル2が15％，レベル1が13％で，最も低かったのはレベル5で6％という結果であった。

　この結果から，毎時の授業において独自学習をしてこないR1レベルの子どもは平均3，4人であることがわかる。そのため，人数が絞られるので算数の授業が始まるまでに個別指導しやすいという利点がある。実際に何気なく声をかけてその理由を聞いてみると，「うっかり忘れてしまった」「宿題で時間がかかり，算数まで手が回らなかった」「時間がなかったので，教科書を見てめあてだけ考えてきた」等の返答が返ってきた。教科書には多くのヒントが散りばめられているので，その子どものやる気さえあれば，何かしらの独自学習をしてくることは可能なはずである。この3，4人を放置せずに，その子どものやる気を促すような声がけを継続していくことが肝要であろう。

　R2レベルは15％で，1時間あたりでは4人程度であった。この結果を知るまでは，もっと多くの子どもたちがレベル2に相当すると考えていた。しかし，実際の子どもたちは，一旦独自学習に取り組めば何らかの答えにたどり着くまでを1区切りとしていることがわかる。レベル3～5までの合計が72％である結果を踏まえれば，多くの子どもたちが実現可能であり，自分の

力で答えまでたどり着くことを１つの目安とすることは，独自学習を勧める上での指針となりそうである。

　Ｒ３レベルは23％で，自分の力で何らかの答えまでたどり着くことができている。この中には，間違った答えに行き着いている場合や，答えはあっていてもはっきりとした意味理解には至っていないだろうと思われる子どもも多い。しかし，そうした心配点を危惧するよりも，自分の力でできるところまで取り組んだことを評価し，後は授業の中で学び合っていくことを重要視したいと考える。

　Ｒ４レベルは43％で，もっとも割合が高かった。レベル５も含めると半数の子どもたちが本時の算数の学習問題に自分なりに取り組み，何らかの答えまで出して，自分で算数的な価値付けをまとめるところまで至っていることがわかる。はっきりとしないあやふやな疑問点を抱きつつも，自分の意志と力で独自学習に取り組めていることは称賛に値する。ただし，算数に対する能力が優れている子どもたちだけがＲ４に達することができるという捉え方ではなく，その子なりの取り組みから重要だと思われることや疑問点が記述されていればいいので，その子どものやる気次第で誰にでもＲ４レベルに達することは可能であると考える。

　Ｒ５レベルは６％で，１時間あたりに換算すると１～２人という人数であった。このレベルまで達すると，自分でやれるべきことは最大限取り組んでみようという姿勢があるので，独自学習の段階では十二分であると言えよう。

⑵時数ことの主な様相

　時数ごとのレベル平均値は図18のようであった。

　12時間分のちらばりは2.57から3.59で，７時間目を除けば安定した高い水準を維持している。その中で，７時間目のレベル平均値が最も低かった理由としては，今回の事例ではその学習内容に起因すると考える。７時間目の主な学習内容は「帯分数同士のたし算やひき算」であり，帯分数を仮分数に直

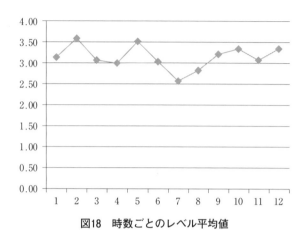

図18 時数ごとのレベル平均値

したり，帯分数を整数と分数に分けて考えていく計算は，かなり難易度が高い。よって，計算に取りかかってみたものの答までたどり着くことができなかったレベル2の子どもが多かったためである。それでも，「どうやって計算していけばいいのだろう」という疑問を持ったR2レベルの子どもが，本時の授業ですっきりと解決に至ることができれば，独自学習が効果を果たしたと言えるだろう。

(3)児童個別の主な様相

児童別のレベル平均値は図19のようであった。

29人の12時間分のちらばりは1.42から5.00で，大きな開きが見られた。宿題として課していなかったために絶対的な強制力が働かず，低位の平均値を下げてしまったと考える。それでも，平均値が2.00を切ってしまった子どもは2名に留まったため，個別指導は対応しやすい状況であった。また，独自学習の記述はなくとも，何かしらの学習のめあてを持ち合わせて授業に臨んでいるところがあるので，後のRとPの連動性のところで触れることにする。

一方，66%（29名中19名）の子どもが平均値3.00以上であったことから，

第Ⅵ章 マネジメントサイクルを視点に据えた授業実践　271

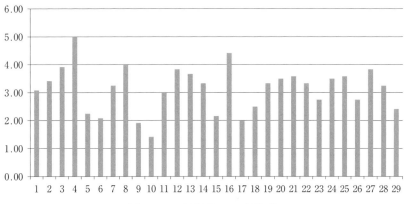

図19　Rの児童別レベル平均値

多くの子どもが独自学習を行うことを当たり前とし、自分なりに答までたどり着こうとしている習慣が定着していることが伺われる。

c　R（独自学習）とP（学習のめあて）の連動性

(1) RとPの相関関係

　29名の独自学習と学習のめあてのレベル平均値にどの程度の相関関係があるのかを相関係数で調べたところ、0.582517という結果であった。図20の散布図で視覚的に見るとゆるやかな関係性があると判断できるが、数値が0.6を超えなかった結果からも然程強い相関があるとは言えない。この原因の解明には、学習のめあての精緻化を試みた分析に立ち戻る必要がある。P（学習のめあて）については4つのレベル別枠組みを設定して分析を始めたが、P2の実態に大きな質的な違いがあることに気づいた。そこで、全ての子どもたちのノートの画像を分析し直し、学習課題にあたりながらもP2のレベル判定を受けた子どもには、暫定的にP2.5という判定を行い、一覧表を整理し直した。その結果、ノートへの記述や授業中での取り組み等を含めて、子どもの実態とレベル判定が一体化してきた経緯がある。即ち、事前に子ど

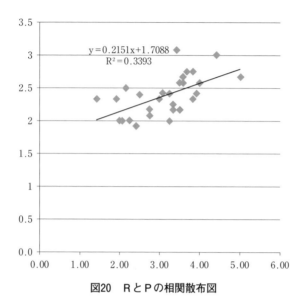

図20　RとPの相関散布図

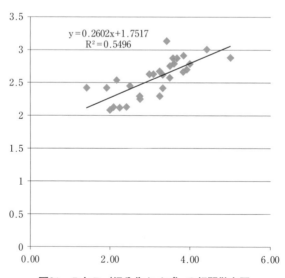

図21　RとP（細分化タイプ）の相関散布図

第Ⅵ章　マネジメントサイクルを視点に据えた授業実践　273

もたちのノートを見取るという行為は，子どもたちの伸びていく力を第一に
尊重しながら，そこへ指導者が的確に補完をしていくという指導法の確立に
も繋がるポイントになるであろう。何より，子どもの自律的な学びを願う指
導者としては，自分の力で算数を学んでいこうとしている子どもたちの伸び
る芽を摘まないことが大切な要件になってくる。

　因みに，細分化（2.5を認める）した学習のめあてと独自学習の判定結果で
相関係数を調べ直したら，0.741346という大変高い数値を示した。散布図は
図21のようになり，ばらつきの少ない右肩上がりになっている。

　これら2つのデータの比較より，RとPには相関関係があるが，別々に捉
えるより一体化して判断していく方が，子どもの学ぼうとする力を損なわな
いのではと考えさせられた。今後，誰もがPのレベルを客観的に判定できる
ような最終的な枠組みを整理することは課題として残っている。

⑵Rのレベルに応じたPの平均値

　毎時の授業でRのレベルに応じてPのレベルがどこにあったのかを整理し
たのが表17である。

　この表から，Rのレベルが上がるほどPのレベル平均値も右肩上がりで上
がっていくことがわかる。また，平均値のそれぞれの上昇率を調べてみると，
R1からR2が0.69，R2からR3が0.06，R3からR4が0.13，R4から

表17　R（独自学習）のレベルに応じたP（学習のめあて）のレベル

R＼P	1	2	3	4	平均値
1	25	15	9	0	1.67
2	2	33	18	2	2.36
3	2	44	37	0	2.42
4	1	75	79	5	2.55
5	0	5	15	1	2.81

R5が0.26で，R1からR2にかけての上昇率が最も顕著であった。R1であっても，教科書にさっと目を通して学習のめあてをつくることはできる。度数は少ないが，R1でありながらP3レベルの学習のめあてを作成した子どもは述べ9名いる。しかし，こうした学習のめあてが準備できるのは稀であり，一時凌ぎで学習のめあてを作成している場合が多いことは否めない。R2からR5まではなだらかな上昇率であったが，その中でもR4からR5への上昇率が最も高かった。R5のレベルに達している子どもは，事前にやれるべきことはきちんとやり切ろうとする姿勢があるためか，本時の学習で行うべき全体像が捉えやすく，必然的に学習のめあてレベルも上昇しているのであろうと考えられる。ただし，R2からR5までが右肩上がりでありながらなだらかな上昇率であったということは，少しでもいいから学習問題に自分の力であたってみるというR2レベルの習慣がつけば，そこからは徐々に，教科書のヒントを頼りにしながらでも答え（正解でなくても構わない）までたどり着き，さらにその過程から感じた算数的な価値付けや疑問点がまとめられるように，その子どもに応じた支援をしていけばよいのである。各々の上昇率はなだらかであっても，そこには確かな差異があり，子どもの状況に合わせてよりレベルアップを支援していく指針となるであろう。

d　この節のまとめ

　算数学習における子どもの学びの自律性を高めるRPDCAサイクルのマネジメントサイクルを考案した当初は，学習のめあてに当たるP（Plan）と振り返りに当たるC（Check）についてのみ，レベルベル別枠組みを設けた。そして，それぞれの様相を分析しながら，互いに連動し合っていることがわかった。しかし，P（Plan）にとってはその直前のR（Research）こそ，さらに密接な関係性があるのではないかと考え，R（Research）についてもレベル判定できる分析枠組みを作成した。すると，PとC以上の密接な関係性がRとPにはあることがデータ分析をすることでわかった。その結果，R2以

上の独自学習を行う習慣がついてくれば，R3，R4と引き上げていくことも可能であり，それに応じてPレベルも上昇していく。そして，授業の冒頭から多くの子どもたちが前のめりで授業に参加することが通例となれば，自ら算数を学ぶことへの違和感は随分と解消されるであろう。

　今後の課題としては，RPDCAサイクルの中での互いの要素の関係性を精緻化していくことと他の事例での検証を行っていくことである。

第Ⅶ章　研究協力者による授業実践

第1節　研究協力の進め方

　算数学習における子どもの自律性の進展を図るために，教師の問いで進む授業展開から子どもの問いで進む授業展開を試み，さらにその子どもの問いをも包括する RPDCA のマネジメントサイクルを考案し，授業実践とその分析を行ってきた。その結果，一定の成果と手応えを感じつつも，現場で子どもたちと対峙する多くの先生方のもとで一般化を図る必要性がある。

　そこで，本章では，常日頃小学校で授業を行っている4名の先生方に研究協力をお願いし，一般的な公立小学校の子どもたちと先生方の実践を通して，その有効性を吟味していきながら一般化への足掛かりとする。

　対象は，5年生，6年生で2学級ずつ，それぞれ20代（若手教員），30代（中堅教員）の先生方とする。研究方法は，それぞれの先生方に研究の趣旨を理解してもらった後に1つの単元を決めてもらい，練習問題等の演習に終始する授業を除いた全ての時間のデータを取る。但し，データの見やすさを優先するために，省いた時間はそのまま詰めてカウントする。例えば，1つの単元が11時間完了で第6時と第11時が演習にあたっている場合，9時間完了として表記する。また，全ての授業においてノーカットのビデオ撮影を行い，ノートの代わりに準備した授業プリントをデジタルカメラで撮影し，基礎データの元とする。授業プリントには，各自が立てた学習のめあて（P）と学習の振り返り（C）に加え，授業内で浮かんできた子どもの問いを明記する箇所を設けておく。この授業内での問いに関しては，全体交流で少し意見が交わされた後に，教師の指示によって1，2分の時間を確保し，その時点で

頭に浮かんでいる問いがあれば記入するように声かけをしてもらう。本来，このような時間は取らないが，発言者だけではない子どもの頭の中に，どのような問いが生まれているのかを分析するためである。尚，授業記録については各単元で1時間ずつ詳細な発言記録を起こし，他の時間に関しては必要に応じてビデオを見返し，子どもの事実に基づくことを原則とする。

第2節　授業の実際

事例⑥　5年A学級「分数」11時間分
⑴教師側の学習のめあて

授業を行う前の授業者による学習のめあては，以下のようであった。

第1時	大きさの等しい分数の作り方を考えよう
第2時	大きさの等しい分数の見つけ方を考えよう
第3時	分母がちがう分数の大きさを比べる方法を考えよう
第4時	分母が違う分数のたしざんの計算の仕方を考えよう
第5時	分母が違う分数の引き算の計算の仕方を考えよう
第6時	通分の仕方を工夫しよう
第7時	3つの分数の計算の仕方を考えよう
第8時	帯分数のたしざんの計算の仕方を考えよう
第9時	帯分数の引き算の計算の仕方を考えよう
第10時	分数と小数の混じった計算の仕方を考えよう
第11時	分数を使って時間を表してみよう

第Ⅶ章　研究協力者による授業実践　　279

(2)第9時の授業記録

5年A学級　単元名「分数」第9時の授業記録

	子どもの発言（つぶやき）	教師の指示・発言（つぶやき）
T 1		昨日勉強したことは何でしたか。
C 1	帯分数＋真分数。	
C 2	方法は帯分数を仮分数に直してから計算した。	
C 3	帯分数の計算も今までと同じように通分してから計算するとよい。	
T 2		帯分数を仮分数に直して計算する方法と帯分数のまま計算する方法を勉強したけど，どちらも通分して計算することが新しく勉強したことやったな。では今日のめあてを発表しましょう。
C 4	単位分数の違う帯分数－真分数の計算の仕方を考えよう。	
C 5	帯分数の混じったひき算の仕方を考えよう。	
C 6	単位分数の違う帯分数－真分数の計算のやり方を考えよう。	（帯分数の混じった）
C 7	単位分数の違う帯分数－真分数の計算の仕方を考えよう。	
T 3		はい，ではいいですね。それにしましょう。では単位分数の違う帯分数－真分数の計算の仕方を考えようにしましょう。
T 4	（※独自学習）　　　　　（※グループワーク）	では少し時間を取りますので付け足したいことなどあれば書きましょう。隣の人と勉強してきたことを話してみましょう。

T 5		誰か前で書いてくれる人はいますか
C 8	僕は2と1/4−2/3の帯分数を仮分数に直して9/4−2/3にしてそれを通分して4と3の最小公倍数は12で27/12−8/12でその答えは19/12になってそれを帯分数に直すと1と7/12になりました。付け足しや質問はありませんか。	
C 9	昨日の勉強では帯分数を仮分数に直す方法と，帯分数のまま計算する方法があったけど，今日の勉強では帯分数のまま計算する方法はないと思いました。	
T 6		それは問いでいいの。では，今日は帯分数のまま計算できないのかという質問でいいですか。
T 7		他の人も問いがないか考えてみましょう。他，質問は。少し時間とりますね。できそうな人はこのことも考えてみて。
	（※独自学習）	
T 8		はい，では質問。面積図でも考えて説明するのも大切だね。面積図でも答えられるよう考えよう。こっちはもういい。帯分数のまま計算できる方法を面積図で考えてみよう。
C 10	面積図で表すとどうなるかわからない	
C 11	ぼくは，帯分数のままで計算する方法で考えてみました。まず2と1/4−2/3で4と3の最小公倍数は12なので2と3/12−8/12になりました。ここからわ	

	からないのでだれか教えてください。	
C 12	○○君は帯分数のまま計算しているけどこのままではできなくて，帯分数の2から1を借りてきて1と15/12－8/12になれば計算できるので計算すると1と7/12になりました。誰か質問か付け足しはありますか。	
C 13	借りてきた1は12分の何ですか。ここの1は12分の何ですか。	（前来て）
C 14	1は12/12になると思います。	
T 9		他に質問ありますか。ではこの式にまだ付け足しのある人。
C 15	2と1/4－2/3はひけないから。○○君はなおしたくないから，○○君はなおさずに計算して，でも，2と3/12－8/12はひけないから，○○君は，2のうちの1の12/12を借りて分子の12と3をたして1と12分の15になりました。で2を1つ使ってしまったのでここが1になって，1と15/12－8/12＝1と7/12になりました。	
C 16	ここで帯分数と仮分数が混じっているからこれは何分数ですか。	
T 10		なんでこんな数にしたのかな。
C 17	そうしないとひけないから。	
T 11		そうだね。こうしないとひけないよな。では次の質問で，誰か面積図ではできませんか。
C 18	私は2と1/4を面積図に表してそれを通分したのが2と3/12の面積図になって，2/3の面積図がこれで，それを通分した面積図がこれになりました。誰	

T 12	かつけたしや質問はありますか。	今この式とこの図がつながっているからこの続き考えてくれる人。ここが大切だね。後ろの人これ見える。では説明してもらいましょう。
C 19	まず1と15/12の1を書いて，これは12個に分けた面積図を書いて，ここまでいいですか。まず15個だから12個には入らないからまずは12個をここに入れて，残りの3つを違う面積図に入れました。これを全部合わせて1と15/12になって，それを引いてこの8/12でそれをかいて。それでこの8こを引いたらあと残っているのは1と7でこの7は，これは12個に分けた7個分なのでその答えは1と7/12になりました。	
T 13		どう。反応がないということはわかっていない，どっち。これわかりやすいな。この図○○さんが書いてくれたのだけど，この図ってこの順番に書いてあるとわかりやすいよな。なぜかというと式と図が全部対応しているよね。この式はこの図ですよ。この式はこれですよ。さっき○○君が言ってくれたみたいにここからこはひきざんできないよね。これも面積図をみたらわかるよな。だからここから借りてこられないから，この1を崩したのだね。あそこに書いてあるように1は12/12だから。じゃあここに1と12の12ができるよな。これで引き

第Ⅶ章　研究協力者による授業実践　　283

		算ができるよな。ここで○○君が手で8個をここから引いたっていったよな。どれひいたかわかった，引いたら残ったのがこの線ですよってわかるよな。これ全部面積図と式が全部つながっている。わかる。この式では1ひいたというのはわからない。なんで1ひいたのだろう。15って何だろうってなる。でもこれみたらわかる。これが式と図をつないだ面積図。これができるようになったらすごい。でもここにいけるようにしてほしい。今回のところは面積図がないとわかりにくい。だから，面積図をかいたらどうなるのかということが出たことがよかった。
T14		ではきょうのまとめ。いきましょう。今日のまとめは。
C20	足し算と同じように，帯分数から仮分数になおしてする方法もあるし，帯分数だけで式を作るものもあるし，面積図で考える方法もあります。	
T15		やり方のことだね。後，今日はどうだった。計算の仕方だから，もう一つ大事なのは。
C21	大事かわからないけど，計算できなかったら整数からくり下がりして計算する。	
C22	帯分数−真分数の計算の仕方は，通分してもとめる。	
C23	計算の仕方は，通分して分母をそろえてから計算する。	

T 16	では，今2つあったと思います。通分してから計算するというのと引き算できなかったらこっちから借りてきましょうっていうの。でも，こっちから借りてくるやり方は4年生でやっているはず。このやりかたは既に4年生でやっているから，ここではこういう計算でも通分するといいというのが今日の勉強です。
T 17	（※T2より）ちょっとごめん。こっちでやっている人いる。仮分数からやった人。私は先に通分した人。どっちのほうがいい。こっちだと思う人。こっちだと思う人。なんか意見ある人。簡単や。221と1/3−3/4にしましょうよ。どうする。これ仮分数にしたらすごい数になるよ。664になる。大変だよ。それよりも通分して，1だけ取りだしたほうがいいよな。
T 18	では，まとめが書けたら振り返りを書きましょう。
子どもの発話語彙数3860文字（48%）	教師の発話語彙数4143文字（52%）

(3) Pのレベル判定

　5年A学級の毎時の授業プリントから，子どもたちの立てた学習のめあてに対してレベル判定を行った。その結果をまとめたのが表18である。

(4) Cのレベル判定

　5年A学級の毎時の授業プリントから，子どもたちの立てた学習の振り返

第Ⅶ章　研究協力者による授業実践　285

表18　5年A学級のめあてレベル一覧表

めあて	第1時	第2時	第3時	第4時	第5時	第6時	第7時	第8時	第9時	第10時	第11時
A児	3	3	3	2	2	3	3	2	2	2	2
B児	3	3	3	3	3	1	3	3	3	3	3
C児	3	3	2	2	2	3	2	2	1	3	1
D児	3	3	3	2	3	2	1	3	2	2	2
E児	3	3	3	3	3	2	3	3	3	3	2
F児	3	3	3	2	3	3	1	3	1	3	1
G児	2	3	2	3	1	3	2	3	3	1	3
H児	3	2	3	3	3	1	3	3	3	3	3
I児	3	1	3	3	3	3	3	3	3	2	2
J児	3	2	2	2	2	2	3	2	2	2	3
K児	1	3	3	3	3	3	3	3	3	3	3
L児	3	3	3	3	2	1	1	1	1	3	1
M児	2	2	3	3	3	3	3	3	3	3	3
N児	1	1	3	1	3	3	1	3	1	3	3
O児	3	3	3	1	1	3	3	1	2	3	1
P児	2	3	2	2	3	3	3	3	3	2	2
Q児	3	3	3	1	1	1	1	1	1	1	3
R児	2	2	3	3	2	3	3	3	3	3	3
S児	2	2	2	3	3	3	3	2	1	3	2
T児	3	3	3	3	3	1	3	3	3	3	3
U児	3	3	3	3	2	2	3	2	2	2	3
V児	3	3	3	3	3	3	3	3	3	3	2
W児	3	3	3	3	1	1	3	3	3	3	3
X児	1	3	3	3	3	3	3	3	3	3	3
Y児	3	3	2	2	2	2	2	3	1	2	2
Z児	3	3	3	3	3	1	3	3	3	3	3
a児	1	3	3	3	3	3	1	3	3	3	3
b児	3	3	2	3	3	3	3	3	3	3	3
d児	2	3	3	3	3	2	3	3	3	3	3
e児	3	3	3	2	2	3	3	1	1	3	1

りに対してレベル判定を行った。その結果をまとめたのが表19である。

(5) PとCの様相と相関関係

　Pの内訳は，P3が最も多くて66%，次にP2が20%，P1が14%，P4が0%という結果であった。このマネジメントサイクルに初めて取り組んだ学級集団であっても，多くの子どもが「学習内容に踏み込んだめあて」を持って授業に臨めていたことになる。ただ，P4が0%であったことから，探究から生まれる困難点や新しい知の必要性までには誰も行き着いていないために，学習レベルを引き上げるような子どもの問いは，授業冒頭の段階では生まれていないことになる。また，児童別のレベル平均値のちらばりは1.55から2.91で，低位層への開きが見られたが，教師側から子どもたちに「学習のめあてを自分で考えて臨もう」と呼びかけていけば，教科書の見出しを参考にしながらでも，何かしらのめあてを書いてくる子どもがほとんどであった。

　Cの内訳は，C3が最も多くて57%，次にC4が15%，C2が14%，C1が9%，C5が5%であった。本時の学習課題を結果として押さえている振り返りが多数を占め，他者や自己への気づきをプロセスで記述するのはハードルが高かったようである。また，児童別のレベル平均値のちらばりは1.18から4.09で，大きな開きが見られた。

　この学級集団の児童個別のめあてと振り返りのレベル平均値にどの程度の相関関係があるのかを相関係数で調べたところ，0.712958という大変高い結果を示した。また，図22のように散布図で視覚的に見ても，右肩上がりの傾向で互いに関連し合っていると言える。「授業が始まるまでに，自分で学習のめあてを持とう」という教師の呼びかけに応えようとした子どもは，本時の学習課題のポイントを自分なりに押さえて授業を終えている傾向が見られた。一方，その意識が少ない子どもは，情意的な振り返りに留まった振り返りで授業を終えていた。

第Ⅶ章　研究協力者による授業実践　287

表19　5年A学級の振り返りレベル一覧表

振り返り	第1時	第2時	第3時	第4時	第5時	第6時	第7時	第8時	第9時	第10時	第11時
A児	3	3	2	3	4	4	4	3	3	3	2
B児	3	2	3	3	3	3	3	3	3	3	4
C児	3	3	3	4	3	3	3	4	4	3	3
D児	3	3	2	3	4	3	4	3	3	2	3
E児	3	5	3	5	3	4	3	4	4	5	4
F児	2	2	2	2	2	2	3	2	3	3	2
G児	3	3	3	4	1	3	3	3	3	3	3
H児	3	3	3	3	3	3	4	3	3	3	3
I児	3	3	3	3	3	3	3	3	3	3	3
J児	1	2	2	3	3	2	3	3	2	3	2
K児	3	5	5	5	5	5	4	3	3	3	4
L児	3	3	5	3	5	3	3	3	2	3	3
M児	3	3	5	4	4	3	4	3	3	2	2
N児	1	1	2	1	3	3	1	3	1	3	2
O児	1	3	2	1	1	2	1	1	1	2	1
P児	3	2	2	3	2	3	3	3	3	2	3
Q児	1	1	1	1	1	2	1	1	1	2	1
R児	4	3	3	5	5	3	4	3	4	3	4
S児	2	2	2	3	2	3	1	2	3	2	2
T児	3	3	3	3	3	3	3	3	3	3	3
U児	3	3	3	3	3	4	3	3	3	3	3
V児	3	3	3	4	3	4	4	3	3	4	3
W児	3	3	5	5	5	4	4	3	4	3	3
X児	3	3	3	4	3	3	4	3	4	4	3
Y児	2	3	3	3	2	3	1	3	1	2	2
Z児	2	3	2	3	4	4	3	3	4	3	3
a児	3	1	3	5	4	3	4	3	3	3	3
b児	3	2	2	3	5	3	3	3	3	4	1
d児	4	3	3	3	4	4	4	3	4	4	3
e児	3	4	2	3	3	3	3	3	4	1	3

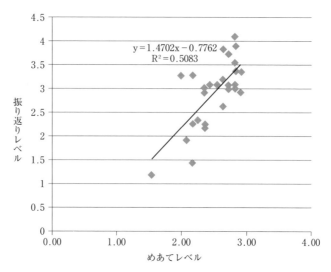

図22　PとCのレベル平均値の相関散布図（5年A組）

(6) PとCをつなぐ子どもの問い

　授業内でどんな子どもの問いが生まれているのか，また，その問いがどのように変遷しているのかを，5年A組の第9時の授業記録と子どもたちの授業プリントから検証していく。

　授業の全体交流が少し始まったところで，子どもたちに現時点でどんな問いが生まれていたのかを調べたところ，次のような6人（32人中）の記述が確認された。

・S児：分数部分が引けない。
・U児：分数部分が引けない。
・J児：なぜ1と15/12になったのか分からない。
・F児：1と7/12の面積図の書き方が分からない。
・W児：仮分数はできたけど，帯分数の式がわからない。面積図がわからない。

第Ⅶ章　研究協力者による授業実践　　289

表20　5年A組　第9時の授業記録の抜粋

C10	面積図で表すとどうなるかわからない。
C11	ぼくは，帯分数のままで計算する方法で考えてみました。まず2と1/4−2/3で4と3の最小公倍数は12なので2と3/12−8/12になりました。ここからわからないのでだれか教えてください。
C12	○○君は帯分数のまま計算しているけどこのままではできなくて，帯分数の2から1を借りてきて1と15/12−8/12になれば計算できるので計算すると1と7/12になりました。誰か質問か付け足しはありますか。
C13	借りてきた1は12分の何ですか。ここの1は12分の何ですか。
C14	1は12/12になると思います。
T9	他に質問ありますか。
	ではこの式にまだ付け足しのある人。
C15	2と1/4−2/3はひけないから，○○君はなおしたくないから，○○君はなおさずに計算して，でも，2と3/12−8/12はひけないから，○○君は，2のうちの1の12/12を借りて分子の12と3をたして1と12分の15になりました。で2を1つ使ってしまったのでここが1になって，1と15/12−8/12＝1と7/12になりました。
C16	ここで帯分数と仮分数が混じっているからこれは何分数ですか。
T10	なんでこんな数にしたのかな。
C17	そうしないと引けないから。
T11	そうだね，こうしないとひけないよな。では次の質問で，誰か面積図ではできませんか。
C18	私は2と1/4を面積図に表してそれを通分したのが2と3/12の面積図になって，2/3の面積図がこれで，それを通分した面積図がこれになりました。誰かつけたしや質問はありますか。
T12	今この式とこの図がつながっているからこの続き考えてくれる人，ここが大切だね。後ろの人これ見える。では説明してもらいましょう。
C19	まず1と15/12の1を書いて，これは12個に分けた面積図を書いて，ここまでいいですか。まず15個だから12個には入らないからまずは12個をここに入れて，残りの3つを違う面積図に入れました。これを全部合わせて1と15/12になって，それを引いてこの8/12でそれを書いて，それでこの8個を引いたら，あと残っているのは1と7でこの7は，これは12個に分けた7個分なのでその答えは1と7/12になりました。

・b児：説明がわからない。

　S児とU児の「分数部分が引けない」という問いは，授業記録のC11「ここからわからないので，だれか教えてください」という発言で全体に共有化

された。そして，すぐにＣ12がその説明を行った。さらに，その説明に対してＣ13が「借りてきた１は12分の何ですか。ここの１は12分の何ですか」という新たな問いを出して，すぐにＣ14が「１は12/12になると思います」と受け答えをして，この問いは解決された。因みに，この時間のめあてレベルは，Ｓ児がＰ１（記述なし）でＵ児はＰ２「計算の仕方を考えよう」であったが，授業内で「分数部分が引けないのでどうしたらいいのか」という新たな問いを持てたことで，学習のめあてが再設定化されたと言える。特にＳ児には，学習のめあてを持たずに授業を迎えたが，この時点で学習の流れに乗ったことが確認された。

　Ｊ児の「なぜ１と15/12になったのか分からない」という問いは，授業記録のＣ16「帯分数と仮分数が混じっているからこれは何分数ですか」という発言で全体に共有化され，Ｔ10のアシストとＣ17の説明で解決された。このＪ児のめあてレベルはＰ２「２と1/4-2/3の計算の仕方を考えよう」という形式的な文言であったが，新たな問いにより具体的なめあてに再設定化されたと言える。

　Ｆ児とＷ児の「面積図がわからない」という問いは，授業記録のＣ10「面積図で表すとどうなるかわからない」という発言で全体に共有化されたが，なかなかその問いに説明しようとする子どもはいなかった。そこで，Ｔ11で再度教師が面積図を使った説明を促したところ，Ｃ18からＣ19の説明で納得する機会が得られた。同時に「説明（の意味）がわからない」というｂ児も，Ｃ18からＣ19の説明でよくわかったと振り返りに記していた。

事例⑦　５年Ｂ学級「比べ方を考えよう」７時間分
⑴教師側の学習のめあて

　授業を行う前の授業者による学習のめあては，以下のようであった。

第１時	いくつかの数を等しい大きさにする方法を考えよう

第Ⅶ章　研究協力者による授業実践　291

第2時	0がある場合の平均の求め方を考えよう
第3時	平均が分かっている時の全体の量の求め方を考えよう
第4時	うさぎの数も面積もちがう時の混み具合のくらべ方を考えよう
第5時	数が大きい場合のこみぐあいのくらべ方を考えよう
第6時	単位量あたりの大きさを使って比べよう
第7時	単位量あたりの大きさを使って，はり金の長さを求めよう

(2)第2時の授業記録

　5年B学級　単元名「比べ方を考えよう」第2時の授業記録

	子どもの発言（つぶやき）	教師の指示・発言（つぶやき）
T1		今日も予習の様子を見させてもらいましたが，非常にいいめあてでした。とりあえず自分でめあてもって授業に取り組むってことは，とても大事なことなので，こういうのを続けていってくださいね。
T2		それでは今日の課題を確認しましょう。下の数はゆみさんのサッカーチームの最近6試合の得点を表したものです。1，4，0，5，3，2。最近6試合では1試合平均何点とったことになりますかという問題です。では今日のめあては何がいいと思いますか？
C1	えみさんが6試合で決めた得点の平均を求める方法を考えよう。	（なるほど）
C2	平均を簡単に求めよう。	（簡単にできるね）
C3	1試合平均何点取ったのか考えよう。	
C4	1試合平均何点取ったのか簡単に求める方法を考えよう	（簡単に）

C 5	平均を使って簡単に求める方法を考えよう	（なるほど，後一人）
C 6	最近6試合では1試合平均何点とったのか簡単に求める方法を考えよう	（あ～やっぱり簡単な方法）
T 3		前までにやってきた授業の中でめあて見つけるときってどんなところから見つけてきとった？ 前の学習との違いって探してなかった？ちがい。今日の問題で言うと前の問題との違いってどこにある？
C 7	前の問題とかは，例えばだいたい似たような感じだったけど，これは140352っていうバラバラ。	
T 4		あ～バラバラ。うんそこじゃない。○○も書いてあったな。
C 8	0が入っていると思います	
T 5		やっぱり前との違いから探してきてほしいから，今日でいうと0が入っているところに気づいてほしかったかな。こんな風にちがいから見つけたらいいからね。それでは今日のめあては，まだ簡単にいくのは早いかな，0が入っている場合の平均の求め方を考えようとしたいと思います。だから今日はみんなで，0が入った場合ってこうしたらいいというのが分かればゴールですね。それでは3分時間取りますのでまず自分で考えを進めてみてください。
T 6	（※独自学習）	色々考えてほしいな。
T 7		もっといい方法はないのかな。
T 8		みんなに分かりやすく伝えるにはどう

第Ⅶ章　研究協力者による授業実践　293

T 9		したらいいのかな。 これ図で表せるのじゃないかなとか。
T 10		いろいろ自分で高めていってよ。
T 11		さあみんなで頑張ろうっていう雰囲気 作っていこうな。
T 12		誰かきっかけつくってくれる人います か。○○くんいきましょうか。
C 9	説明していいですか。昨日の算数でや ったみたいに合計÷いくつ分？　昨日 やったみたいに…… 分からなくなったので誰か教えてくだ さい。	
T 13		あの式書いていた人いっぱいいたよ ね。では誰か助けてくれますか。
C 10	まずえみさんが6試合やった点数で1 ＋4＋0＋3＋5＋2が15になって， それを6試合やったから÷6にして出 た答えが25なので……2.5なので1試 合えみさんは2.5点とったのだと思い ます。	
T 14		今「あ〜そういうこと」って誰かな。 いいね。分かろうとしているよね。
C 11	1試合2.5点てどういうことですか？ 分からないので誰か教えてください	
C 12	言ってもいいですか。僕はこの式を言 葉の式になおしたら1＋4＋0＋3＋ 5＋2は点数の合計ということが分か りました。ここまで分かりますか。次 に÷6っていうのは試合の数っていう ことが分かって点数の合計÷試合の数 をしたら2.5になってそれが1試合の	

	平均点になりました。	
T 15		今までのところで何か問いがあったら下に書いてください。1分で書こうか。
	（※この時点での「問い」の記入）	（思ってくれたことを書いてね）
		（何かモヤモヤするなとかあれでいいのとか）
T 16		それでは，今のところでこんな問いあるんだけどという交流を3人組でしてみましょう。
	（※3人組でグループワーク）	
T 17		はいそれではそこまでにしましょうか。○○さんはここで疑問に出してくれているのですが，えっと1試合2.5点とはどういうことなのか。
		これと同じ疑問だっていう人いますか？
		（ここと同じ）
		（似ている）
		じゃあ誰か言ってくれる人。似ているってどういうこと。いいよいいよ，自分が思っていることでいいよ。
C 13	こういう式になると思います。	（あ～，なるほど）
C 14	0を入れる場合は6だったのに，なぜ0を入れない場合は÷5になるのですか？	
T 18		0が入るか入らへんかの話か，なるほど。
		0が入るのか入らないのか
		じゃあこれ0が入らない場合はどうなるのですか。

C 15	言ってもいいですか？　平均を求める式はこの問題だったら点数の合計÷試合の数だからこれは1＋4＋0＋3＋5＋2で数字を5個足しているから，この÷数も5になると思います。	
T 19		えっ，今○○が3点になるとか言わなかったか。 じゃあ，これ誰か式を書いてくれませんか。0を含めない場合。 じゃあここで話戻しましょうか。こっちで出したら1試合の合計は3点。これは納得できますね。こっちになると2.5点になってしまう。これって，どっちがいいのかな。 こっちがいいと思う人？ こっちがいいと思う人？ なんでこっちあかんの？
C 16	なんで6じゃないとダメなのかというと，元々6試合しているからで，5試合にすると5にすると5試合したことになるからだと思います。これでいいですか？	
T 20		この件に関しては大丈夫ですか。最近6試合って書いてあるのに，これだと5試合になっちゃうよね。じゃあこの考えかたはおかしいってことになるな。じゃあ3じゃないね。2.5点でいいよ〜っていう人手挙げて。何かもやもやするっていう人。下ろしてください。その人たち正しいと思うよ。昨日の問題を思い出してほしいのだけど，昨日の△の2番の問題練習で魚の問題

		を覚えているかな。このときに確か答えが2.9だったけどセンチメートルだったらオッケーだったよね。ありえるよね。センチメートルとかだったらこれ納得できるよね。 それで，平均の話なのだけど新しいから覚えといてね。平均の場合は，例えば得点1点2点て考えるものが2.5点になったり，そのほかにも何人とか1人，2人と数えていたものが2.5人になったりすることがあるのです。これは平均の考え方だったらオッケーになっているので，これは覚えておいてください。センチメートルも何人も，小数でオッケー。これ新しいこと覚えておいてください。 それでは他に何か問いは出ましたか。ないでしょうか。 それでは今日の学習で，全体を通してここ納得できないなっていうところ，大丈夫でしょうか。
T21		それではまとめに入ろう。じゃあ今日のまとめとしては0が入っている場合の平均の求め方なのですが，どうしたらよかったですか。ここがちょっと弱いよね。じゃあ1分3人組で話合ってみようか。 ○○くんどうですか？
C17	今日のように0が入っている平均を求める式の場合そういう0も全部入れて計算して，センチメートルや点は平均	

第Ⅶ章　研究協力者による授業実践　297

	の場合小数でもオッケー。	
T22		うん，なるほど。○○さんどうですか。
C18	0は試合の数に入っているので0を入れる式の方がよい。	
T23		なるほど0をいれなあかんということですね。
C19	0が出てきたら0も入れて計算する。	
T24		○○さんどうですか。0を入れるということですね。
C20	平均を求めるときは0を入れて計算することと，平均は答えが小数になってもいい。	
T25		○○さんどうですか。なるほどね。
C21	平均を求めるときには0も含めて計算する。0が入っている場合でも0を含めて平均を求める。	
T26		計算するということですね。まさに書いてくれたその2点だね。じゃあまず1つ目は0を含めて計算する。でもう1つは小数で表すことができる。この2点しっかりまとめておいてください。
T27		それではまとめが書けたら練習問題いってみましょう。
	(※練習問題に取り組む)	P87の△の3番に取り組んでみてください。
		(もうちょっと待ってあげてね)
		(後1分で切りまーす)
T28		練習問題できた人はふりかえりまでいってください。
T29		それでは△3番の問題どうなりました

		か？
C 22	$(1 + 2 + 0 + 3 + 2) \div 5 = 1.3$　答え1.3人	
T 30		○○くん誰か当てて。
C 23	$(1 + 2 + 0 + 3 + 2) \div 5 = 1.6$　答え1.6人	
T 31		はいこれどうですか。1.6人になった人。 ○○わかった。それでは合っていたら丸をしてあげてください。 はいそれでは振り返りまでいってください 振り返りまだしゃべってない人。しゃべっとこうと思う人いますか。最後に何か言い残しないか。しゃべっとこうっていう人。○○くんいきますか。
C 24	6試合でも6を含むということが分かった	
T 32		なるほど大事なことですね。○○くんどうぞ。
C 25	6試合でも0点とは限らない	
T 33		なるほどね，平均だもんね。他ありますか。大丈夫かな。それでは次回の報告をします。次はP89の③に進みますので，またできる限りめあて考えてきてほしいと思います
子どもの発話語彙数4488文字（43％）		教師の発話語彙数5835文字（57％）

(3)Pのレベル判定

　5年B学級の毎時の授業プリントから，子どもたちの立てた学習のめあて

に対してレベル判定を行った。その結果をまとめたのが表21である。

(4)Cのレベル判定

　5年B学級の毎時の授業プリントから，子どもたちの立てた学習の振り返りに対してレベル判定を行った。その結果をまとめたのが表22である。

(5)PとCの様相と相関関係

　Pの内訳は，P3が最も多くて73％，次にP2が20％，P1が5％，P4が2％という結果であった。5年A学級と同様，このマネジメントサイクルに初めて取り組んだ学級集団であっても，多くの子どもが「学習内容に踏み込んだめあて」を持って授業に臨めていたことになる。また，P4は2％と僅かではあるが存在したが，探究から生まれる困難点や新しい知の必要性までにはなかなか行き着かないのが現状である。児童別のレベル平均値のちらばりは1.83から3.33で，5年A学級よりも上位層への開きが大きかった。

　Cの内訳は，C3が最も多くて63％，次にC2が32％，C1が4％で，後のC4とC5は何れも0.5％であった。やはり，本時の学習課題を結果として押さえている振り返りが多数を占め，他者や自己への気づきをプロセスで記述するまでにはなかなか至らなかった。児童別のレベル平均値のちらばりは2.00から3.17で，5年A学級よりも開きが小さかった。

　この学級集団の児童個別のめあてと振り返りのレベル平均値にどの程度の相関関係（図23）があるのかを相関係数で調べたところ，0.659836で正の相関関係を示した。

(6)PとCをつなぐ子どもの問い

　授業内でどんな子どもの問いが生まれているのか，また，その問いがどのように変遷しているのかを，5年B組の第2時の授業記録と子どもたちの授業プリントから検証していく。

表21　5年B学級のめあてレベル一覧表

めあて	第1時	第2時	第3時	第4時	第5時	第6時	第7時
A児	3	2	2	3	3	2	2
B児	1	2	2	3		1	2
C児	2	3	2	2	3	3	3
D児	2	3	3	1	3	2	2
E児	3	3	2	2	3	3	2
F児	3	3	2	3	3	3	3
G児	3	3	3	3	3	3	2
H児	3	3	3	3	3	2	3
I児	3	3	3	3	1	3	3
J児	3	3	3	3	3	3	2
K児	3	3	3	3	3	2	3
L児	3	3	2	2	3	3	3
M児	3	3	3	3	3	2	3
N児	3	3	3	3	3	3	2
O児	3	1	3	1	3	3	3
P児	3	4	3	2	3	2	2
Q児	3	3	3	3	3	2	3
R児	3	3	2	3	3	3	3
S児	3	3	2	3	3	欠	欠
T児	3	3	3	3	3	2	2
U児	3	3	3	3	3	欠	欠
V児	3	3	2	2	1	3	3
W児	3	3	1	3	3	1	欠
X児	3	3	3	3	3	3	3
Y児	3	3	2	3	3	2	3
Z児	3	3	2	3	3	2	1
a児	3	3	3	3	3	3	3
b児	3	3	3	3	3	2	3
d児	欠	3	3	1	3	2	3
e児	3	4	3	4	3	3	欠

第Ⅶ章　研究協力者による授業実践　301

表22　5年B学級の振り返りレベル一覧表

振り返り	第1時	第2時	第3時	第4時	第5時	第6時	第7時
A児	2	3	2	3	3	2	2
B児	2	2	3	3	欠	2	3
C児	3	3	2	2	3	3	2
D児	2	3	3	1	3	2	2
E児	3	3	3	2	2	2	2
F児	3	3	3	3	3	3	2
G児	3	3	3	3	3	2	2
H児	3	3	2	3	3	3	3
I児	2	2	2	3	欠	2	3
J児	3	3	3	3	3	3	3
K児	3	3	3	3	3	3	2
L児	3	3	2	3	2	3	3
M児	2	2	2	3	3	3	3
N児	3	3	3	3	2	2	3
O児	3	1	1	1	2	3	3
P児	2	3	3	2	2	2	2
Q児	3	3	3	3	2	2	2
R児	3	3	3	2	3	3	3
S児	1	3	3	3	3	欠	欠
T児	3	3	3	2	3	2	2
U児	2	5	3	3	2	欠	欠
V児	3	3	3	3	1	3	2
W児	2	2	2	3	2	3	欠
X児	3	3	3	3	3	2	3
Y児	3	3	2	3	3	2	3
Z児	2	3	2	2	3	2	1
a児	3	3	2	3	3	3	3
b児	3	2	3	3	3	3	3
d児	欠	2	2	1	2	2	3
e児	3	3	4	3	3	3	欠

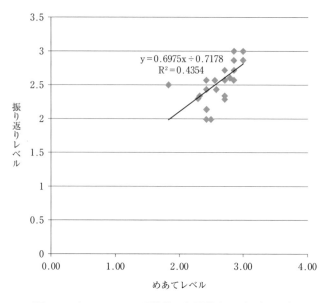

図23　ＰとＣのレベル平均値の相関散布図（5年B組）

　授業の全体交流が少し始まったところで，子どもたちに現時点でどんな問いが生まれていたのかを調べたところ，次のような16人（30人中）の記述が確認された。

・A児：2.5点が分かりません
・D児：0を入れるか入れないか
・F児：0はその試合に入るのか
・G児：0を入れるか入れないか
・H児：1試合が2.5点てどういうことかわからない
・J児：1試合2.5点が分からない
・L児：なぜ得点なのに小数になるのか
・N児：なぜ2.5点になるのか
・S児：1試合2.5点の意味が少し分からない

第Ⅶ章 研究協力者による授業実践 303

- ・T児：0が式に入るのか，両方四捨五入すると3になる
- ・V児：2.5点の意味がよく分からない
- ・W児：なぜ2.5点になるのか
- ・X児：1試合の平均点がなぜ小数なのか

表23　5年B組第2時の授業記録の抜粋

C13	こういう式になると思います。
C14	0を入れる場合は6だったのに，なぜ0を入れない場合は÷5になるのですか？
T18	0が入るか入らへんかの話か，なるほど。 0が入るのか入らないのか。 じゃあこれ0が入らない場合はどうなるのですか。
C15	言ってもいいですか？平均を求める式はこの問題だったら点数の合計÷試合の数だからこれは1＋4＋0＋3＋5＋2で数字を5個足しているから，この÷数も5になると思います。
T19	え，今○○が3点になるとか言わなかったか。 じゃあ，これ誰か式を書いてくれませんか。0を含めない場合。 じゃあここで話戻しましょうか。こっちで出したら1試合の合計は3点。これは納得できますね。こっちになると2.5点になってしまう。これって，どっちがいいのかな。 こっちがいいと思う人？ こっちがいいと思う人？ なんでこっちあかんの？
C16	なんで6じゃないとダメなのかというと，元々6試合しているからで，5試合にすると5にすると5試合したことになるからだと思います。これでいいですか？
T20	この件に関しては大丈夫ですか。最近6試合って書いてあるのに，これだと5試合になっちゃうよね。じゃあこの考えかたはおかしいってことになるな。じゃあ3じゃないね。2.5点でいいよ〜っていう人手挙げて。何かもやもやするっていう人。下ろしてください。その人たち正しいと思うよ。昨日の問題を思い出してほしいのだけど，昨日の△の2番の問題練習で魚の問題を覚えているかな。このときに確か答えが2.9だったけどセンチメートルだったらオッケーだったよね。ありえるよね。センチメートルとかだったらこれ納得できるよね。 それで，平均の話なのだけど新しいから覚えといてね。平均の場合は，例えば得点1点2点で考えるものが2.5点になったり，そのほかにも何人とか1人，2人と数えていたものが2.5人になったりすることがあるのです。これは平均の考え方だったらオッケーになっているので，これは覚えておいてください。センチメートルも何人も，小数でオッケー。これ新しいこと覚えておいてください。 それでは他に何か問いは出ましたか。ないでしょうか。それでは今日の学習で，全体を通してここ納得できないなっていうところ，大丈夫でしょうか。

- ・Y児：0は何もないのに（　　）の中に0が入っているのはなぜ
- ・Z児：0はいるのだろうか
- ・d児：0を含めるのか含めないのか

　これらの子どもたちの問いは，「0を入れるのか入れないのか」「2.5点という小数でいいのか」という2つに大別することができる。まずは，授業記録のC13の式を受けて，C14「0を入れる場合は6だったのに，なぜ0を入れない場合は÷5になるのですか？」という発言が投げかけられた。これは0を含めて考えるのか考えないのかという着眼点になり，T18で教師が全体に共有化を行った。さらに，C15を受けて，T19で教師が「こっちで出したら1試合の合計は3点。これは納得できますね。こっちになると2.5点になってしまう。これって，どっちがいいのかな」という投げかけで，子どもたちに挙手をさせて考えの立場をはっきりさせている。その後，C16の「なんで6じゃないとダメなのかというと，元々6試合しているからで，5試合にすると5にすると5試合したことになるからだと思います」という意見で多くの子どもが納得をする。その後も教師の確認作業が入り，教師の説明が長くなってしまってはいるが，子どもたちが「知りたい」という問いの意識を持って授業に臨めているため，子どもたちの授業に向かう集中力は高いと感じた。

事例⑧　6年C学級「場合の数」5時間分

(1)教師側の学習のめあて

　授業を行う前の授業者による学習のめあては，以下のようであった。

第1時	いくつかのものの並べ方を調べる方法を考えよう。
第2時	いくつかのものの並べ方を簡単に調べる方法を考えよう。
第3時	いくつかのものの中からいくつかを選んで並べる方法を考えよう。
第4時	メダルを何回か投げた時の表と裏の出方は全部で何通りあるか調べる方法を考えよう。

第Ⅶ章　研究協力者による授業実践　　305

| 第5時 | いくつかのものの中からいくつかを選んで組み合わせる方法を考えよう。 |

(2)第4時の授業記録

6年C学級　単元名「場合の数」第4時の授業記録

	子どもの発言（つぶやき）	教師の指示・発言
T1		今日のめあて，さっそくいってみましょう。ではめあて発表してくれる人。
C1	メダルの出方にどんな場合があるか調べよう。質問や付け足しはありませんか。他にありませんか。	
C2	メダルを続けて何回か投げたとき，表と裏の出方にはどんな場合があるか図や表にして調べよう。付け足しや質問はありませんか。	
C3	僕は○○君の言ったことに賛成です。付け足しや質問はありませんか。	
T2		しっかり聞いていた証拠ですね。
C4	私も○○くんのがいいと思いました。付け足しやおたずねはありませんか。	
C5	私も○○くんのがいいと思います。付け足しや質問はありませんか。他にありませんか。	
C6	いろんなものを決まった数投げる時，どんな場合があるか調べようがいいと思います。付け足しや質問はありませんか。他にありませんか。	
C7	樹形図を使ってどんな場合があるか調べようがいいと思いました。付け足しや質問はありませんか。他にありませんか。	

C8	裏と表しかないものを3回投げると，裏と表の出方はどんな場合があるでしょうがいいと思います。質問や付け足しはありませんか。他にありませんか。	
C9	裏と表があるものの裏と表の出方を考えよう。付け足しや質問はありませんか。他にありませんか。ないので先生お願いします。	
T3		まだラスト1人いるのでは。
C10	メダルを投げたときの出方にどんなものがあるか調べよう。付け足しや質問はありませんか。他にありませんか。ないので先生お願いします。	
T4		しっかり考えてくれていると思います。できる限り一般化しようとしてくれているのもよく伝わってきました。今回は，裏と表があるそれから，今回はメダルについてちょっと詳しくやっていって，その中で○○君の言ってくれた，メダルをね，今回は3回だけど，めあてではなんて言ってくれた。
C11	続けて何回か投げる。	
T5		何回か投げる。そのときのことを考えていきたいと思います。では，今日のめあてを立てます。
T6		はい，ではこのあと3分間時間をとりますので，昨日家でやってきたことプラス何か考えてくれてもいいし，昨日やった時点で問いがあればもう問いを書いていてくれてもかまいません。3

第Ⅶ章　研究協力者による授業実践　307

		分間考えましょう。
	（※独自学習）	
T 7		最初に比べると，よく考えられていますね。
T 8		せっかく予習してきたのだから，黒板に自分の考えてきたことをぜひ書いてくださいね。
T 9		途中まででもいいから，ぜひ出してください。では第一発表者お願いします。
T 10		じゃあ○○さんいってみましょうか。待っている間他の子は続きをやってくれてかまいません。
T 11		問いのところが埋まっている子もいっぱいいますね。問いを書いたのだったら，それをもし自分で考えられるのだったら考えときよ。時間あるからな。
C 12	説明します。私はここまでしか書けていないので，誰か助けてください。	
T 12		見ていて思ったことあったらどんどん発言してよ。
C 13	説明します。僕はさっきの○○さんの表に，もう1個新しい表をつけました。こっちの表は，初めメダルを投げて表が出たあとの図です。ここまでいいですか。まず，表が出て，表が出た場合だとその次にはまた，表と裏のどちらかがあります。表が出たら全部表で，裏が出たら表，表，裏で，それぞれ最後が違うだけで変わります。ここまでいいですか。裏が出たときも同じようになって，全部表だったり，最後	

	の2つが裏だったりいろいろあります。初めが裏の場合だと，裏から始まって次が，表で，また表が出て，最後の2つが表っていうふうになったり，全部が裏だったりします。質問や付け足しはありませんか。他にありませんか。	
T13		この図以外の考えがプリントにあったら，ここで出しておいてくださいよ。
C14	説明します。さっき○○君が書いた樹形図をそのまま表に表して，普通の○の方が表で，つぶしてある●の方が裏です。 付け足しや質問はありませんか。	
T14		わかりやすいように一言かいてあげると意味がわかるのでは。
T15		今もう右側に入っているってわかっているよね。なんて書いているか読んでよ。
C15	説明します。私は○○さんの書いたものの裏のバージョンを書いてみました。付け足しや質問はありませんか。他にありませんか。	
T16		では，ここでいくつか意見出しましたので，問いを考える時間をとりたいと思います。 2分間とりますので，ここに出ていること，聞きたいこと，それ以外にやりたいこと書いてください。どうぞ。 では，問いがかけた人。 ○○君や○○さんが同じようなことを

		書いていたので，代表で○○君に。
C 16	○○さんの考えと，○○さんのどちらの考えの方がいいのか。質問や付け足しはありませんか。	
T 17		自分ではわからないのだよね。だから教えてくださいって。
C 17	教えてください。	
C 18	私は○○さんと○○君のかいてくれた樹形図の方がいいと思います。理由は，表だと考えるときにいちいち前のを見返して，これがないからこれっていっていったら抜けたりしそうなので，それなら○○さんの方がいいと思います。	
C 19	私も樹形図がいいと思うのですけど，表とか裏って漢字でかくより，表とか裏ならば，○○さんがかいた○と●でかいたほうが早く終わると思うので，樹形図だけど，○とかでかいた方がいいと思います。付け足しや質問はありません。	
C 20	自分はどっちがいいとかはないと思います。理由は樹形図ができてから，その表はできるから，苦手な人は樹形図だけでいいけど，ちょっとわかってきたら，樹形図をかいたあとに表をかいたらいいと思います。付け足しや質問はありません。他にありませんか。	
T 18		今の話については，自分の意見，考えは言えましたか。じゃあ他の問いにいってみましょうか。
C 21	4回や5回ならどういう場合がある	

	か，誰か教えてください。	
T 19		発展バージョンだね。どうしましょう。できていますか。できてなければ少し時間を取りますが。何回でいく。
C 22	4回。	
T 20		4回で，じゃあいきましょうか。1分ほどとりますので。
T 21		はい，ではいきたいと思います。書いてくれる人いますか，考えを。続きが考えられる子は考えておいてもいいよ。
C 23	説明します。僕は，漢字は大変だと思っていたので，表は お で裏は う にしました。で，樹形図をかいて，16通りの場合があると思います。	
C 24	私の樹形図は，○○さんと○○さんのさっきかいてくれた表の普通の○と，ぬりつぶした●でかいたのですが，私的には，○と●のほうがまだ見やすいかなと思いました。付け足しやおたずねはありませんか。他にはありませんか。ないので先生お願いします。	
T 22		はい，じゃあこれはとりあえず考えが出ました。結局全部で何通りあるの。
C 25	16通り。	
T 23		16通りな。では他に問いありますか。
C 26	昨日の問題は最後の文が，最後のところが，図や表にして調べましょう。で，今回はどんな場合がありますか。で，昨日と今日の答え，アンサーの書き方ってちがうところがあるのですか。だれか教えてください。	

T 24		何か思ったこと横とはなさず全体で言ってよ。
C 27	違うかどうかってことだよね。	
T 25		それもだから聞いてあげて，同じ思いの人もいるかもしれないから。あなたが知りたいことを質問して。
C 28	○○さんの意味がわからなかったので，だれかもう一度説明してください。	
C 29	昨日と今日で，問題の文末が違っていて，昨日は「調べましょう」だから答えはなくて，今回は「場合の数」なので答えがないから，その理由と，もしあるならばその書き方を教えてほしいです。	
C 30	僕は，樹形図とか表とかが答えになると思いました。	
T 26		自分の考え言ってよ。
C 31	私も○○君と同じで，今日の問題は，昨日と似ていて，どんな場合がありますかって書いているから，図や表で表したものが答えなんじゃないかなと思いました。質問や付け足しはありませんか。	
C 32	問題は，どんな場合がありますかって最後書いているけど，やっぱり，まとめにつながるめあてだから，めあてはどんな場合があるか調べる方法を考えようだから，樹形図とか表が答えになるのかなって思いました。付け足しや質問はありませんか。他にありませんか。ないので先生おねがいします。	

T 27		はい，今○○君はめあてに立ち戻って，少しまとめのことも考えてくれていますね。 あと1個だけ問いいけるかな。
C 33	メダルは表と裏があったけど，表と裏とかじゃなくて，面，いろんな面があるものを投げたときだったらどうなるのかなと思いました。例えば，さいころとか。6面で何回か投げる。	
C 34	6面は急やから，靴投げたときの3面。	
C 35	3面。	（あーあ。4面，3面）
C 36	難しくない。	
C 37	6よりましやで。	
C 38	4にしよ，4に。	
C 39	何回投げますか。	
C 40	2回。	
T 28		じゃあ4面のものを2回。 じゃあ4面のものをどう表そう。
C 41	1・2・3・4。	
T 29		①から④にしよか。
C 42	これ何通りあるか。	
C 43	全部書かないとだめなの。	
T 30		そうだね，ずっとこういう問題で昨日からひっかかっているのは，すべてかいて表せばいいのか，何通りを求めればいいのかだね。
T 31		どんな場合があるかかき出せるだけかいてくれますか。
T 32		それをやってみて何か気付いたことがあったら言ってくださいね。
T 33		じゃあ時間もあれなので，だれかかい

第Ⅶ章　研究協力者による授業実践　　313

		てくれる人。 答えが別れているからおもしろそうだね。
C44	あっ。ほんとうだ。やってしまった。	
C45	あー，そういうことか。	
C46	この樹形図が，問題の樹形図になっています。付け足しや質問はありませんか。他にありませんか。	
T36		他は，終わっていいの。自分たちだけで解決しないで，何か自分がミスしていたこととかあったらそれを言ってあげてよ。
C47	なぜ同じ数字を使っているのかわからないので誰か教えてください。	
T37		素直な質問。
C48	2回投げるから，同じのが2回連続で出るかもしれないから，別に使ってもいいと思います。付け足しや質問はありませんか。	
C49	同じです。	
T38		最初ひっかかっちゃった人。
T39		さあ，では，時間がきているのでまとめに入っていきたいと思います。 では，このめあてに対するまとめ，だれか言ってくれる人，もう一度。さきほど○○君も少し言ってくれましたが。めあてにふり返って。どうすればいいですか。
T40		20秒，3人組で相談。
T41		はいでは聞きます。発表してくれる人。
C50	表と裏の出方を調べる方法は，図や表	

	をかいて調べればよい。付け足しや質問はありませんか。	
T42		意見が出ましたよ。
C51	ぼくは，中村君の考えがいいと思いました。付け足しや質問はありませんか。	
C52	ぼくも〇〇君の考えがいいと思いました。付け足しや質問はありませんか。	
C53	ぼくも〇〇君のがいいと思いました。付け足しや質問はありませんか。他にありませんか。ないので先生お願いします。	
T43		はい，ここで少し議論にもなりましたが，どちらも抜け落とすことがなければ有効な手段だと思いますので，まとめとしては。
T44		これは何度も繰り返しになりますが，もしこれが，何通りあるかと聞かれたら君たちどうしますか。
C54	式でやる。	
T45		そうだね。今日は，式は出ませんでしたが，その場合だったらいつも通り先頭を固定して，先頭がいくつあるか計算で求めることができます。これだって，1つ樹形図が書ければ，答えは出ます。それも簡単に付け足しておきます。
T46		では，ふりかえりを書いてください。最後にふりかえりで，学んだこと発表してくださいね。
	※振り返りの記入	
T47		途中の子もいると思いますが，続きは

		頭で考えて言ってくれたらと思います。ではふりかえり発表してくれる人。
C 55	○○さんが書いてくれた表は，私はかいてなかったので，またこういう問題が出た時は書いてみようと思います。	
T 48		他どうでしょうか。
C 56	今日はいっぱい意見や図も表も出たりしたので，明日も同じような感じになればいいなと思いました。	
T 49		他どうでしょうか。
C 57	今日は表と裏の場合を調べて，図や表を使って考えればよいことがわかりました。	
T 50		ではラスト1人くらい。
C 58	今日，漢字でかくのと○でかくのとどっちがいいかと聞かれて，僕は漢字で書く方がいいと思いました。あと最後，4面のものを2回投げる問題のやつでひっかかってしまったのでくやしかったです。	
T 51		はい，それでは今日の授業はこれで終わりますので，また班長さん集めてきてください。
子どもの発話語彙数7697文字（53％）		教師の発話語彙数6863文字（47％）

⑶Pのレベル判定

　6年C学級の毎時の授業プリントから，子どもたちの立てた学習のめあてに対してレベル判定を行った。その結果をまとめたのが表24である。

表24　6年C学級のめあてレベル一覧表

めあて	第1時	第2時	第3時	第4時	第5時
A児	3	3	3	3	3
B児	3	2	3	3	3
C児	3	3	3	2	3
D児	3	3	3	3	3
E児	1	3	3	3	3
F児	2	2	1	1	2
G児	3	3	3	2	4
H児	3	1	2	3	2
I児	3	3	3	3	3
J児	3	3	3	3	4
K児	3	3	3	3	3
L児	2	3	3	3	2
M児	3	3	3	3	3
N児	3	3	3	3	3
O児	3	3	3	3	3
P児	3	4	3	3	3
Q児	3	3	3	3	3
R児	3	3	2	2	4
S児	3	3	3	3	1
T児	3	3	3	3	3
U児	3	3	3	3	3
V児	3	1	1	1	1
W児	3	3	3	3	2
X児	3	3	3	3	4
Y児	3	4	3	3	3
Z児	2	3	2	2	3
a児	3	3	3	3	4
b児	1	3	3	3	4
d児	3	3	3	3	4
e児	3	2	3	3	3

第Ⅶ章 研究協力者による授業実践 317

⑷Cのレベル判定

6年C学級の毎時の授業プリントから，子どもたちの立てた学習の振り返りに対してレベル判定を行った。その結果をまとめたのが表25である。

⑸PとCの様相と相関関係

Pの内訳は，P3が最も多くて76％，次にP2が11％，P1が7％，P4が6％という結果であった。他の学級と同様，このマネジメントサイクルに初めて取り組んだ学級集団であっても，多くの子どもが「学習内容に踏み込んだめあて」を持って授業に臨めていたことになる。また，他の学級と比べると，僅かではあるがP1やP4の割合が高かった。これは「場合の数」という単元の特性によるのではないかと考える。カードやメダルを使って考えるゲーム性が，探究心や困難点，新しい知の必要性を生みやすくしている側面がある。児童別のレベル平均値のちらばりは1.40から3.20で，他の学級に比べて大きな開きがあった。

Cの内訳は，C3が最も多くて71％，次にC2が9％，C5が8％で，C4が7％，C1は5％であった。やはり，本時の学習課題を結果として押さえている振り返りが多数を占め，後は均等にばらつきがあった。児童別のレベル平均値のちらばりは2.00から4.00で，やはり他の学級よりも大きな開きがあった。

この学級集団の児童個別のめあてと振り返りのレベル平均値にどの程度の相関関係（図24）があるのかを相関係数で調べたところ，0.626175で正の相関関係を示した。

⑹PとCをつなぐ子どもの問い

授業内でどんな子どもの問いが生まれているのか，また，その問いがどのように変遷しているのかを，6年C組の第4時の授業記録と子どもたちの授業プリントから検証していく。

表25 6年C学級の振り返りレベル一覧表

振り返り	第1時	第2時	第3時	第4時	第5時
A児	2	3	2	2	2
B児	3	3	2	3	2
C児	3	3	3	3	3
D児	5	5	3	4	3
E児	1	3	3	3	2
F児	3	3	1	1	2
G児	3	3	2	3	3
H児	3	1	3	3	3
I児	3	5	3	3	3
J児	4	3	3	3	3
K児	3	4	3	3	3
L児	3	3	2	3	3
M児	5	3	5	3	3
N児	3	3	3	3	4
O児	5	5	3	3	3
P児	4	3	3	3	3
Q児	4	3	3	3	3
R児	4	3	4	3	3
S児	3	3	3	3	3
T児	3	4	1	3	3
U児	3	3	2	3	3
V児	3	1	3	1	3
W児	3	2	3	3	5
X児	5	5	3	3	3
Y児	5	3	3	3	3
Z児	3	3	3	3	4
a児	5	3	5	3	3
b児	3	3	3	3	3
d児	4	3	2	3	3
e児	3	3	3	3	3

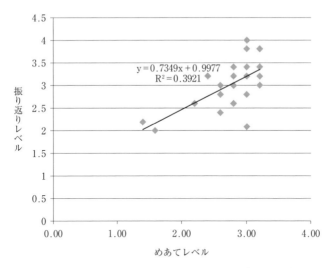

図24　PとCのレベル平均値の相関散布図（6年C組）

　授業の全体交流が少し始まったところで，子どもたちに現時点でどんな問いが生まれていたのかを調べたところ，次のような23人（32人中）の記述が確認された。

- B児：①番目が裏だったらどうなるのか。
- C児：樹形図と表とどちらがいいのだろう。
- D児：3回だけでなく4回，5回なら。今日の答えのかき方は。
- E児：どんな場合とはどういうことかわからない。
- G児：どちらの表，図がわかりやすいのか。
- H児：3回だけでなく4回以上のときはどうなる。
- L児：○通りは8の倍数だが他に決まりはあるのか。
- J児：メダルを4回投げた場合はどうなるのか。
- K児：4回投げたときも同じように表がかけるのか。
- M児：3・4面のものを転がす時も意味は同じなのか。
- N児：昨日と同じで図などを全部かくしか調べられる方法はないのか。

320

- ・O児：4回投げたときどうなるか。
- ・Q児：5回，6回になったとき簡単にできる方法はないのか。
- ・S児：4回や5回ならどんな場合があるのか。
- ・U児：コインの幅が分厚くて立つときがあるとしたらどうなるのだろう

表26　6年C組第4時の授業記録の抜粋

C16	○○さんの考えと，○○さんのどちらの考えの方がいいのか。質問や付け足しはありませんか。
T17	自分ではわからないのだよね。だから教えてくださいって。
C17	教えてください。
C18	私は○○さんと○○君のかいてくれた樹形図の方がいいと思います。理由は，表だと考えるときにいちいち前のを見返して，これがないからこれってしていったら抜けたりしそうなので，それなら○○さんの方がいいと思います。
C19	私も樹形図がいいと思うのですけど，表とか裏って漢字でかくより，表とか裏ならば，○○さんがかいた○と●でかいたほうが早く終わると思うので，樹形図だけど，○とかでかいた方がいいと思います。付け足しや質問はありませんか。
C20	自分はどっちがいいとかはないと思います。理由は樹形図ができてから，その表はできるから，苦手な人は樹形図だけでいいけど，ちょっとわかってきたら，樹形図をかいたあとに表をかいたらいいと思います。付け足しや質問はありませんか。他にありませんか。
T18	今の話については，自分の意見，考えは言えましたか。じゃあ他の問いにいってみましょうか。
C21	4回や5回ならどういう場合があるか，誰か教えてください。
T19	発展バージョンだね。どうしましょう。できていますか。できてなければ少し時間を取りますが。何回でいく。
C22	4回。
T20	4回で，じゃあいきましょうか。1分ほどとりますので。
T21	はい，ではいきたいと思います。書いてくれる人いますか，考えを。続きが考えられる子は考えておいてもいいよ。
C23	説明します。僕は，漢字は大変だと思っていたので，表はおで裏はうにしました。で，樹形図をかいて，16通りの場合があると思います。
C24	私の樹形図は，○○さんと○○さんのさっきかいてくれた表の普通の○と，ぬりつぶした●でかいたのですが，私的には，○と●のほうがまだ見やすいかなと思いました。付け足しやおたずねはありませんか。他にはありませんか。ないので先生お願いします。
T22	はい，じゃあこれはとりあえず考えが出ました。結局全部で何通りあるの。
C25	16通り。
T23	16通りな。では他に問いありますか。

か。

・V児：4回，5回やサイコロになったらどうなるのか。
・Y児：Iさんの考えとTさんの考えでどちらがいいか。
・Z児：IさんとTさんの考えはどちらがいいか。
・a児：表などを漢字でかくのと○●でかくのとどっちがいい。
・b児：4回続けて投げるときはどんな場合があるか。
・d児：もっと面が多いものはどうなる。
・e児：3回でない，違う回数を投げたらどんな感じになるのか。
・f児：4回投げる場合はどうなる。

　授業の前半では，多くの子どもたちが問いを持った状態であった。皮切りはC16の「○○さんの考え（樹形図）と，○○さんのどちらの考え（表）の方がいいのか」であったが，C18〜20が理由をつけて考えを述べていったので，樹形図と表のそれぞれのよさが共有できた。続いてC21の「4回や5回ならどういう場合があるか，誰か教えてください」という問いは，実に11人もの子どもが今現在の問いとして抱いていた問いである。本時の学習問題としてはメダルを3回投げる場合を取り上げているため，4回や5回というのは発展的な内容になる。教師は子どもから出てきた問いであるという尊重の念から，考える時間を少し確保し，子どもの言葉で解決に導いている。同様に，コインの裏と表の2面から発展して，面が3面，4面，6面（サイコロタイプ）だったらという問いを繋げている。限られた授業時間の中で，23人分の問いを子どもの言葉で上手くまとめて授業が進められていた。

事例⑨　6年D学級「比例をくわしくしらべよう」9時間分

(1)教師側の学習のめあて

　授業を行う前の授業者による学習のめあては，以下のようであった。

第1時	xやyを使って，比例の関係を式に表わそう

第2時	比例する2つの量の関係には，どんな性質があるかくわしく調べよう
第3時	比例の関係をグラフに表わしてその特ちょうを調べよう
第4時	比例のグラフからわかることを読み取ろう
第5時	比例の関係を使って画用紙の枚数を求める方法を考えよう
第6時	一方の量が増えると，もう一方の量が減る関係について，変わり方のきまりを調べよう
第7時	xやyを使って，反比例の関係を式に表わそう
第8時	反比例する2つの量の関係には，どんな性質があるかくわしく調べよう
第9時	反比例の関係をグラフに表わしてその特ちょうを調べよう

(2)第6時の授業記録

6年D学級　単元名「比例をくわしく調べよう」第6時の授業記録

	子どもの発言（つぶやき）	教師の指示・発言
T1		はい。それではめあてを相談して下さい。どうぞ。
	（児童少人数で相談）	
T2		だれか言ってくれますか。ではUさんからお願いします。
C1	一方の量が増えるとき一方の量が減る関係について変わり方を考えよう。がいいと思います。付け足しや質問はありませんか。	
C2	一方が増えると一方が減る関係について変わり方を調べよう。がいいと思います。付け足しや質問はありませんか。	
C3	私も○○さんが言ってくれたのでいいと思いました。理由は問題やグラフとかもそういう関係になっているのでいいと思いました。付け足しや質問はあ	

	りませんか。	
C 4	一方とかではなくて，今まで習ったX の量が増えるとYの量が減るという， XとYを使った方がいいのではないか と思いました。付け足しや質問はあり ませんか。	
C 5	僕もそういうふうにXとYっていう習 ったことを使った方がいいと思いま す。付け足しや質問はありませんか。 他にありませんか。	（一方をXやYにするということね）
C 6	なので，Xの量が増えると，Yの量が 減る関係について調べようでいいと思 いました。付け足しや質問はありませ んか。他にありませんか。無いような ので先生お願いします。	（ふんふん）
T 3		みんなの考えをまとめてくれたのです ね。いいですね。はいありがとうござ います。ではそのようにしていきたい と思います。 めあてね。みんなのめあて参考にし て，ちゃんと自分で作り方を考えられ るようにしてくださいね。 今日もまだね，面積がなんやらかんや らやって書いてくれている人がいたけ どね。そうじゃないよね。今は数字の 変わり方を見ているわけですから。こ ういうめあて（子どもたちが発言して くれた板書を指しながら）が作れると いいですよね。ではちょっとめあてを 書きましょう。一方の量という言葉も 使っておきましょうね。 （板書しながら）一方の量（X）が増え

		るともう一方の量（Y）が減る関係について，変わり方のきまりを調べよう。変わり方のきまりを付け足させてもらいました。 右側に書いてくださいね。 今日はこのめあてに向かってみんなで進んでいきましょう。 それでは予習していることの確認とかさらに付け足しも含めて，後3分だけ考える時間をあげます。しっかり考えてみてください。はいどうぞ。予習している人はどんどん付け足しもしていってくださいね。
T 4	（※独自学習）	（※机間指導） それでは今日は先生が表も用意しましたので使いたい人は使ってください。では誰から言ってくれますか。え〜と。○○さんお願いします。
C 7	（○○さん発表準備　1分弱） 説明します。Xがかける2。Xもこっちも2とか3とか。かける2，かける3をしていきます。ここまでいいですか。（他の児童）はい。 こっちは右に行くにつれて，かける1/2，かける1/3になっています。ここまでいいですか。（他の児童）はい 比例っていうのは上でかける2をしていたら，下もかける2をしていないといけないので，だからこの縦と横は比例していません。付け足しや質問はありませんか。	

	説明します。（他の児童）はい。	
C 8	えっと僕は，1から2にかけてかける 1/2ではなくわる2で考えました。えっと1から3にもわる3をしているので，書きました。付け足しや質問はありませんか。	
T 5		そういうことも言えるのではないかということですよね。かける1/2は，わる2ともいえますもんね。いいですね。
	（○○くん発表準備　2分弱）	後でみたときにみんなで黒板がわかりやすくなるようにね さあ今，友だちの考えをしっかり写したりしておく。それか自分なりに考えを深めるそんな時間ですよね。ぼーとしているのが一番よくないですよね。
C 9	説明します。（他の児童）はい。 えっと。僕はこれとこれをかけたら，全部かけていったらすべて答えが18になったのでこの図をかいて，XかけるYになったら18になったので，この18っていうのは……決まった数だと思います。付け足しや質問はありませんか。 （○○さん発表準備　30秒程度）	
C10	説明します。（他の児童）はい。 今，○○くんが説明してくれたことで，XかけるYは18で，18は決まった数ということがわかります。ここまでいいですか。（他の児童）はい。	
C11	Yを求めるには，その18っていう決まった数わるXをすると出てくると思います。付け足しや質問はありませんか。	

	（〇〇さん発表準備　30秒程度）	
C 12	説明します。（他の児童）はい	
	えっと。前までやっていた比例すると	
	きは，今回の場合Xかける4だけど，	
	その比例していたときは決まった数を	
	出すときはわるで，こっちのYを求め	
	るやつも今回は比例していないときは	
	わるだったけど，比例しているときは	
	かけるだったので変わっているなと思	
	ったので書きました。付け足しや質問	
	はありませんか。他にありませんか。	（机間指導）
T 6		ここまでの話し合いは納得ですか。今
		ちゃんと友だちの考えとか写しとかな
		いといけないよ。
	（〇〇くん発表準備　2分30秒程度）	
C 13	説明してもいいですか。（他の児童）	
	はい	
	えっと僕は，この何やった？表だけで	
	は，この表だけで決めたらだめかなと	
	思って，違う表も書いてみました。ま	
	ず，1の数を30にすると，こういうふ	
	うな表になりました。ここまでいいで	
	すか。（他の児童）はい。	
	なので，あの〜これの30わるXはYと	
	いうのは違う表に表してもできるかな	
	と思いました。付け足しや質問はあり	
	ませんか。	
T 7	（〇〇さん発表準備　20秒程度）	これに付け足せることとかあれば付け
	説明します。（他の児童）はい。	足していってよ。
C 14	えっと。これもXがかける2倍した	（机間指導）
	ら，Yはかける1/2倍になって，Xが	
	かける3倍したら，Yがかける1/3に	

第Ⅶ章　研究協力者による授業実践　　327

	なるのでこれを表にかきました。付け足しや質問はありませんか。	
T 8		書いた方がわかりやすいということだね。 ○○くんは何がしたかったのか，よくわからなかったようです。いいよ，わからないって言ってから，授業が進むからね。
C 15	さっきの○○くんのがわからなかったので誰か説明して下さい。	
C 16	えっと。説明します。（他の児童）はい。 まず，こっちの表はわかりますか。で，この決まった数を18から30に変えて違う数にしてみたのだと思いました。○○くんは。付け足しや質問はありませんか。	
T 9		えっと。ということは，○○くんはあれですか。面積が18でないときを考えてくれたということですか。そのへん誰か説明してくれる人はいませんか。ということは，○○くんは面積が何の時を考えてくれたのですか。 そこに書いたって。その表の上にでも。そういうのも付け足せるようになるといいですよね。こういうふうにかいた方がわかりやすいからね。
C 17	この表は面積が30のときを考えてくれたのだと思います。付け足しや質問はありませんか。	
C 18	説明します。（他の児童）はい。 この表だったら縦の長さがXで，横の	

	長さがYです。ここまでいいですか。 （他の児童）はい。 長方形の面積の公式が縦かける横だったからそれに当てはめて……例えば1と30のところであてはめたら，縦が1センチ横が30センチだからこの30っていうのが出ると思います。付け足しや質問はありませんか。	
T10		他の数字の時もちょっと下に書いた方が分かりやすいと思うのですが，誰か書いてくれる人はいませんか。 こういうのも付け足せるようになればいいですよね。こういう簡単なことを言っているのです。先生は。
C19	説明します。（他の児童）はい。 えっとこの縦かける横が30っていうのは，この1と30のときだけではなくて2と15とか，まあ縦でみたときの全部にあてはまるので，Xが2でYが15の時と，Xが3でYが10の時の公式を書きました。付け足しや質問はありません。か。他にありませんか。	
T11		ここまでの話も納得ですか。では今○○くんが準備してくれている間に，今の自分の問いとして何かわからないこととか，聞きたいこととかがあれば，今そこに書いておいて。今出てきた中で何か問いがあったり何かわからないことがあったり，聞きたいことがあったり，今の自分の問いを書いてみてください。今の自分の問いはわからないことだけではないからね。他にこんな
	（○○くん発表準備　3分程度）	

第Ⅶ章　研究協力者による授業実践　　329

		のはどうだろうとか含めて書いてよ。
C 20	説明します。（他の児童）はい。 前，比例を詳しく調べようっていった時に，例えば4から6とか5から3とかやったのを覚えていますか。（他の児童）はい。 それも同じようにこういう表でもやろうと思って，3から5にかける5/3です。ここまでいいですか。（他の児童）はい。 下のYをみてみると，3のところが6で，5が3.6なので，6から3.6に向かってかける3/5になっています。ここまでいいですか。（他の児童）はい。 えっと4から6にかける2/3をしていて，4.5から3にもかける2/3をしているので，こういうふうになっていることが言えると思いました。付け足しや質問はありませんか。	
C 21	今の説明がよくわからなかったので，誰かも一度説明してください。	
T 12		ちょっと今疑問もたくさんあがったみたいだから，それも含めて今の自分の問いを書いてください。はいどうぞ。ちょっと時間を取ります。1分2分くらい。ちょっと具体的に書いてね。今○○くんの説明したこういうところがわからないとか，後でプリント見てあぁこういうところが僕はわからなかったのだというのがわかるようにね。○○くんのがわからないだけでは，後で○○くんの何だってなるからね。

	（今の自分の問い記入　2分弱）	
T 13		では今の自分の問いを言ってくれる人はいませんか。○○さんお願いします。
C 22	XかけるYは18とYかける決まった数わるXのどっちの式が正しいのかわからないので，誰か説明して下さい。	
T 14		まず式のことが出ましたね。他に何かありますか。
C 23	最初の時で，比例していないって言っていたけど，かける2とかける1/2で，2とか下の3とかも似ているから，比例してないけど，つながってそうな気がするから，そこはどうかなって思いました。	
T 15		他に何かないですか。
C 24	○○くんの最後の赤で書いているのがよくわからなかったです。	
T 16		なるほどね。他に何かありませんか。
C 25	縦の長さが整数だけど，小数でもできるのかなって思いました。	
T 17		ほうほう。ここが整数やけど小数でもできるかなって思ったのだね。他にないですか。
C 26	めあてで変わり方のきまりを調べるって言っていたけど，それは比例していないのかどうなのかっていうこと。	
T 18		ほうほう。このきまりが比例していないかどうなのかということね。他にはないですか。
T 19		では，ちょっとそのあたり時間の許すかぎり……あっごめん○○さん。

C27	Xがかける2するときYがわる2するというのは，面積のときだけなのかということ。	
T20		他のものもないのかということやね。では今ちょっと出たやつで，解決していきましょうか。最初○○さんが言ってくれた式のやついきましょうか。式のことの疑問について，○○さんもう一度言ってあげてくれる。
C28	XかけるYは18と，Yかける決まった数わるXのどっちの式が正しいのかわからないので誰か教えて下さい。	
T21		そのへんについて何か意見はないですか。式のことについて。
	（○○さん発表準備　30秒程度）	
C29	説明します。仮にXを2にして，Yを9にして決まった数を18にします。ここまでいいですか。（他の児童）はい。それで，ここのXかけるYは決まった数というのにこの数字を入れたら，2かける9は18という式ができます。ここまでいいですか。（他の児童）はい。Yは決まった数わるXというのに，2と9と18を当てはめたら，9は18わる2という式になります。ここまでいいですか。（他の児童）はい。これからもわかるように，XかけるYは18っていうのを順番とか入れ替えてYは決まった数かけるXていう式にしているので，意味的には一緒だと思います。付け足しや質問はありませんか。	
C30	僕は意味的には同じだけど，Yは決まった数わるXの方がいいと思いまし	

	た。理由は，前までにやったものをこの公式みたいなやつをみたら，18を頭にもってきて18はっていうふうにこういうふうにやります。ここまでいいですか。（他の児童）はい。 なので，これでやってみると決まった数はXかけるYになるのはわかりますか。（他の児童）はい。 なので，前までは全部YはXかける何なにとかYは何なにとかだから，僕は意味的には同じだったら，Yは決まった数わるXにした方がいいと思いました。付け足しや質問はありませんか。	
T22		○○さん納得できた。どちらでもいいけど，みんなあっちの方がいいのじゃないのという意見ね。
C31	私も○○くんと一緒で，XかけるYは18より，Yは決まった数わるXの方がいいと思いました。付け足しや質問はありませんか。他にありませんか。 （○○くん発表準備　1分30秒程度）	
C32	説明します。（他の児童）はい。 僕はこの表を図に表して，この図は正確ではないけど平行四辺形で表しました。ここまでいいですか。（他の児童）はい。 平行四辺形の公式は底辺かける高さなので，これで表したら底辺が18センチで高さが1センチです。ここまでいいですか。（他の児童）はい。 だから高さが2センチの時は9平方センチメートルで，高さが3センチの時	

第Ⅶ章　研究協力者による授業実践　333

	は6平方センチメートルなのでこれで表しました。付け足しや質問はありません。	
C33	今の平行四辺形の説明がよくわからなかったので誰か教えてください。	
C34	説明します。（他の児童）はい。 まず，○○くんは平行四辺形の図でこの表を表しました。ここまでいいですか。（他の児童）はい。 平行四辺形の公式は底辺かける高さです。ここまでいいですか。（他の児童）はい。 ここを表した1段目の底辺が18の時，高さは1で面積が18になって，……わからなくなったので誰か説明してください。	
T23		誰か理解してやれる人は。○○くんは気がついたみたいだね。自分のまちがいかなぁと思っているのだね。他の人は気付いてあげられないの。じゃあ○○くんにそのまま返してあげたら。
C35	書き直していいですか。	いいよ。消して書き直すの。いいよ。ささっと書いてね。
	（○○くん発表準備　1分30秒程度）	
T24		○○くんのしたかったことの間違いに，誰も気付いてあげられなかったの。かわいそうだな。先生は○○くんが何か勘違いしているなあって気付いたけど。
C36	説明します。（他の児童）はい。 この表を平行四辺形の図で表したら高	

	さが1センチの時は底辺が18センチになります。ここまでいいですか。（他の児童）はい。 同じように高さが2センチの時は底辺が9センチになって，18平方センチメートルになって，高さが3センチの時は，底辺が6センチなので，18平方センチメートルになって……	
T25		というふうに言えるのだね。いいよ。それで終わって。
C37	先生お願いします。	
T26		ちょっと時間がきているので先生が話しをしますね。○○くんの最後の話わかった。○○くんは何がしたかったの。
C38	平行四辺形でその表を図で表したかった。	
T27		長方形でも平行四辺形でも同じでしょ。って言いたかったのだね。底辺かける高さと縦かける横なのだから，この表は平行四辺形でこのように見たら高さが1センチの時，底辺が18センチで，高さが2センチの時，底辺が9センチでということが言いたかったのでしょ。これとまったく同じことが平行四辺形でも起こりますよ。ということを○○くんは言いたかったのですよね。面積が18平方センチメートルの時の平行四辺形って言いたかったのだよね。 1番最初○○くんが書いてくれたときは，底辺が18で高さが1，底辺が18で

第Ⅶ章　研究協力者による授業実践　　335

| | | 高さが2……というように間違えてしまったのだね。その間違えに気付いてあげられた人は？まっすぐ手を挙げて。それは早く言ってあげるべきだったよね。 じゃあ今日いろいろと式のことも出てきたのですが，今日の学習のまとめで，変わり方の決まりを調べようということですが，最初に戻ってください。今日は先生の方でまとめますけど，片方が2倍，3倍するとき，もう片方が1/2, 1/3するとき，もしくはわる2，わる3っていう関係があるのですよね。これは比例ではないってみんな言ってくれたわけですね。こういう関係を反比例って言います。知っている人もいるかもしれないけど。こういう関係もあるのですよっていうことは最後知っておいてほしいことなので，今日は先生の方でまとめたいと思います。 じゃあまとめを書きましょうね。 今までだったら，片方が2倍，3倍するとき，もう片方も2倍，3倍するので比例だったのですが，それに対して，片方が2倍，3倍するときにもう片方が1/2倍，1/3倍，もしくはわる2，わる3になる時YはXに反比例するといいます。 それでは，急いでふり返りを書いてください。 |
| 子どもの発話語彙数10553文字（52%） | | 教師の発話語彙数9625文字（48%） |

336

(3)Pのレベル判定

　6年D学級の毎時の授業プリントから，子どもたちの立てた学習のめあて
に対してレベル判定を行った。その結果をまとめたのが表27である。

(4)Cのレベル判定

　6年D学級の毎時の授業プリントから，子どもたちの立てた学習の振り返
りに対してレベル判定を行った。その結果をまとめたのが表28である。

(5)PとCの様相と相関関係

　Pの内訳は，P3が最も多くて72%，次にP2が25%，P1が3%，P4
が0%という結果であった。今までの3学級と同様，このマネジメントサイ
クルに初めて取り組んだ学級集団であっても，多くの子どもが「学習内容に
踏み込んだめあて」を持って授業に臨んでいたことになる。また，P4は
0%で，探究から生まれる困難点や新しい知の必要性までには誰も行き着か
なかった。児童別のレベル平均値のちらばりは2.11から3.00で，どの学級よ
りも開きが小さかった。

　Cの内訳は，C3が最も多くて73%，次にC2が21%で，後のC1，C4，
C5は何れも2%であった。他の学級と同様に，本時の学習課題を結果とし
て押さえている振り返りが多数を占め，他者や自己への気づきをプロセスで
記述するまでにはなかなか至らなかった。児童別のレベル平均値のちらばり
は2.22から3.44で，やはり他の学級よりも開きが小さかった。

　この学級集団の児童個別のめあてと振り返りのレベル平均値にどの程度の
相関関係（図25）があるのかを相関係数で調べたところ，0.6105362で正の
相関関係を示した。

(6)PとCをつなぐ子どもの問い

　授業内でどんな子どもの問いが生まれているのか，また，その問いがどの

第Ⅶ章 研究協力者による授業実践 337

表27 6年D学級のめあてレベル一覧表

めあて	第1時	第2時	第3時	第4時	第5時	第6時	第7時	第8時	第9時
A児	3	2	3	2	3	3	2	2	3
B児	3	2	3	2	2	2	3	3	1
C児	3	2	3	3	1	3	2	3	3
D児	3	3	2	3	3	3	3	3	3
E児	3	3	3	3	3	3	3	3	3
F児	3	3	3	3	3	3	3	3	3
G児	2	2	2	2	2	3	2	2	2
H児	3	3	3	3	3	3	3	3	3
I児	3	3	3	3	3	3	3	3	3
J児	3	3	3	3	3	3	3	3	2
K児	3	3	3	3	3	3	2	3	3
L児	3	3	3	3	3	3	3	3	3
M児	3	3	3	2	3	3	3	3	3
N児	2	2	3	3	3	1	1	3	3
O児	3	3	3	3	3	3	3	2	3
P児	1	3	3	2	2	3	3	3	3
Q児	3	3	3	2	3	3	3	3	3
R児	2	3	3	3	3	2	3	3	3
S児	3	3	2	2	2	2	2	3	3
T児	3	2	3	2	2	2	3	3	3
U児	3	2	3	2	3	2	3	2	2
V児	3	2	3	2	3	3	2	3	3
W児	3	3	3	3	3	3	3	2	2
X児	3	2	3	3	2	2	3	3	3
Y児	2	2	2	2	2	3	2	3	1
Z児	3	3	3	2	3	3	3	3	3
a児	3	3	3	2	1	3	3	2	3
b児	3	3	3	2	3	2	2	3	3
d児	3	3	3	2	3	2	3	3	3
e児	3	3	3	2	3	3	3	3	2
f児	3	3	2	3	3	3	2	2	3

表28　6年D学級の振り返りレベル一覧表

振り返り	第1時	第2時	第3時	第4時	第5時	第6時	第7時	第8時	第9時
A児	2	2	3	3	3	3	3	2	3
B児	3	3	3	2	3	2	3	2	3
C児	2	3	3	2	3	3	3	3	3
D児	3	3	3	2	2	3	3	3	3
E児	3	3	3	3	5	3	3	5	3
F児	3	4	3	3	3	3	3	3	3
G児	2	3	2	3	2	2	3	3	3
H児	3	3	3	3	3	3	3	3	3
I児	3	3	3	2	3	3	3	3	3
J児	2	2	3	2	3	3	3	3	3
K児	3	3	3	3	3	3	3	3	3
L児	3	4	3	3	5	3	3	3	3
M児	3	3	3	3	3	3	3	3	2
N児	3	3	4	2	3	1	1	3	3
O児	3	3	3	3	3	5	5	3	3
P児	1	3	3	3	3	3	3	3	3
Q児	3	3	3	3	3	3	3	3	3
R児	3	3	3	2	3	3	3	3	3
S児	3	3	2	3	4	3	2	3	2
T児	3	3	3	2	4	2	3	3	3
U児	3	3	3	3	3	3	3	3	3
V児	3	3	3	2	2	2	3	3	3
W児	3	3	3	3	3	3	3	3	3
X児	2	3	3	2	2	2	3	3	2
Y児	3	2	2	2	2	3	3	3	1
Z児	3	3	2	3	3	3	2	3	3
a児	2	2	2	2	3	2	2	3	2
b児	3	2	3	2	2	2	3	2	3
d児	3	2	1	3	3	3	3	2	4
e児	3	2	2	2	2	3	3	3	3
f児	3	3	3	2	3	3	3	3	3

第Ⅶ章　研究協力者による授業実践　339

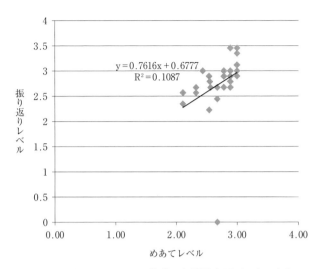

図25　ＰとＣのレベル平均値の相関散布図（6年Ｄ組）

ように変遷しているのかを，6年Ｄ組の第6時の授業記録と子どもたちの授業プリントから検証していく（表29）。

　授業の全体交流が少し始まったところで，子どもたちに現時点でどんな問いが生まれていたのかを調べたところ，次のような30人（32人中）の記述が確認された。

- Ａ児：○○くんが説明したことがわからない人にわかるように説明する
- Ｂ児：なぜ小数が？○○くんの×3/5など
- Ｃ児：○○くんのがわからない
- Ｄ児：×3/5とか×2/3のところがよくわからなかった
- Ｅ児：いろいろな方法で比例でないことを証明したい
- Ｆ児：○○くんの考えの上が3/5倍になっていたら，下が3/5倍になるっていうのがよくわからない
- Ｇ児：最初に○○さんがいっていた×1/2をしたのがよくわからない
- Ｈ児：○○くんのが全体的によくわからない

340

表29　6年D組第6時の授業記録の抜粋

T13	では今の自分の問いを言ってくれる人はいませんか。○○さんお願いします。
C22	XかけるYは18とYかける決まった数わるXのどっちの式が正しいのかわからないので，誰か説明して下さい。
T14	まず式のことが出ましたね。他に何かありますか。
C23	最初の時で，比例していないって言っていたけど，かける2とかける1/2で，2とか下の3とかも似ているから，比例してないけど，つながってそうな気がするから，そこはどうかなって思いました。
T15	他に何かないですか。
C24	○○くんの最後の赤で書いているのがよくわからなかったです。
T16	なるほどね。他に何かありませんか。
C25	縦の長さが整数だけど，小数でもできるのかなって思いました。
T17	ほうほう。ここが整数やけど小数でもできるかなって思ったのだね。他にないですか。
C26	めあてで変わり方のきまりを調べるって言っていたけど，それは比例していないのかどうなのかっていうこと。
T18	ほうほう。このきまりが比例していないかどうなのかということね。他にはないですか。
T19	では，ちょっとそのあたり時間の許すかぎり……あっごめん○○さん。
C27	Xがかける2するときYがわる2するというのは，面積のときだけなのかということ。
T20	他のものもないのかということやね。では今ちょっと出たやつで，解決していきましょうか。最初○○さんが言ってくれた式のやついきましょうか。式のことの疑問について，○○さんもう一度言ってあげてくれる。
C28	XかけるYは18と，Yかける決まった数わるXのどっちの式が正しいのかわからないので誰か教えて下さい。
T21	そのへんについて何か意見はないですか。式のことについて。
C29	（○○さん発表準備　30秒程度）説明します。仮にXを2にして，Yを9にして決まった数を18にします。ここまでいいですか。（他の児童）はい。 それで，ここのXかけるYは決まった数というのにこの数字を入れたら，2かける9は18という式ができます。ここまでいいですか。（他の児童）はい。 Yは決まった数わるXというのに，2と9と18を当てはめたら，9は18わる2という式になります。ここまでいいですか。（他の児童）はい。 これからもわかるように，XかけるYは18っていうのを順番とか入れ替えてYは決まった数かけるXていう式にしているので，意味的には一緒だと思います。付け足しや質問はありませんか。
C30	僕は意味的には同じだけど，Yは決まった数わるXの方がいいと思いました。理由は，前までにやったものをこの公式みたいなやつをみたら，18を頭にもってきて18っていうふうにこういうふうにやります。ここまでいいですか。（他の児童）はい。

	なので，これでやってみると決まった数はＸかけるＹになるのはわかりますか。（他の児童）はい。
	なので，前までは全部ＹはＸかける何なにとかＹは何なにとかだから，僕は意味的には同じだったら，Ｙは決まった数わるＸにした方がいいと思いました。付け足しや質問はありませんか。
T 22	○○さん納得できた。どちらでもいいけど，みんなあっちの方がいいのじゃないのという意見ね。
C 31	私も○○くんと一緒で，ＸかけるＹは18より，Ｙは決まった数わるＸの方がいいと思いました。付け足しや質問はありませんか。他にありませんか。
C 32	（○○くん発表準備　1分30秒程度）説明します。（他の児童）はい。
	僕はこの表を図に表して，この図は正確ではないけど平行四辺形で表しました。ここまでいいですか。（他の児童）はい。
	平行四辺形の公式は底辺かける高さなので，これで表したら底辺が18センチで高さが1センチです。ここまでいいですか。（他の児童）はい。
	だから高さが2センチの時は9平方センチメートルで，高さが3センチの時は6平方センチメートルなのでこれで表しました。付け足しや質問はありませんか。
C 33	今の平行四辺形の説明がよくわからなかったので誰か教えてください。
C 34	説明します。（他の児童）はい。
	まず，○○くんは平行四辺形の図でこの表を表しました。ここまでいいですか。（他の児童）はい。
	平行四辺形の公式は底辺かける高さです。ここまでいいですか。（他の児童）はい。
	ここを表した1段目の底辺が18の時，高さは1で面積が18になって，……わからなくなったので誰か説明してください。

- I児：結局変わり方のきまりは何？

- J児：比例とは真逆だ。面積だけではない

- K児：面積が40.5とかのとき

- L児：面積が18や30のときの表をかいたりしたけど，面積が1.5や3.3など小数のときでもできるかわからない

- M児：$x \times y = 18$と$y = $決まった数$\div x$のどちらが正しいのか？

- O児：2つでた式で，$x \times y$，$y = $決まった数$\div x$　どちらがいいのか？

- P児：この問題は比例していない？○○くんの表の×3/5とかがわからない

- R児：なんで×5/3とか×3/5とかするのかわからん

- S児：xが×2する時，yが÷2（×1/2）するのは面積の時だけ
- T児：○○さんが比例していないっていっていたけど，これって本当に比例していないのかな
- U児：平行四辺形のやり方を発表したい
- V児：○○くんの5/3と3/2？
- W児：○○さんの式がy÷xだと思う
- X児：これは比例していないと書いているから，これは何か？
- Y児：整数でできたら小数でできるのか
- Z児：○○くんの考えが少し早口で分からない
- a児：○○くんの言いたいことがよくわからない
- b児：○○くんの×3/5，×2/3がわからない
- d児：○○くんのより×1/2，×1/3…の方がやりやすいのでは
- e児：なんで，上と下で整数と分数がちがうか
- f児：x÷y＝決まった数……比例している時，それではなくy÷x＝決まった数だと思う
- g児：面積が30などでもたて×よこ＝面積でわかることがわかりました

　この学級では，32人中30人が何かしらの問いを持っていて，日常的に問いを持つことの風土ができているようである。また，本時では問いの種類が多義に亘っているため，1つ1つ解決していくというより，とりあえず子どもたちが持っている問い（疑問点）を，C22，C23，C24，C25，C26，C27で続け様に出させていくことで，30人分の問いを俯瞰しようとしているところが大きな特徴である。特にC24の問いのように，授業の前半で出た級友の言っていることが理解できなかったという問いを記述している子どもが多かった。このような問いは単純であるけれど，最も重要視しなければならない問いであると考える。「問いを持つ」というのは何か特別な力が必要になると思われがちであるが，「級友の言っていることがよくわからないから知りたい」という問いは，協同的な学びを進めていく上で大きな要素に成り得る

第Ⅶ章　研究協力者による授業実践　343

と考える。

第3節　考察

a　授業者の考察

(1) 5年A学級の授業者より

　今回 RPDCA サイクルの研究協力として事前学習を取り入れた。事前学習を行うことによって，児童の授業を受ける意識が大きく変わった。まず，大きな変化として，児童が主体的に算数の学習に取り組むようになったということである。例えば，授業が始まるまでに事前学習をしてきた児童が，「教科書のここまでは分かったのだけど，ここからが分からない」，「教科書に載っていない考え方を思いついた」，「今日のめあてがよく分からなかった」といったような話をすることが多くなった。事前学習をすることで，授業の中で自分が分からないことや分かること，深めてみたいことが明確になり，自分なりの目標をもって学習に取り組むことができるようになった。

　しかし，一方で事前学習の良さを感じることができず，学習についていくことができない児童がいたことも事実である。授業が本時のめあてからスタートすることでより学習を深めていける児童がいることと対象的に，授業のスタートから大きく差が開いてしまった児童がいた。こういった児童に対して声かけは行っていたが，十分な成果を上げることができなった。この点が，今回の研究協力で感じた私自身の課題である。

　数人が発表した後に問いの時間を設けたことで，自分が分かっているところや分からないところを落ち着いて考えることができていた。例えば，「数直線と式のつながりが分からない」「図と式のつながりがはっきりしない」という意見である。このような問いを解決していくことで，普段の授業で何となく理解していた部分を明確にすることができた。

児童が事前学習で考えためあてや授業中の問い，ふりかえりを毎時間評価していくことで，私自身が児童の考えの変化に気づくことができた。今までの授業では，めあてやふりかえりに明確なレベルを定めていなかったので，単元を通して児童の考えが高まっているのか評価することができていなかった。教師が明確なめあてを持ち，児童のめあてを毎時間評価することで，児童一人一人がどのような考えをもって授業に臨んでいるのかが分かり，指導しやすくなった。

⑵ 5年B学級の授業者より

　本校の探求・表現型の授業として，今までは，（復習）⇒つかむ⇒考える⇒深める⇒まとめる⇒ふりかえる（練習問題）というスタイルで行ってきた。ただこの授業のスタイルの中での課題点がつかむ段階であった。特に見通しの時間が長くなってしまい，めあてに向かうまでに10分ほどかかってしまうことが多かった。また，つかむでほとんどの意見が出てしまい，深める場面で意見が出にくくなってしまうことも度々見られた。それでも研究が進み，深める場面で意見が出るよう，また，時間短縮の意識を持って授業には望めるようになったが，それでも深める場面での時間配分が難しい現状ではあった。そして，振り返る段階での練習問題はほとんど取れないというのが実態としてあった。

　そうした状況の中で，今回，RPDCAのマネジメントサイクルを取り入れた授業実践行い，次のような効果や利点が見られた。

- ・事前学習をしてくることで，1時間の授業の時間配分が大きく変わった。事前学習でめあてまで考えてきているので，深める時間が20分から30分は取れるようになった。そうすることで，より児童同士の深め合いに時間がかけられるようになった。また，教師からも，数学的な見方や考え方，授業の中で足りないところについて説明できる時間が増えた。
- ・練習問題を取る時間が増えた。事前学習を入れるまでは話し合いで終わ

第Ⅶ章　研究協力者による授業実践　345

ってしまい，どうしても定着しているのかどうかを授業内で判断するのが難しかった。事前学習を入れることで，時間に余裕ができ，その時間を使って練習問題をし，学習の定着の確認もできるようになった。

・練習問題の利用の仕方も変わった。学習の定着の中で，ただ問題を解くだけではなく，同じような問題で他者の表現で聞いたことや，授業の最初にうまく図をかけなくても例えば人の書いた図を使ってそれを読もうとする経験を通して，時には同じことを自分で説明する。こうすることで，自分なりに説明しようとする意識を持たすこともできた。こういったことを場面場面で使い分け，考えさせていくと，それが表現を洗練させていくことにもなると考える。

・事前学習をすることで，家庭での新しい学習スタイルも確立できた。これまで，事前学習をしてきたことのない児童が多かった。初めはどうすればいいかわからなかった児童も，やり方をまねしたり，教師からアドバイスをもらったりすることで，慣れてきて自分なりの学習スタイルを確立していくようになった。また，このことは中学生になっても利用できる学習法だと考える。

・事前学習を進めていくことで，次の授業へのつながりの意識が生まれた。授業と授業の間に事前学習という学習を入れることで，学習のつながりが生まれるようになった。次の授業への意識が生まれることで，一単元の中でつながりをしっかり意識して授業に取り組めるようになった。

・これまでは，クラスの中で塾に行って先行学習をしている児童とそうではない児童との間に差があった。その差を少しでもなくすための取り組みが，見通しでの吹きだしであった。しかし，事前学習を取り入れたことで，先行学習での差が少なくなった。児童の中にはめあてを立てるために一度問題を解き，そこからこの問題のめあてになるのは何かを考えて作ってくるようになった。与えられて考えるのではなく，自分から意欲的に問題に取り組めていると考えられるのではないかと思う。また，

算数の苦手な児童も，一度教科書に目を通すことで，次の授業は何をするのか，その中で分からないことは何かということを考えることができるようになり，前よりも意欲的に取り組めるようになったと思う。

今回，研究協力をさせていただいたことで，児童もそうであるが私自身が勉強になった。今回の取り組みは私も初めてだったので，終わった後にもっとこうすればこうなったのではないかということも含まれている。このことをこれからの授業で生かしていきたいと思う。

(3) 6年C学級の授業者より

事前学習について，児童には宿題として「必ずしなさい」という声かけではなく，「めあての確認から授業を始めるので，より理解するためにも事前学習はしておいたほうがいいよ」という声かけを行った。普段，他の宿題を忘れてくる児童も，毎時間のめあては最低限書いて，授業にのぞむことができていたように思う。またそのような児童も，初めはめあてを書いてくるだけであったが，単元後半になると，答えまで出すことができなくても，わかるところまで問題を解いてくるというように変化が見られた。そして，授業の回数を重ねるごとに，その問題場面だけでなく，人数，回数，チーム数といった数が変わった場合をいろいろと想像し，めあてを一般化しようとする児童が多くいた。最初から最後まで，めあてレベルが変わらなかった児童もいたが，RPDCAのマネジメントサイクルを継続して行い，各場面で数学的な視点を指導していくことで，より効果が上がっていくと感じた。

問いについては，今までのところでわからないことや，もやもやしていることを書くように伝えたが，何を書いていいのかわからず，空白のままの児童が多くいた。特に，本単元の『場合の数』は，第一発表者が樹形図をきちんとかいて説明すると，それ以上付け足しやおたずねが出しにくい単元であったように感じた。そのため，おたずねというよりは「数が増えて○○になった場合はどうなるだろう」というように，自分で発展的な問題場面を考え

第Ⅶ章　研究協力者による授業実践　347

て問いを書く児童がいた。また，そのような問いが出たことで，次時からは，そのような視点で問いを考えることができるようになった児童も増えた。

　問いの解決については，友達の説明がよくわからなかったのでもう一度説明してください，といったような内容を書いている児童が最初にいて，その問いを皆で解決していった。その後は，素朴な疑問や（自分で考えた）発展的な問題を問いに書いている児童がいて，その問いを皆で解決していく活動を行った。

　ふりかえりについては，「こんな場合だったらどうなるかやってみたい」や「友達の考えを次の授業では自分も使ってみたい」など，次につながるふりかえりが書けていた。その気持ちが次時の事前学習へと，形となって現れていた。このように，ふりかえりが，次時の事前学習へとつながることが大切であると感じた。

　今まで行ってきた学習形態では，授業の中で素朴な疑問をじっくりと話し合う時間はとれなかったが，今回は，一つ一つの疑問について意義のある話し合いができたことがよかった。また，練習問題を取り入れる時間がなかったことが大きな悩みであったが，児童の問いから生まれた発展的な問題を解く時間が多く持つことができてよかった。与えられた問題ではなく，自分たちで考えた問題なので，解決したいと熱心に取り組む姿が多く見られた。

⑷6年D学級の授業者より

　RPDCAサイクルが上手く機能し出したときに，その効果や利点が見られた。

　今回，RPDCAのマネジメントサイクルで1単元分の授業を行ってみて，大きな効果を感じられたのは，R（事前学習）の部分である。子どもたちが事前学習を行うことにより，授業に対して今まで以上に主体的に入って行くことができているのを感じた。もちろん児童によって差は見られるものの，事前学習によって自分なりに解決をして，自分なりの課題や疑問をもって授

業に臨めるものが増えた。実際，本学級では多くの児童がこの単元を終えた後でも，事前学習を行って授業を進めることを望んだ。

そして，子どもたちの主体性の向上だけではなく，授業の進行でも利点を感じた。まず第1に，子どもたちが学習内容を深める（話し合う）時間を多くとることができるようになったことが挙げられる。どうしても，授業開始から本時の課題を知り，見通しを立てて話し合い，自分で考えてみてから学習内容を深めるとなると，前半部分に多くの時間が割かれることになる。その点，事前学習をしてめあてを考えることから学習を始めていくと，前半部分の時間を大きく縮めることができ，その分を深める（話し合う）時間に充てることができた。

本学級では，教師側の力不足もあり，このRPDCAのマネジメントサイクルを十分に生かすまでには至っていないが，この実践を終えた後も子どもたちと話し合い，事前学習ができるように，事前に学習内容を伝えて授業を行うことを続けている。特に本学級は6年生であるため，この事前学習を含めたRPDCAのマネジメントサイクルが子どもたちの中に根付き，中学，高校へと進学しても自分の学習法として続けていき，主体的に自分学びを深めていける子どもたちへと育っていってくれればと願っている。

b　筆者の考察

Pのレベル判定では，一般的な公立小の子どもたちの記述の様子を見る限り，言葉数が少なく，真意を量り切れない文言が度々出てきた。そうした場合，Rにどの程度取り組めているのかを加味していくと判定しやすくなった。よって，Rを加味した上でPを判定していくのが妥当であると考えたい。

Cのレベル判定では，一般的な公立小の子どもたちに授業終盤の短い時間で重層的な振り返りを期待するのは難しかった。よほど時間を確保しない限り，全体的に言葉数が少ないという問題点があった。よって，潜在的な枠組みでどれもこれも記述がないとこのレベルには達しているとは言えないと判

断すると，その多くが低位のレベル判定になってしまう。しかし，研究協力者の授業者の話や授業ビデオの子どもたちの様子を見る限り，実際にやる気を持って授業に関わっている子どもたちが多いため，各レベルの項目の内，どれかが該当していればそのレベルにあるとしたら，判定しやすくなった。

　ＰとＣの相関関係については，４学級とも相関係数が0.6以上の数値を示していたので，いずれの学級もめあてレベルが高い子どもは振り返りレベルも高い傾向にあると言える。このことは，算数の学習を得意とする子どもでも不得意とする子どもでも，Ｐのめあてレベルを引き上げることができれば，充実した授業を過ごすことができ，Ｃの振り返りレベルを上げることになり，また次のＰを引き上げることにもつながっていくと考える。

　また，子どもの主体的な授業への関与の指針として，子どもの発話語彙数を調べたところ，５年Ａ学級では48％，５年Ｂ学級では43％，６年Ｃ学級では53％，６年Ｄ学級では52％であった。第１章の現状でも触れたように，日本の子どもの発話回数が20〜30％の授業が一般的であることを考えると，子どもたちの思いがよく授業の中で反映されていたと言える。因みに，６年Ｃ学級の授業者に，このマネジメントサイクルを意識せずに研究授業を行ってもらった際の発話語彙数は40％であった。それでもそのときの研究協議会では，多くの参観者から子どもがよく発言して意欲的にがんばっているという評価をいただいていた。しかし，この40％が今回53％に跳ね上がっている現状を見ると，さらに子どもたちが授業内で活躍している機会が増えていったと言える。そのことは，52％であった６年Ｄ学級の授業者にも当てはまり，以前は授業者が良かれと思い，次から次へと丁寧に説明していく傾向があったが，今ではその癖が抜けて，子どもたちの考えていることや疑問点を引き出すようになったと語っている。したがって，５年Ａ学級（48％）や５年Ｂ学級（43％）の授業者でも，継続していくことで，さらに子どもたちの主体性が発揮できる授業になっていくのではないかと期待することができる。

第Ⅷ章　研究の総括

第1節　RPDCAの枠組みの最終形

マネジメントサイクル全体の流れは図26のような5段階とし，それぞれの段階の学習プロセスや活動の様相は表30のようにする。

研究を通しての改善点は，大きく分けて3点ある。

1点目は，個人で学習に向かう際の「独自学習」という名称を使い分けたことである。子どもの自律性の進展は，突き詰めれば独自で取り組む学習力

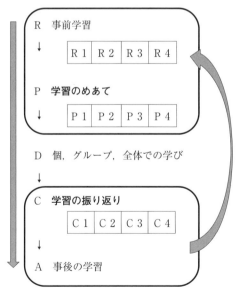

図26　RPDCAの学習サイクルにおける分析枠組み（最終形）

表30　一連の学習プロセスと活動の様相（最終形）

略記号	学習プロセス	活動の様相
R	Research（事前学習）	次時の予告を受けて，可能な範囲で学習問題に当たってみる。
P	Plan（学習のめあて）	学習問題から直接感じる自分なりのめあてを持つ。
D	Do（個別学習，グループ交流，全体交流）	めあてを達成するために，自分で考えたり，皆で学び合ったりする。
C	Check（学習の振り返り）	自分のめあてや他者の考えを生かした振り返りをする。
A	Action（事後の学習）	復習，練習をして，次時に備える。

と言っても過言ではないが，学習プロセスの場面によってその活動の様相は変わってくる。よって，どの場面の独自学習力を伸ばしていくべきかは個人によっても違ってくるので，Research における独自学習は「事前学習」とし，Do における独自学習は「個別学習」，Action における独自学習は「事後の学習」とした。この使い分けによって，ある子どもの独自学習力が弱いと安易に判断するのではなく，どの学習プロセスでの独自学習力が弱いのかを指導者が意識して指導にあたることができる。

　２点目は，５つの学習プロセスが完全に独立したものと捉えず，それぞれの関係性を重視した仲間分けをし，ある程度まとまって自律性の進展を判断するようにした。具体的には，Research と Plan，Check と Action をセットで捉えるようにしたことである。また，Action と Research も授業と授業を線で結ぶ大きな関係性があると捉えている。Action によって次時の学習に備えることができれば，どんな事前学習をすればよいかという Research のイメージが持てるようになる。また，Research によって事前学習にしっかり取り組めば取り組むほど，授業で皆とどんなことを解決していきたいのかという Plan が描ける。そして，授業を通して皆とどんな学びができたかをCheck で振り返ることにより，さらにどんな復習や練習が必要なのかが見

えてくる。即ち，それらが連続的に繋がることで，学びの必然性が子どもの中に生まれてくるので，教師はそのサイクルがスムーズに流れるようにマネジメントしていくことが肝要となる。

　3点目は，レベル別枠組みを再整理（表31，32，33）した。教師の主観で判断していくのではなく，子どもの客観的事実で自律性の進展を見取るためにPlanとCheckのレベル別枠組みを設けて研究をスタートしたが，新たにResearchのレベル別枠組みも手だてになると考えた。ただし，レベルの段階が4段階であったり5段階であったりしたため，平均値などを比較する際に戸惑いは避けられなかった。また，Checkのレベル別枠組みにおいては，各学級ともC5がほとんどいなかったという事実とC4でも十分な達成レベルであると判断できるため，Planに合わせて4段階で再提案したいと考えた。同様に，Researchも5段階でスタートしたが，R4でも十分な達成レ

表31　Research のレベル別枠組み（最終形）

レベル	記述の様相
R 1	独自学習を行った記述はない
R 2	本時の算数の学習問題に自分なりに途中まで取り組んでいる
R 3	本時の算数の学習問題に自分なりに取り組み，何らかの答えまでたどり着いている
R 4	本時の算数の学習問題に自分なりに取り組み，答えまで出して，自分で算数的な価値付けをまとめている

表32　Plan のレベル別枠組み（最終形）

レベル	記述の様相
P 1	めあてが持てない
P 2	教科書の見出しを参考にしためあて
P 3	学習内容に踏み込んだめあて
P 4	すでに探究を行い，困難点や新しい知の必要性を見出しためあて

表33　Check のレベル別枠組み（最終形）

レベル	記述の様相
C 1	振り返りが書けない
C 2	情意的な感想のみ
C 3	本時の学習課題を結果として押さえている
C 4	他者や自己への新たな気づきがプロセスとして記述されている

ベルであると判断できるため，Plan に合わせて 4 段階で再提案したい。併せて，分析をする者同士が同じ目線で子どもの様相を見取ることができるように，何れもできるだけ端的な言葉で表すようにした。

第 2 節　実践への示唆

　本研究は，RPDCA のマネジメントサイクルの流れに子どもを上手く乗せていくことが最終目標ではなく，あくまでも子ども自身が自ら算数の学びに関わろうとすることを最終目標とする。さらなる最終目標は，他の教科でも，実生活でもということになろう。前節で枠組みの最終形を提案したことと相反するかもしれないが，本当の最終形の姿は提案した形（型）に嵌っているかどうかではなく，子ども自身が学ぶことに躍動しているかどうかである。その気になって学習課題を捉え，自分の力でできるだけ解決していこうとし，級友とも協同的に学び合おうとする。そして，学習のめあてが十分に達成されれば，次なる新たな学習のめあてに向かっていこうとする。そうした子どもの自律的な学びの姿を願っている。しかしながら，教師の願いをいくら子どもたちに託したところで，子どもたちはどうすればいいのかわからないし，結局教師の準備が多大になったり話が長くなったりするばかりで，なかなか効果は上がっていかない。だからこそ，RPDCA のマネジメントサイクルが間接的に子どもたちをその気にさせるきっかけになればと考えている。実際，

自分で学習のめあてをきちんと持っていると，時間があっという間に過ぎてしまう，と話す子どもは多い。算数のノートを集めるから早く出してよと呼びかけても，書きたいことが一杯あるから後で出していいですか，という子どもも続出する。このような実践研究を長年続けてきて，形（型）があると子どもは寧ろ安心して頑張ろうとするのだなという確信がある。しかし，実践家としての主観的な意見だけでは研究として成り立たないので，今回の研究で枠組みを整理し，子どもが自ら算数を学ぼうとする流れ（サイクル）をマネジメントすることの有効性を，子どもの姿やデータから実証することができたのは成果である。そして何より，公立小学校の4名の先生方に協力をいただいたことによって，子どもが育つことを願う教師のもとであれば，同じような方向性が得られるという展望も見えてきた。但し，このマネジメントサイクルを実行しようとした際，急激な変化を求めると子どもの学びを進展させるどころか，却って学びへの嫌悪感を増幅しかねないので，子どもの自律的な学びを促すという方向性だけを見定めて，緩やかに子どもを支援していくことが肝要である。基本的に学級担任は子どもとの関わりが1年間の限定である。その限られた時間の中であっても，子どもの伸びようとする根っこを確かなものとして育てていくのだという気概を持っていただければ幸いである。

第3節　今後の課題

　本研究は，研究者のみが理解できる机上の空論ではなく，子どもの自律的な学びを願う教師のもとであれば，どんな地区のどんな規模の学校であろうと，そしてどんなタイプの子どもたちの集団であろうと，その子どもたちの立ち位置から取り組むことで，実現可能な一般化を狙っている。その上で，当面の課題が2点あると考えている。

　1点目は，子どもの自律的な学びを支える教師の関わりについてである。

このマネジメントサイクルが上手く軌道に乗れば，授業中に子どもの発言は爆発的に増え，教師の出番はかなり減ることになる。だからと言って，子ども任せの完全放置であってはならない。子どもたちの立てた学習のめあてや発言の内容，聞き手の様子に応じて，適材適所で教師が支援をしていく必要がある。このことは，教師主導で進める授業よりも遥かに深い教材研究が求められる。同時に，予期せぬ子どもの「問い」もどんどん出てくるようになるので，子どもと同じ目線で共に悩みながら解決していく教師像が求められる。そうなると，根本的な教師の授業力の向上が必須となるが，それでは敷居が高くなってしまうので，「子どもを育てる」「子どもと共に教師が育つ」という方向性をきちんと見据えて関わることができればよいと考える。そうした関わり方の心得を，教師間で共有できるかどうかが課題である。

　2点目は，評価の簡略化についてである。今回の研究で行ったようなデータを毎時間取るということは不可能である。1単元限定であっても，かなりの労力を費やすことになる。R，P，Cのレベル枠組みの最終形では4段階に統一し，文言も端的な言葉に整理し直したが，よりシンプルに判断して即時評価できるような術を考えていく必要がある。そうすれば，毎時間の授業で日常的に子どもへ即時評価を返すことができ，子どもの意欲を継続して高めることができると考える。

　以上のような課題意識を持って，引き続き実践的な研究を進めていきたい。

参考・引用文献

秋田喜代美・村瀬公胤・市川洋子（2004）「中学校入試後の学習習慣の形成過程」，東京大学大学院教育学研究科紀要，43，pp. 205-233.

生田浩隆（2002）「算数科における振り返り活動の研究」，日本数学教育学会誌臨時増刊総会特集号84，p. 159.

太田誠（2012）「自ら学び続けるための見通す力と振り返る力」，日本教育実践学会第15回研究大会論文集，pp. 64-65.

太田誠（2012）「子どもの素朴概念を算数の授業に生かす授業展開の検証～教師によるおたずねと子どもによるおたずね～」，日本数学教育学会，第45回数学教育論文発表会論文集，第2巻，pp. 785-790.

太田誠（2013）「子どもの問いが算数授業の本質の理解を進展させる様相に関する研究」，日本数学教育学会誌，第95巻，数学教育学論究（臨時増刊），pp. 41-48.

太田誠，岡崎正和（2013）「見通しと振り返りの連動による自律性の育成に関する研究～PDCAサイクルを活かした算数の学び～」，日本教育実践学会第16回研究大会論文集，pp. 80-81.

太田誠・岡崎正和（2014）「見通しを軸にした自律性の育成に関する研究～RPDCAサイクルを活かした算数の学び～」，全国数学教育学会誌，数学教育学研究，20（2），pp. 21-29.

太田誠・岡崎正和（2014）「算数学習におけるRPDCAサイクルを活かした自律性の育成に関する研究～振り返りの段階の様相に焦点を当てて～」，日本数学教育学会誌，第96巻，数学教育学論究（臨時増刊），pp. 25-32.

太田誠・岡崎正和（2015）「めあてと振り返りの連動による自律性の育成に関する研究～RPDCAサイクルを活かした算数の学び～」，日本教育実践学会，教育実践学研究，16（2），pp. 35-45.

岡本光司（2013）「O.F. ボルノーの教育思想と算数・数学授業における問い」，全国数学教育学会発表資料.

岡本光司（2013）「算数・数学授業におけるクラス文化と子どもの問い」，全国数学教育学会誌数学教育学研究，第19巻，第2号，pp. 15-26.

岡本光司・両角達男（2008）．子どもの問いを軸とした算数学習．教育出版.

小木正隆（1988）「児童がはっきりとしためあてと見通しを持ち意欲的に取り組む算数ひとり学び」，日本数学教育学会誌，p. 175.

掛布昇英（2006）「自分の考えを表現する生徒の育成―振り返りを繰り返す学習を通して―」，日本数学教育学会誌臨時増刊総会特集号88，p. 225.

片貝卓也（2007）「学校教育活動全般から迫る学力向上」，日本科学教育学会年会論文集31，p. 425.

教育用語集（2007），光文書院.

佐伯胖（2003），学びを問い続けて，小学館.

佐藤寿仁（2008）「図形領域における生徒の達成感のある学習指導―振り返りの場を活かした学習活動を通して―」，日本数学教育学会誌臨時増刊総会特集号90，p. 252.

島田美智子（1989）「めあてに向かって楽しく学ぶようになるための算数指導の工夫」，日本数学教育学会誌，p. 146.

清水克彦（2010）「子どもの問いが連続する単元・授業づくり」，日本数学教育学会誌92（11），pp. 22-23，94-95.

ジェームズ・W・スティグラー（著）ジェームズ・ヒーバート（著）湊三郎（訳）（2002），日本の数学教育に学べ米国が注目する jugyou kenkyuu，教育出版.

田中耕治（2005），よくわかる教育評価，p. 54，ミネルヴァ書房.

鶴田利郎（2012）「R-PDCA サイクルの活動を用いたネット依存に関する授業実践」，日本教育工学会論文誌35（4），pp. 411-422.

中野貴広（2010）「意欲的に追究を続ける生徒の育成」，日本数学教育学会誌臨時増刊総会特集号92，p. 321.

西村圭一・山口武志・清水宏幸・本田千春（2011）「数学教育におけるプロセス能力のための教材と評価に関する研究」，日本数学教育学会誌，93，9，pp. 2-12.

日本数学教育学会・算数数学意識調査委員会（2006），児童の算数に対する意識，pp. 6-8.

日本数学教育学会・算数意識調査委員会（2011），算数についての教師の意識．p. 6.

橋本正継（2012）「デザイン研究による算数科の授業改善―模擬授業での談話分析の試み―」，安田女子大学紀要40，pp. 203-214.

日和佐尚（2011）「おたずねで育つ子どもの学び」，学習研究，第449号，pp. 6-11.

ベネッセ教育総合研究所（2013）「小学生の計算力の実態と算数に対する意識」.

星野徳光（1975）「学習のめあてに迫る構造をとらえさせる算数指導」，日本数学教育学会誌57（8），pp. 116-120.

堀本三和子（2011）「おたずねが創り出し，おたずねで深める学習」，学習研究，第449号，pp. 12-17.

本田積（1985)「学習のめあてを育てる算数科指導」, 広島大学附属小学校研究紀要, pp. 62-81.

本田積（1986)「学習のめあてを育追求する算数指導」, 広島大学研究紀要, pp. 65-66.

文部科学省（2008）, 小学校学習指導要領解説算数編, 東洋館出版社.

和家祥一（2008)「記述表現を取り入れた数学学習について（2）－小節ごとの振り返りノートを取り入れて－」, 日本数学教育学会誌臨時増刊総会特集号90, p. 335.

Stigler, J. and Hiebert, J. (1999). *The Teaching Gap.* The Free Press.

361

研　究　業　績

【掲載論文】

1．自ら学び続ける回転力の育成，日本教育実践学会第15回研究大会論文集，pp. 64-65，2012年11月，日本教育実践学会，単著．

2．子どもの素朴概念を算数の授業に生かす授業展開の検証〜教師による「おたずね」と子どもによる「おたずね」〜，第45回数学教育論文発表会論文集，第1巻，pp. 785-790，2012年11月，日本数学教育学会，単著．※査読有

3．見通しと振り返りの連動による自律性の育成に関する研究〜PDCAサイクルを活かした算数の学び〜，日本教育実践学会第16回研究大会論文集，pp. 80-81，2013年11月，日本教育実践学会，共著（太田誠，岡崎正和）．

4．子どもの問いが算数授業の本質の理解を進展させる様相に関す研究，日本数学教育学会誌，第95巻，数学教育学論究，臨時増刊，pp. 41-48，2013年11月，日本数学教育学会，単著．※査読有（A論）

5．見通しを軸にした自律性の育成に関する研究〜RPDCAサイクルを活かした算数の学び〜，全国数学教育学会誌，数学教育学研究，第20巻，第2号，pp. 21-29，2014年6月，全国数学教育学会，共著（太田誠，岡崎正和）．※査読有（A論）

6．算数学習におけるめあてと振り返りをつなぐ子どもの問い，日本教育実践学会第17回研究大会論文集，pp. 70-71，2014年11月，日本教育実践学会，共著（太田誠，岡崎正和）．

7．算数授業におけるRPDCAサイクルを活かした自律性の育成に関する研究〜振り返りの段階の様相に焦点を当てて〜，日本数学教育学会誌，第96巻，数学教育学論究，臨時増刊，pp. 25-32，2014年11月，日本数学教育学会，共著（太田誠，岡崎正和）．※査読有（A論）

8．めあてと振り返りの連動による自律性の育成に関する研究〜RPDCAサイクルを活かした算数の学び〜，教育実践学研究，第16巻，第2号，pp. 35-45，2015年5月，日本教育実践学会，共著（太田誠，岡崎正和）．※査読有（A論）

【著書】

1．子どもの学力を高める新しい算数科教育法（斎藤昇他編著），pp. 137-138，2013年3月，東洋館出版社，分担執筆．

2．授業に役立つ算数教科書の数学的背景（斎藤昇他編著），pp. 107-112，2013年9

月，東洋館出版社，分担執筆.

3．考える力を育てる思考力問題事例集 vol2，2013年9月，啓林館，総編集.

4．数学的に考える力を育てる実践事例30（関西算数授業研究会編著），pp. 83-86，2014年8月，東洋館出版社，分担執筆.

5．算数授業力をみがく（小西豊文編著），pp. 22-23，pp. 132-133，pp. 168-169，pp. 180-181，pp. 189，2015年6月，啓林館，分担執筆.

【学会発表】

1．自ら学び続ける回転力の育成，日本教育実践学会第15回研究大会，2012年11月，日本教育実践学会.

2．子どもの素朴概念を算数の授業に生かす授業展開の検証〜教師による「おたずね」と子どもによる「おたずね」〜，第45回数学教育論文発表会，2012年11月，日本数学教育学会.

3．見通しと振り返りの連動による自律性の育成に関する研究〜PDCAサイクルを活かした算数の学び〜，日本教育実践学会第16回研究大会，2013年11月，日本教育実践学会. 共著（太田誠，岡崎正和）.

4．子どもの問いが算数授業の本質の理解を進展させる様相に関す研究，日本数学教育学会第46回秋季研究大会発表，2013年11月，日本数学教育学会.

5．見通しを軸にした自律性の育成に関する研究〜RPDCAサイクルを活かした算数の学び〜，全国数学教育学会第39回研究発表会，2014年2月，全国数学教育学会. 共著（太田誠，岡崎正和）.

6．算数学習におけるめあてと振り返りをつなぐ子どもの問い，日本教育実践学会第17回研究大会，2014年11月，日本教育実践学会. 共著（太田誠，岡崎正和）.

7．算数授業におけるRPDCAサイクルを活かした自律性の育成に関する研究〜振り返りの段階の様相に焦点を当てて〜，日本数学教育学会第47回秋季研究大会発表，2014年11月，日本数学教育学会. 共著（太田誠，岡崎正和）.

8．算数の事前学習を通した子どものめあての構想が算数の学びに与える効果の検証，日本数学教育学会第48回秋季研究大会発表，2015年11月，日本数学教育学会. 共著（太田誠，岡崎正和）.

9．The Relation between Self-Study and Study Plan in Mathematics Study 〜 Mathematics Study through the RPDCA Cycle 〜, WALS International Conference 2015, November 2015, Khon Kaen University, Thailand. (Makoto Ota, Masakazu Okazaki).

研　究　業　績　　363

【招待講演】※本研究に関連のある講演
1．演題「活用する力を育む数学教育の展開〜学び直しの場を設けた授業の工夫〜」，香川県高松市教育委員会主催中学校数学科部会研修会，2013年7月．
2．演題「教科書を活用し子どもの主体性を伸ばす授業づくり」，長崎県佐世保市教育委員会主催算数部会研修会，2013年7月．
3．演題「自律的な学びを育てる算数的学習法」，大阪府立東大阪市立永和小学校主催，2013年8月．
4．演題「意欲を高め思考力・表現力を育む算数・数学のあり方〜子どの自律性の進展を図りながら〜」，愛知県春日井市教育委員会主催算数数学研修会，2013年10月．
5．演題「教師が活躍する授業から子どもが活躍する授業づくりへの挑戦」，兵庫県阪神地区教育事務所主催，2013年11月．
6．演題「伝え合う算数授業の充実を図るために」，京都府舞鶴市教育委員会主催池内小学校研究発表会，2013年11月．
7．演題「統計的考察と見通しと振り返りの連動による自律性の育成に関する研究」，啓林館主催特別講座，2013年12月．
8．演題「算数的活動を通して，主体的に学び学ぶ楽しさを味わう授業づく」，福井県敦賀市教育委員会主催，2014年5月．
9．演題「主体的に学びを楽しむ生徒の育成」，愛知県安城市立桜井中学校主催，2014年6月
10．演題「小中一貫教育や地域連携教育を活かして生きる力を育む算数の学び」，京都府福知山市立夜久野学園主催，2014年6月．
11．演題「算数科において，学習意欲や思考力・判断力・表現力を向上させるために」，滋賀県大津市立小松小学校主催，2014年7月．
12．演題「よみとる算数と普段の授業から子どもが主体的に算数の学びに関わるような手だて」，啓林館主催算数教育実践学講座，2014年7月．
13．演題「算数・数学の表現力や活用力を高める自律的な学び」，愛知県弥富市総合社会教育センター主催，2014年8月．
14．演題「話し合い，関わり合う中で，わかる喜びを味わう子どもの育成」，兵庫県三田市立あかしあ台小学校主催，2014年8月．
15．演題「算数科の基礎学力の定着と向上をめざす授業づくり」，愛知県知多市立旭南小学校主催，2014年9月．
16．演題「基礎学力の定着〜算数科の指導法の改善とスキル学習〜」，兵庫県篠山市立岡野小学校主催，2014年10月．

17. 演題「子どもの自律的な学びを促す RPDCA サイクル」，兵庫県阪神地区教育事務所主催，2014年11月.

18. 演題「子どもの自律を育てる RPDCA サイクル」，理数教育研究所主催和歌山串本セミナー，2014年12月.

19. 演題「RPDCA サイクルを活かした算数の授業づくり」，滋賀県大津市立瀬田小学校主催，2015年1月.

20. 演題「アクティブラーニングを生み出す RPDCA サイクル」，兵庫県三田市立あかしあ台小学校主催，2015年1月.

21. 演題「子どもの自律的な学びを育てる RPDCA サイクル」，愛知県尾張旭市立三郷小学校主催，2015年5月.

22. 演題「子どもの自律的な学びを支援する家庭の関わり方」，愛知県尾張旭市立三郷小学校 PTA 主催（保護者対象），2015年6月.

23. 演題「子どもの自律的な学びを育てる RPDCA サイクル」，兵庫県豊岡市立中筋小学校主催，2015年6月.

24. 演題「子どもの自律的な学びを育てる RPDCA サイクル」，三重県鳥羽市立鏡浦小学校主催，2015年6月.

25. 演題「算数的活動を通して主体的に学び学ぶ楽しさを味わう授業づくり」，愛知県尾張旭市立三郷小学校主催，2015年7月.

26. 演題「算数的活動を通して筋道を立てて考えを表現する力の育成」，兵庫県明石市算数授業研修会主催，2015年8月.

27. 演題「子どもが自ら算数的活動に関わり，楽しくわかろうとする授業作り」，兵庫県篠山市算数研究部会主催，2015年10月.

28. 演題「小・中学校の連携を見据えた算数・数学科の指導について」，和歌山県御坊市算数数学授業研修会主催，2015年10月.

29. 演題「教科書の有効な活用で子どもの自律的な学力を保障する」，岡山県真庭市立月田小学校研究発表会，2015年10月.

30. 演題「子どもの数学的な思考力・表現力を伸ばすための授業づくり」，福井県越前市算数研究部会主催，2015年10月.

31. 演題「数学的な思考力・表現力を育てる RPDCA のマネジメントサイクル」，徳島県小学校教育研究会研究大会，2015年11月.

謝　辞

　私の授業研究の始まりは，愛知教育大学の学生であった頃，柴田録治先生（愛知教育大学名誉教授）のゼミ生として参加した愛知県新城市の小学校で行われた新城合宿です。それまでは教師になることにあまり自信を持てないでいたのですが，飛び込み授業で関わった小学校2年生の子どもたちが楽しそうに授業を受けてくれて，初めて教えることの楽しさを実感したことを覚えています。その後も，柴田先生には節目節目で適切な助言や励ましをいただき，大きな心の支えとなっていました。

　大学卒業後は，地元である愛知県安城市の中学校に赴任しました。赴任早々，次々と難題が降りかかる中，学級の指導教官であった井上治義先生には子どもとの関わり方を教えていただき，教科の指導教官であった水野勝通先生には数学の指導法について授業プリントづくりを通して教えていただきました。水野先生に教えていただいた授業プリントは，子どもの実態に合わせて教材研究を行う手法で，日々の授業を考える手だてになりました。その後，地元の附属学校から鈴木良男先生が同じ中学校に赴任され，実践記録や論文にまとめたりすることの面白さを教えていただきました。自分たちでまとめた実践記録が何かの雑誌に掲載されたり論文の賞をいただいたりすることができるようになったことで，人と研究を共有することの楽しさや意義をはじめて実感しました。鈴木先生と出会ったことで，教師である以上，授業研究と向き合っていくべきだという覚悟を持つことができました。

　そして幸運なことに，この鈴木先生と同時に同じ市内の小学校へ赴任することになりました。この小学校では全国の動きに先駆けて，子どもから生み出す総合的な学習に取り組んでいました。その先導役を担っていたのが当時の岡田義征校長先生でした。赴任初年度に私が研究授業を行った際，多くの

先生方から賛辞をいただいたにも関わらず，岡田先生からは「子どもが本当に学びたいと思えるような授業は何かをよく考えた方がいい」という金言をいただきました。私は明らかに自分の行いたい授業をしていて，岡田先生が常々言われていた「子どもから学習課題を掘り起こす授業」とは程遠いものでした。しかしこの言葉を胸に刻むことで，子どもが主体となる授業づくりを目指したいという目標設定が自分の中で生まれました。

また，この小学校在任中に愛知教育大学の志水廣先生のもとで，市の派遣研究生として学ばせていただく機会を得ました。志水先生の情熱は人一倍で，常に現場の目線で算数の授業づくりに取り組んでおられました。一緒に学会や研究会で実践発表をさせていただいたり，著書を分担執筆させていただいたりしたことで，教育課題を肌で感じる機会を何度も得ました。志水先生との出会いが，後々大学の教員になりたいと思うきっかけにもなりました。

そして最大の転機は，その後の人事交流で，奈良女子大学附属小学校に赴任させていただいたことです。大正期からぶれることなく脈々と受け継がれる子どものための教育を，どの先生方も実践されており，その授業や教育活動は驚きの連続でした。そうした先生方の中でも，最も大きな影響を受けたのは，同じ研究領域（算数・数学教育）の日和佐尚先生でした。日和佐先生は，子どもが自ら学ぼうとする授業づくりに特化しており，その姿をいつの授業であっても示してくださいました。そして，日和佐先生と昼夜を問わず何度も教育談義をさせていただく中で，教師であることの魅力をますます感じることができるようになりましたし，子どもと共に授業ができることに感謝をするようになりました。それほど授業は尊いものであり，教育の在り方を考えることは果てしないものであるという探究心が芽生えるようになったのです。同時に，毎週のように訪れる参観者との議論や，研究会での指導助言，講演の依頼，教科書編集の仕事等に携わらせていただくようになり，考え方や視野がどんどん広がっていくのを有難く感じていました。

また，その後に赴任させていただいた同志社小学校では，自分のよかれと

思う授業実践を大いに行わせていただいた上に，社会人枠で大学院に通わせていただく配慮もしていただき，管理職や同僚の先生方には感謝の言葉しかありません。

　本学位論文は，上述のような長年にわたる多くの先生方の支えと影響があったからこそ，執筆に踏み切れたと言えます。加えて，主指導教員の黒﨑東洋郎先生に「ドクター論文を書いてみませんか」と背中を押していただいたことが何より大きく，一歩を踏み出す勇気を与えてくれました。黒﨑先生は，当初より私がまとめてみたい執筆の方向性をよく理解してくださり，常に力強く励まし続けてくださいました。また，副指導教員の秋田美代先生には，私と同じような現場（小中高の教員）経験者の立場から，執筆を進めていく上でのイメージや的確な助言をいただき，いつも安心感を与えていただきました。同じく副指導教員の岡﨑正和先生には，査読論文を執筆する上での共著者として，何度もメールでやりとりをさせていただきました。岡﨑先生の助言はいつも的確で，読み手に伝わる論文の根本を改めて教わったような気がします。また，研究協力者となっていただいた兵庫県の東尚平先生，由良健一先生，原田誠久先生，葛原稔久先生には，普段の仕事が忙しいのにも関わらず快く協力していただき，データをきちんと取っていただいたことに感謝しています。そして何より，共に授業に携わってきた子どもたちに最大の敬意を表します。ありがとうございました。

　尚，本著は，所属する東海学園大学より出版助成の協力をいただいたことで，刊行に至りました。重ねて感謝申し上げます。今後は，お世話になった先生方や子どもたちへの感謝の気持ちを忘れずに，日本各地の先生方や子どもたちのためになるような研究を続けていけるよう，より一層精進を重ねていく所存です。

　2017年6月

　　　　　　　　　　　　　　　　　　　　　　　　　　太田　誠

略　歴

太田　誠（おおた　まこと）

愛知県生まれ
愛知教育大学教育学部小学校課程数学科卒業
京都教育大学大学院連合教職実践研究科授業力高度化コース修了
兵庫教育大学大学院連合学校教育学研究科先端課題実践開発専攻博士課程修了
教職修士（専門職），博士（学校教育学）
愛知県内の公立小中学校に勤務後，奈良女子大学附属小学校教官，
同志社小学校主事教諭を経て，現在は東海学園大学准教授
小学校算数教科書『わくわく算数』（啓林館）編著者
全国各地の学校現場や自治体などで，数多くの指導助言や講演を行っている。

算数学習における子どもの自律性の進展とその要因に関する研究
　　　　─ RPDCA サイクルを活かした算数の学び ─

2017年7月31日　　初版第1刷発行

著　者　　太　田　　　誠

発行者　　風　間　敬　子

発行所　　株式会社風　間　書　房
〒101-0051　東京都千代田区神田神保町 1-34
電話 03(3291)5729　FAX 03(3291)5757
振替 00110-5-1853

印刷　太平印刷社　　製本　井上製本所

©2017　Makoto Ota　　　　　　　　　　NDC 分類：375
ISBN978-4-7599-2187-8　　Printed in Japan
JCOPY〈(社)出版者著作権管理機構　委託出版物〉
本書の無断複製は，著作権法上での例外を除き禁じられています。複製される
場合はそのつど事前に(社)出版者著作権管理機構（電話 03-3513-6969，FAX 03-
3513-6979，e-mail: info @ jcopy.or.jp）の許諾を得てください。